Civilisation
planétaire

Catalogage avant publication de Bibliothèque et Archives nationales du Québec et Bibliothèque et Archives Canada

Robin, Daniel, 1956 septembre 1-
Civilisation planétaire
(Collection Essai)
ISBN 978-2-7640-2513-0
1. Civilisation – Influence extraterrestre. I. Titre. II. Collection: Collection Essai (Éditions Québec-Livres).

CB156.R62 2016 001.94 C2016-940157-X

Groupe Librex inc.
Une société de Québecor Média
955, rue Amherst
Montréal (Québec) H2L 3K4
Tél.: 514 270-1746

Dépôt légal: 2016
Bibliothèque et Archives nationales du Québec

Pour en savoir davantage sur nos publications,
visitez notre site : **www.quebec-livres.com**

Éditeur: Jacques Simard
Infographie: Claude Bergeron

Imprimé au Canada

Gouvernement du Québec – Programme de crédit d'impôt pour l'édition de livres – Gestion SODEC.

L'Éditeur bénéficie du soutien de la Société de développement des entreprises culturelles du Québec pour son programme d'édition.

Nous reconnaissons l'aide financière du gouvernement du Canada par l'entremise du Fonds du livre du Canada pour nos activités d'édition.

DISTRIBUTEURS EXCLUSIFS:

- Pour le Canada et les États-Unis:
MESSAGERIES ADP*
2315, rue de la Province
Longueuil (Québec) J4G 1G4
Tél.: 450 640-1237
Télécopieur: 450 674-6237
* une division du Groupe Sogides inc.,
filiale du Groupe Livre Québecor Média inc.

- Pour la France et les autres pays:
INTERFORUM editis
Immeuble Paryseine, 3, Allée de la Seine
94854 Ivry CEDEX
Tél.: 33 (0) 4 49 59 11 56/91
Télécopieur: 33 (0) 1 49 59 11 33
Service commande France métropolitaine
Tél.: 33 (0) 2 38 32 71 00
Télécopieur: 33 (0) 2 38 32 71 28
Internet: www.interforum.fr
Service commandes Export – DOM-TOM
Télécopieur: 33 (0) 2 38 32 78 86
Internet: www.interforum.fr
Courriel: cdes-export@interforum.fr

- Pour la Suisse:
INTERFORUM editis SUISSE
Case postale 69 – CH 1701 Fribourg – Suisse
Tél.: 41 (0) 26 460 80 60
Télécopieur: 41 (0) 26 460 80 68
Internet: www.interforumsuisse.ch
Courriel: office@interforumsuisse.ch
Distributeur: OLF S.A.
ZI. 3, Corminboeuf
Case postale 1061 – CH 1701 Fribourg – Suisse
Commandes: Tél.: 41 (0) 26 467 53 33
Télécopieur: 41 (0) 26 467 54 66
Internet: www.olf.ch
Courriel: information@olf.ch

- Pour la Belgique et le Luxembourg:
INTERFORUM BENELUX S.A.
Fond Jean-Pâques, 6
B-1348 Louvain-La-Neuve
Tél.: 00 32 10 42 03 20
Télécopieur: 00 32 10 41 20 24

Daniel Robin

Civilisation planétaire

Le projet humain global

LES ÉDITIONS
Québec-Livres
Une société de Québecor Média

Jusqu'ici, l'humanité ne formait encore, économiquement et psychiquement, que des fragments épars ou du moins lâchement associés sur la surface de la Terre. Le moment semble venu où, sous la pression irrésistible de déterminismes géographiques, biologiques, politiques et sociaux, accumulés à un ordre planétaire, ces fragments doivent se souder et se combiner, cette opération totale coïncidant avec l'éveil, par-dessus les esprits nationaux [...] d'un véritable Esprit de la Terre. Un nouvel ordre de conscience émergeant d'un nouvel ordre de complexité organisée.

Pierre Teilhard de Chardin, *Science et Christ*, 1942.

Préface

À mesure que la science avance, elle laisse apparaître sur presque tous les terrains qu'elle arpente des failles qui sont autant d'insondables précipices, des questions bien plus grandes et bien plus profondes que celles que l'on cherchait à résoudre. La plus grande partie de l'humanité sait, désormais, et accepte le fait que la Terre n'est pas au centre de l'Univers, et que l'espèce humaine n'est probablement pas le sommet de l'évolution dans l'Univers. L'astronomie permet de détecter la présence d'exoplanètes en nombre considérable. D'autres civilisations sont-elles à nos portes ? Sont-elles déjà là ? Ont-elles la technologie ? Ces questions se posent naturellement, et avec elles la question de notre place, relative, dans le vaste Univers ou, en tout cas, dans la région que nous occupons. Mais se penser en termes d'humanité terrestre, se sentir terrien avant toute autre identité, est déjà un pas que bien peu franchissent, révélant le déficit de spiritualité par rapport à l'excès de religiosité dont souffre notre monde. Et cette forme de religiosité, de fonctionnement basé sur des dogmes et des rites, s'applique aussi bien à la science contemporaine pour une large part, malheureusement.

Mais si la science doit penser l'homme et son environnement, même lointain dans le temps ou l'espace, la philosophie doit penser au-delà de l'homme. Il faut envisager que nous soyons le brouillon très imparfait d'un modèle de civilisation globale, unifiée, qui existe ailleurs. L'idéal de paix que partage l'immense majorité de l'humanité terrestre doit être un moteur à la fois pour les croyants et les non-croyants. Il faut tendre à la réalisation d'une humanité unifiée, mais pas forcément uniforme, parce que c'est la condition même de notre survie en tant que civilisation. Voir loin dans le temps et l'espace permet de donner une orientation à un projet global comme celui que propose Daniel Robin dans cet essai. Teilhard de Chardin et Sri Aurobindo sont les inspirateurs d'une pensée qui n'hésite pas à interroger le devenir de l'humain, au-delà de l'humanité, et donc tout autant ses origines. La globalisation souhaitable n'est pas la mondialisation à l'œuvre aujourd'hui, qui nourrit les intérêts et le pouvoir de quelques-uns au détriment du bien-être de tous les autres. On dit que cette phase cynique ultramatérialiste et consumériste arrive à son terme, qu'un « nouveau paradigme » se profile. Mais de quoi sera-t-il fait ? De quoi doit-il être fait ? Les valeurs *new age* qui empruntent aux religions ne font pas un projet, et les religions elles-mêmes appartiennent au passé sous leurs formes actuelles. Il faut être radicalement créatif et innovant, tout en affirmant le caractère humaniste et progressiste d'un tel projet qui peut être globalisant sans être totalisant, ou totalitaire. Michio Kaku, Nikolaï Kardashev et Freeman Dyson font partie de ces chercheurs qui n'hésitent pas à penser loin, tout en restant les pieds sur terre. Notre consommation d'énergie est la première donnée de notre existence sur la planète. Tant que nous ne maîtrisons pas des sources d'énergie entièrement renouvelables et non polluantes, librement accessibles à tous pour un coût abordable, voire nul, nous restons à un stade primitif qui s'accompagne de conflits permanents pour le contrôle des sources existantes. Tout nouveau paradigme restera un vœu pieux tant que cette question n'est pas réglée.

Ce n'est que libérée de la nécessité de lutter pour sa survie qu'une civilisation peut franchir un stade d'évolution supplémentaire, qui requiert que la conscience soit tournée vers l'autre et non plus vers soi, pour réaliser qu'il s'agit en fait de la même chose. La noosphère pensée par Teilhard de Chardin prend forme à travers le réseau Internet, selon une métaphore parfois proposée. En réalité, cela se joue sur des plans bien plus subtils. À ce niveau, la réalité dépasse toute imagination. Et pour cause, elle en est la source. L'existence d'autres civilisations, dont certaines plus « évoluées » qui pourraient représenter, par exemple, notre avenir, est, en effet, une réalité consciente pour de nombreux êtres humains sur la planète. Et cette existence peut dépasser le plan matériel puisqu'elle est le fruit même de l'évolution à l'échelle de l'Univers. Nous ne pouvons donc faire l'économie d'une réflexion où l'avenir de la civilisation planétaire, et son avènement même, se réaliserait sur un plan non matériel. De même, nous devons réfléchir à notre relation à ce type de civilisation. La réalité de ces plans non matériels fera l'objet d'investigations scientifiques lorsque la science aura réalisé l'équation *matière égale énergie égale conscience*. Seule la première égalité est aujourd'hui reconnue. Par peur d'un retour à l'obscurantisme, la seconde peine à s'imposer, mais c'est pourtant de là que pourra naître une spiritualité qui soit aussi une gnose, un savoir. La réalité se révèle multidimensionnelle et les expériences de conscience de multiples natures font relativiser ce que nous tenons pour réel. Que la réalité matérielle soit une pauvre chose terne en regard de ce que la conscience peut explorer ; que notre existence incarnée soit une petite chose sans importance au regard de l'immensité du cosmos, cela, nous devons pleinement l'intégrer, mais pour mieux en (re)découvrir la grandeur, la beauté, les enjeux et le sens.

Loin des dystopies effrayantes constamment imaginées par les auteurs de science-fiction, Daniel Robin partage un espoir avec ses lecteurs, celui que nous parviendrons à dépasser ce que Michio Kaku considère comme une sorte de crise d'adolescence de l'humanité, pour parvenir effectivement au stade de civilisation planétaire de type I. Une telle civilisation exploite « de façon rationnelle, concertée et systématique toutes les ressources potentielles de sa planète mère », écrit Daniel Robin, tout en étant capable de construire des superstructures dans l'espace proche autour de la Terre pour accueillir des colonies. Mais ce ne serait alors que la première étape d'une évolution qui conduit à des civilisations stellaires, puis galactiques, voire universelles. Cet avenir possiblement grandiose de l'humanité terrestre existe en germe dans notre monde contemporain en profonde mutation. La métamorphose produit en principe du beau, du mieux, mais la mutation peut en revanche être létale et détruire l'organisme. Notre avenir au contact des machines est lui-même porteur d'enjeux qui peuvent orienter l'humanité vers le meilleur ou le pire. La cybersphère connaît un développement prodigieux et incontrôlé, observe Daniel Robin. Par ailleurs, c'est bien la dimension psychospirituelle de l'être humain qui doit être développée et non seulement sa dimension corporelle, là où la machine peut aider. Le renforcement de l'horizontalité, les réseaux et tout ce qui met en relation, doit aller de pair avec un renforcement de la verticalité. Ce n'est qu'à ce prix que nous dépasserons les crises qui sont autant d'occasions de changer. Mais le changement vient de l'intérieur, de chaque individu. Encore faut-il qu'il ait accès à ce type de perspective. L'ouvrage de Daniel Robin y contribue de manière magistrale en dessinant les contours d'une spiritualité qui soit aussi une mystique de l'action, c'est-à-dire qu'elle intègre le sens du but, du point Oméga, à la fois moyeu et clé de voûte du processus évolutif, et situé hors du continuum spatio-temporel. Tel un attracteur étrange, ce point doit concentrer notre attention pour élever nos aspirations, car c'est aussi lui qui nous donne les moyens de vivre en harmonie entre nous et avec la nature qui nous entoure, en nous amenant à reconnaître notre véritable nature, précisément.

Jocelin Morisson, journaliste scientifique,
écrivain et auteur de nombreux articles
dans les magazines *Nexus*, *Le Monde des Religions*,
Nouvelles Clés et *Inexploré*.
Novembre 2015

Introduction

À Lyon, où je réside, et à Paris, où je me rends quelquefois, je prends très souvent le métro. Dans ce moyen de transport commode et rapide (mais étouffant aux heures de pointe), j'observe de nombreuses personnes qui lisent des livres papier ou des liseuses électroniques pour livres numériques. C'est en grande partie pour ces citadins qui sont absorbés dans leurs lectures au milieu d'une foule oppressante et fébrile que j'ai écrit cet ouvrage. C'est à tous ces anonymes qui prennent les transports en commun tôt le matin pour aller travailler ou pour se rendre à un rendez-vous – important ou pas – que je dédie mon livre. Je voudrais qu'en le lisant, dans un métro ou dans un train de banlieue, ces Lyonnais et ces Parisiens pressés puissent prendre un peu de hauteur au regard de ce qu'ils vivent au quotidien. J'aimerais qu'en ces moments où l'homme ressemble à une abeille dans sa ruche ils s'élèvent vers une vision globale de l'humanité. Je voudrais que les habitants des villes surpeuplées insufflent à leur vie une dimension plus vaste et qu'ils essaient de lui donner un sens. J'ai envie de les aider à dépasser les contingences immédiates dans lesquelles ils sont bien souvent enfermés pour leur ouvrir de nouvelles perspectives. J'aimerais leur offrir une ouverture vers des horizons dont ils n'avaient sans doute pas la moindre idée auparavant. Peut-être qu'alors s'effectuera en eux un changement de perspective que je souhaite bénéfique et stimulant. Peut-être qu'en arrivant au bureau ou à leur rendez-vous ces habitants des mégapoles modernes ne seront plus tout à fait les mêmes. Il pourrait alors se produire en eux une sorte de déclic qui leur ferait voir le monde autrement et leur donnerait peut-être l'envie de le changer.

Initialement, mon essai devait s'intituler *Vers une civilisation planétaire*, mais j'ai découvert très rapidement que c'était aussi le titre du chapitre 15 de l'ouvrage *Visions : comment la science va révolutionner le* XXI*e siècle* (Éditions Albin Michel, 1999) du grand physicien et futurologue américain Michio Kaku. Bien que rien n'interdise de reprendre le titre d'un chapitre d'une œuvre d'un auteur connu pour en faire le titre principal de l'un de ses propres textes, je ne l'ai pas fait. J'ai préféré changer le mien. Si je relate cette anecdote, c'est pour montrer que Michio Kaku est pour moi une source d'inspiration essentielle. Je pense que *Visions* est l'un des plus grands livres de la fin du XXe siècle, et que ce que Michio Kaku expose dans le chapitre cité est d'une extrême importance pour comprendre les bouleversements qui sont en train de se produire sous nos yeux. Je ne résiste d'ailleurs pas au plaisir d'en citer deux passages :

> De toutes ces transitions, peut-être la plus périlleuse est-elle celle qui passe du type 0 (le type 0 est notre civilisation actuelle) au type I (civilisation planétaire). À l'image de l'enfant qui apprend à marcher et qui prend soudain conscience de nouveaux dangers menaçant son existence dans sa quête pour explorer et maîtriser son monde, plus elle [la civilisation de type 0] en apprend sur l'Univers qui l'entoure, plus elle apprend à connaître des dangers potentiels (qui menacent son existence), tels les âges glaciaires, les impacts de météores ou de comètes, les explosions de supernovæ et les menaces environnementales, comme la destruction de son atmosphère ou la prolifération des armements nucléaires.

Plus loin, il brosse en quelques mots un portrait sans concession de notre civilisation de type 0 :

> Une civilisation de type 0 est comme un enfant gâté, incapable de réfréner ses crises de rage et explosions de colère autodestructrices. Son histoire immature est encore hantée de la brutalité des haines sectaires, fanatiques, nationalistes et raciales des millénaires passés. Une civilisation de type 0 demeure divisée selon de profondes lignes de fracture créées il y a des milliers d'années dans le passé.

Telle est la hauteur de vue que nous propose Michio Kaku dans *Visions*, et à laquelle je souscris pleinement : notre civilisation peut être comparée à un jeune enfant mal éduqué, coléreux, agressif, presque sauvage, qui ne maîtrise pas ses émotions et qui croit que tout lui est dû. Certes, ce n'est pas flatteur comme portrait, mais il a au moins l'avantage de nous faire prendre conscience du chemin qu'il reste à parcourir avant que nous commencions à nous comporter comme des adultes responsables, c'est-à-dire lorsque nous serons prêts à entrer dans l'ère d'une civilisation de type I.

Je suis conscient qu'en écrivant ce livre je me lance dans une grande aventure, ou plutôt que je vais en devenir – à mon humble niveau – un acteur et un protagoniste. Quand je parle d'aventure, ce n'est pas seulement au sens d'aventure intellectuelle ou littéraire, comme celle d'un auteur qui conçoit en esprit un monde imaginaire, fantastique ou futuriste qui n'existe pas dans la réalité. Mon œuvre n'est pas non plus un livre d'aventures dont le but serait de distraire le lecteur. Si c'était le cas, ce ne serait en définitive qu'une très banale aventure. Mais entendons-nous bien, je ne considère pas la littérature comme un art mineur, bien au contraire, car pour moi la fiction, c'est la vie.

Non, l'aventure dont il s'agit dépasse le cadre de cet ouvrage, et aussi celui de mon humble personne. Mon intention est de partager avec le lecteur ma vision de l'évolution de notre civilisation, c'est tout. Ce n'est qu'une proposition, une invitation à me suivre, et non l'énoncé d'une vérité. Certes, je place la barre très haut puisqu'il n'est, en effet, rien moins question ici que de l'Aventure humaine (avec un grand A) et du devenir de l'humanité dans un avenir proche et lointain. Le lecteur comprendra donc, dès les premières lignes de cette introduction, que mon entreprise n'est pas une mince affaire et qu'elle concerne des objectifs élevés et des processus difficiles à mettre en œuvre.

Cet essai, j'en conviens, est très (peut-être trop) ambitieux. Je sais que de nombreux lecteurs jugeront ma démarche irréaliste, utopique, inadéquate et, dans le pire des cas, décalée. Ils penseront que je suis un grand naïf qui croit encore que le monde peut être changé et que nous avons le pouvoir de nous soustraire aux périls qui nous menacent. Cependant, je peux leur rétorquer (et je respecte absolument leurs critiques) que, malgré ces reproches et ces jugements sévères, mon livre répond à une nécessité intérieure impérieuse. C'est comme si je ne pouvais pas faire autrement que de l'écrire, que quelque chose en moi m'intimait l'ordre de le faire : je n'ai pas le choix. Mais je vous rassure tout de suite : ce n'est pas une voix de l'au-delà qui m'inspire, ni le contact avec des entités extraterrestres. C'est plutôt un profond besoin de transmettre un message qui m'apparaît comme une nécessité vitale aujourd'hui, comme une urgence qui ne peut plus souffrir de délai.

La rédaction de ce livre coïncide avec une étape décisive dans ma quête personnelle du sens de l'histoire humaine. Je ne cesse de m'interroger sur l'avenir de notre civilisation moderne, scientifique et technicienne. Alors que, selon l'avis de nombreux chercheurs (climatologues, économistes, océanographes, biologistes, spécialistes de la flore et de la faune, etc.), l'avenir de notre planète s'annonce plutôt sombre, j'ai l'intime conviction que l'humanité arrive à une étape charnière de son évolution et qu'elle est en train de franchir un seuil. Plusieurs avenirs ou futurs s'offrent à elle. En tant que membre à part entière de cette humanité, je considère que j'ai le devoir de faire – avec les faibles moyens dont je dispose – tout ce qu'il faut pour qu'elle choisisse le meilleur futur possible.

Il faut bien reconnaître que le niveau de réflexion auquel je prétends me situer n'est pas facile à aborder, car il touche des domaines de la connaissance qui ne sont pas du tout universitaires et officiels. Ce sont des questions auxquelles très peu de personnes s'intéressent. Elles sortent du cadre des préoccupations quotidiennes ordinaires de chacun d'entre nous : travailler, faire ses courses, manger, dormir, payer ses factures, se distraire, partir en vacances, etc. Vie ordinaire et préoccupations journalières qui sont, j'en conviens, nécessaires à notre survie dans ce monde, mais qui ne nous donnent pas toujours le loisir de penser à autre chose.

Quand je dis que je suis un protagoniste de l'Aventure humaine, cela signifie que mon livre peut contribuer – toujours à son modeste niveau – à orienter cette aventure et cette évolution dans un certain sens et dans une direction que j'estime être plus souhaitable. C'est l'un des buts que je me suis fixés. Aujourd'hui, nous sommes dans une position où nous ne devrions pas subir le cours des événements. L'évolution n'est pas cette entité abstraite qui tirerait les ficelles de notre destinée à notre insu. Au contraire, je crois que nous avons un rôle actif et décisif à jouer dans le déroulement des processus qui contribuent au devenir de l'humanité, et l'un des messages les plus importants de ce livre est que nous sommes pleinement acteurs de notre évolution individuelle et collective.

Nous sommes des êtres conscients, et nous pouvons donc participer consciemment, chacun à sa place et à son niveau, à notre évolution. Nous avons entre nos mains les outils nécessaires pour piloter notre devenir et faire en sorte qu'il suive une voie positive d'accomplissement de notre être et d'unification de l'humanité. La spiritualisation de notre planète suppose l'unification et l'harmonisation, c'est une loi spirituelle incontournable. En définitive, notre seul ennemi véritable est le conflit, qu'il soit en nous ou à l'extérieur de nous.

Certes, le défi est immense, mais il doit être surmonté et réussi, car si nous regardons avec lucidité ce qui se passe aujourd'hui sur notre planète, il s'avère que nous n'avons pas beaucoup de choix. Les possibilités de sortir de la crise permanente dans laquelle nous vivons semblent se réduire avec le temps. Il faut donc que nous prenions conscience que choisir d'avancer dans la bonne direction, c'est-à-dire dans la voie de la sagesse, de la réconciliation générale, de l'unification planétaire et de la coopération globale, est notre seule chance de survie.

L'une des phases de cette action consiste à semer – ou à implanter – des idées et des concepts dans la culture ambiante. Ces concepts ne sont pas nécessairement nouveaux, mais ils apparaissent plus que jamais pertinents dans la période difficile que nous traversons. La première chose qu'il importe de faire est de créer un mouvement et une dynamique. Sans ce mouvement initial, rien ne peut advenir. Aucun changement de fond ne peut survenir. Le but de ce mouvement est de tirer l'humanité vers le haut et non plus vers le bas. L'objectif est d'orienter l'humanité vers les valeurs positives, constructives, et non plus vers le chaos et la destruction. Certes, le résultat n'est pas acquis d'avance, mais il ne fait aucun doute pour moi que cette action doit être tentée. Nous n'avons plus rien à perdre. Au contraire, nous avons tout à gagner. Nous devons agir dès maintenant.

Quand j'annonce que ce livre est ambitieux, cela signifie qu'il ne va pas traiter de sujets comme celui de savoir si c'est la gauche (les démocrates) ou la droite (les républicains) qui va l'emporter aux prochaines élections, ou si c'est telle équipe de football qui va être sélectionnée pour la prochaine Coupe du Monde. Pour avoir des informations fiables sur ces sujets, il suffit de regarder le journal de 20 h. Je ne dis pas non plus que les sujets que je viens de citer ne sont pas importants ou qu'ils n'ont aucun intérêt. Ce serait faire preuve de mépris à l'égard de certains domaines de l'activité humaine, et cette position n'est aucunement défendable. Tout est important ici-bas : la politique, le sport, la philosophie, les sciences, la cuisine, etc. La seule chose qui compte à mes yeux, c'est l'esprit dans lequel sont exercées ces activités humaines. Si elles permettent à l'être humain de s'élever, alors je pense qu'elles sont dignes d'intérêt.

De quels sujets si importants ce livre va-t-il traiter ? Ce ne sont pas ceux qui sont habituellement abordés dans les conversations, car ils ne concernent pas directement la vie quotidienne des gens, du moins en apparence. Ce ne sont pas non plus des sujets classiques qui sont reconnus par la communauté scientifique et qui font l'objet de débats dans des publications spécialisées.

Non, ce dont nous allons parler dans ce livre sort des sentiers battus et ne fait pratiquement jamais la une des journaux. Mais ce n'est pas parce que ces sujets ne sont pas abordés, ou très rarement évoqués, qu'ils sont quantité négligeable. Cela signifie seulement qu'ils ne font pas encore partie des questions qui sont débattues dans l'opinion publique et les médias. Ces sujets ne sont pas pris en compte dans les réflexions qui permettent de fixer les paradigmes de notre société. Beaucoup de nos intellectuels (en France du moins) ne les connaissent pas ou les méprisent.

La difficulté vient du fait que nous partons d'une vision globale des choses, et que nous allons donc nous intéresser à des sujets globaux, c'est-à-dire des sujets qui sont situés à l'échelle de l'humanité tout entière. À ce niveau, ou à cette altitude, si je puis dire, beaucoup perdent pied et considèrent que la pensée s'égare dans les brumes incertaines de la spéculation. Ces personnes diront qu'elles préfèrent réfléchir sur des sujets concrets et précis sur lesquels nous pouvons agir directement et de façon pratique. Certes, mais il faut aussi savoir s'élever et regarder les choses de haut. Il ne faut pas se priver de l'occasion de se projeter dans l'avenir avec hardiesse. Nous avons cette faculté, alors n'ayons pas peur de l'utiliser. C'est en tout cas le point de vue que j'ai adopté dans ce livre.

Je suis profondément convaincu qu'il faut d'abord imaginer et rêver un monde nouveau pour que, plus tard, il se réalise. C'est une phase indispensable dans tout processus de création.

Un premier constat s'impose : l'ambiance psychique sur les plans individuel et collectif est négative dans l'ensemble. Beaucoup de gens pensent que l'humanité traverse une crise grave et profonde, et que son avenir est pour le moins incertain. De nombreux êtres humains estiment en toute bonne foi que l'humanité ne va pas pouvoir résoudre tous les problèmes auxquels elle est confrontée et qu'elle va se détruire elle-même à plus ou moins brève échéance. Il faut bien reconnaître que cette ambiance négative a ses raisons d'être. Elle est justifiée par un certain nombre de situations alarmantes et même critiques qui génèrent une vision pessimiste de notre futur. Il règne une angoisse générale qui empêche bien souvent les gens de se projeter dans un avenir lointain. Pour beaucoup, cet avenir est plein de périls, d'incertitudes et de ténèbres.

Si vous regardez, par exemple, le film documentaire intitulé *Le Syndrome du Titanic*, réalisé en 2008 par Nicolas Hulot et Jean-Albert Lièvre, vous éprouverez un profond sentiment de malaise. L'atmosphère générale du film est tragique et négative. Elle génère chez le spectateur l'idée que nous sommes à la fin de notre civilisation, car les problèmes sont si nombreux, si vastes et si compliqués que nous ne pourrons pas nous en sortir. Selon moi, le film est excellent, car il est sans concession. Son ton est juste et le propos est pertinent. Il montre notre condition humaine actuelle sans la moindre fioriture, de façon abrupte et réaliste.

> Ce que dépeint Nicolas Hulot, c'est l'évolution d'une crise écologique en crise économique, climatique, alimentaire, c'est la menace imminente d'une crise de l'humanité. La civilisation urbaine, l'addition des pénuries, les flux humains liés au commerce, l'emballement des transports, la globalisation de l'économie et de la culture, la surconsommation, les inégalités du partage des ressources, la surexploitation des matières premières, les coulisses des mégapoles, l'abondance des déchets et carcasses. Il condamne l'absurdité des modes de vie, s'interroge sur le sens du progrès, fustige un système qui court à sa perte. Les solutions proposées ? L'abandon du culte du « toujours plus », de l'obsession du quantitatif, de la création de besoins « là où il n'y en a pas », de l'idéologie de la possession pour exister, du capitalisme comme modèle économique dominant et qui est devenu *le* problème. Il désigne l'excès comme toxique, prône une décroissance sélective, de la mesure comme règle d'or, des choix et des renoncements, l'exploration de la seule énergie inépuisable, l'énergie solaire. Nicolas Hulot assène des slogans : « On ne consomme pas, on consume, nous qui avons tout et que rien ne satisfait, alors que ceux qui ont peu se contentent de tout. » Il convoque imaginaire, utopie, pour une mutation radicale. Débouche sur un programme quasi

religieux : « L'homme est grand sous la contrainte, immense dès qu'il est humble. » (*Le Monde.fr*, le 6 octobre 2009)

Je souscris pleinement à ce réquisitoire contre les dérives et les abus du monde moderne, mais loin de couper notre élan pour nous en sortir, ce film documentaire devrait au contraire nous inciter à nous mobiliser et à entrer dans l'action. Loin de nous paralyser et de nous confiner dans une morosité inefficace, il pourrait au contraire nous pousser à réagir et nous donner l'envie de changer ce sinistre état des lieux. Comme le dit si bien Nicolas Hulot : « Le paquebot sur lequel nous sommes tous embarqués, c'est la planète Terre. Et nous n'en avons qu'une. Alors, sauvons-la ! »

Dans ce qui nous arrive aujourd'hui, il n'y a aucune fatalité qui agirait de l'extérieur contre notre volonté. Si nous en sommes arrivés là, ce n'est qu'à nous que nous devons nous en prendre. En tant qu'êtres conscients et adultes, la responsabilité de tout ce qui arrive de mauvais et de négatif sur cette planète nous incombe pleinement (comme tout ce qui est bon et positif d'ailleurs). Nous ne pouvons pas rejeter la faute sur quelqu'un d'autre ou sur une obscure et mystérieuse fatalité. La vérité est que si notre civilisation s'écroule et disparaît, c'est nous (c'est-à-dire l'ensemble des habitants de la Terre) et nous seuls qui aurons été les artisans de cette triste et lamentable fin.

J'ai toujours été frappé par cette espèce de délectation plus ou moins consciente et morbide que de nombreuses personnes éprouvent quand elles évoquent la fin du monde. Le monde va s'écrouler, pensent-elles, « mais moi, je vais peut-être m'en sortir. Qui sait, avec un peu de chance, je survivrai tout seul ou avec ceux que j'aime. Le sort des autres, ce n'est pas de ma compétence. Ne suis-je pas plus malin que mes semblables ? ». Ensuite, elles enchaînent en mettant en avant leur impuissance : « Mais que puis-je faire pour que les choses changent ? » Elles pensent que, de toute façon, personne n'y peut rien, et surtout pas elles. Que c'est la machine qui s'est emballée, qu'elle n'a plus de frein et qu'aucun responsable politique ne maîtrise plus rien. « C'est notre destin », dit la chanson. « Ce qui doit arriver arrivera et ce n'est pas mon problème. Il y a des gens qui sont payés, et même parfois très (trop) bien payés, pour résoudre les problèmes de notre société. Ces gens ont fait de longues études, ce sont des spécialistes reconnus, des techniciens, alors si eux ont échoué, que puis-je faire, moi, dans mon coin, moi qui n'y connais rien ? »

Erreur fatale ! serais-je tenté de dire. Rien n'est plus faux. Nous sommes tous embarqués sur le même paquebot, comme le dit Nicolas Hulot, et nous avons tous un rôle à jouer pour l'empêcher de s'écraser contre un iceberg, comme dans le naufrage du Titanic. Non, ce n'est pas une machine impersonnelle qui s'est emballée et est devenue folle, c'est nous tous qui avons perdu le sens des réalités les plus élémentaires et avons contribué à créer tous les dysfonctionnements d'aujourd'hui. Je crois que c'est parce que nous avons trop délégué aux technocrates et aux politiques que le monde est au bord du gouffre, aujourd'hui. Ce qui ne veut pas dire d'ailleurs que tous les technocrates et tous les politiques soient mauvais et que nous devrions absolument nous passer d'eux.

Le constat de ce climat psychique délétère étant fait, il importe d'en sortir dans les plus brefs délais. C'est une nécessité vitale. Il est désormais urgent de créer une atmosphère psychique positive. Il faut que les êtres humains croient en l'avenir de leur planète et de leur civilisation. Il faut restaurer l'espoir et la confiance. Nous devons tous nous atteler à créer les conditions qui nous permettront de croire qu'un avenir meilleur est devant nous et que nous avons la possibilité d'accomplir de grandes choses, à la fois sur cette Terre et dans l'espace (système solaire et planètes extrasolaires). Il faut garder à l'esprit que l'évolution de l'espèce humaine est loin d'être terminée. Bien que brillantes, nos civilisations du passé n'ont été en quelque sorte que le prélude à une civilisation encore plus éblouissante qui devrait être le couronnement de toutes les civilisations précédentes. Je suis convaincu que la prochaine civilisation humaine couvrira la Terre entière et qu'elle sera le creuset de l'unification de tous les peuples.

Je vais exposer, dans les pages qui suivent, les grandes lignes de ce que j'appelle le Projet humain global (PHG) qui est une sorte de plan à grande échelle, et à très long terme, pour tenter de sortir du marasme ambiant. Nous verrons que l'objectif premier du PHG est d'instaurer une civilisation planétaire. Cette civilisation globale repose sur un principe simple et compréhensible par tous : la Terre est notre maison et nous devons nous unir pour la sauver et y vivre en paix. L'humanité est Une dans sa diversité. Elle partage le même bien qui est la Terre et les mêmes ressources naturelles qui ne sont pas inépuisables. Nous verrons ensuite qu'avec la civilisation planétaire le Projet humain global a pour but de créer la noosphère, c'est-à-dire d'instaurer une sphère de conscience, d'esprit et d'amour au-dessus de toutes les autres sphères déjà existantes (lithosphère, biosphère végétale et animale). Je propose aussi une vision ample et hardie de l'évolution humaine. Je crois enfin que le but final du Projet humain global est de creuser le sillon du futur de l'humanité dans le sens de la convergence vers le point Oméga qui est la réalisation de toutes les potentialités incluses dans la nature humaine.

Un autre paramètre est à prendre en considération : l'éventuel contact avec une civilisation beaucoup plus évoluée que la nôtre qui maîtriserait le voyage interstellaire. Ce paramètre non conventionnel (exogène) est une sorte d'ouverture qui n'est jamais prise en compte par les chercheurs qui font l'effort de réfléchir à l'avenir de nos sociétés. C'est une possibilité extraordinaire qui est porteuse d'immenses espoirs. En effet, nous envisageons sérieusement la possibilité pour l'humanité d'entrer dans ce que j'appelle le cercle des civilisations galactiques (civilisations de type III). Je pense que c'est une possibilité qui n'est peut-être pas si éloignée que cela dans le temps. C'est une éventualité qui pourrait se réaliser d'ici quelques dizaines d'années (entre 30 ans et un siècle). Fourchette qui est une estimation raisonnable.

De nombreux signes semblent indiquer l'imminence d'un tel contact.

Notons tout de suite que ces étranges signes viennent du ciel. Les manifestations de plus en plus nombreuses du phénomène ovni semblent aller dans ce sens. Si, derrière ce phénomène, existe une intelligence supérieure, elle a compris depuis longtemps que la Terre est un endroit privilégié pour la vie. Il paraît donc logique qu'elle s'arrange d'une façon ou d'une autre pour nous empêcher de commettre l'irréparable, c'est-à-dire de saccager de façon irréversible ce fabuleux réservoir de vie qu'est la Terre. Nous ignorons quel est son « plan pour sauver la Terre » (pour paraphraser le titre du livre de l'ufologue Christel Seval : *Le Plan pour sauver la Terre*), mais gageons qu'elle trouvera une solution adaptée. Cette intelligence pourrait représenter une alliée précieuse pour nous aider à franchir le cap difficile du passage vers une civilisation planétaire de type I.

Pour moi, c'est une évidence : des civilisations plus évoluées que la nôtre sont déjà informées de tout ce qui se passe sur notre belle planète bleue. Il n'est pas impossible non plus que, d'ici quelques années, elles veuillent établir un contact officiel avec nous. Ce serait un contact durable et solide puisqu'il aurait comme objectif de guider l'humanité sur le chemin de notre intégration progressive dans ce qui pourrait se présenter comme une vaste communauté galactique (civilisation de type III). Peu à peu, nous ferions connaissance avec tous les membres de cette prestigieuse communauté qui compte peut-être déjà dans ses rangs des centaines, voire des milliers de civilisations d'un niveau supérieur. C'est sûr, notre avenir est dans l'espace. Pour le moment, nous y faisons nos premiers pas, comme de jeunes enfants. Demain, une main plus experte nous apprendra peut-être à y marcher comme des adultes.

Je pense que nous n'avons pas suffisamment conscience de tout ce que recouvre le concept de civilisation. Pour moi, c'est une notion centrale qui devrait faire l'objet de nombreux débats et qui devrait aussi alimenter en permanence nos projections futuristes. Je suis, en effet, persuadé que notre civilisation technoscientifique est en train de franchir une étape décisive de son évolution. C'est la raison pour laquelle mon étude commence par une analyse du concept de civilisation et tente d'en examiner tous les aspects. J'ai tout de suite compris que le sujet auquel je m'attaquais n'était pas simple et qu'il soulevait de nombreuses interrogations. L'une des questions angoissantes qui sont à l'origine de mon travail est celle de savoir si notre civilisation va s'effondrer et disparaître. Je l'avoue, je n'ai pas de réponse nette et tranchée à cet épineux problème. Tout dépendra de notre capacité à affronter les redoutables défis qui se présenteront à nous. Après avoir évoqué les périls qui menacent notre avenir (dangers de la complexité, fragilité et précarité de l'état d'homme civilisé, etc.), je propose une classification des civilisations qui peuplent notre Univers. Je crois que nous ne sommes pas seuls et qu'il existe des civilisations qui sont incroyablement plus évoluées que la nôtre, tant sur le plan technoscientifique que sur le plan psychospirituel. En effet, sur une échelle qui compte sept types de civilisations (de la plus primitive à la plus sophistiquée), nous occupons le degré le plus bas, c'est-à-dire le type 0. Cette classification offre donc l'occasion de recevoir une belle leçon d'humilité et nous oblige à reconsidérer notre place dans la vaste communauté des peuples de l'espace. Place très modeste, en vérité, qui devrait nous inciter à revoir à la baisse nos orgueilleuses prétentions et à minimiser l'importance de nos exploits, tant sur le plan de la conquête spatiale, par exemple, que dans les autres domaines de la recherche scientifique. Nous n'en sommes encore, dans ces deux secteurs de l'exploration multidimensionnelle de l'Univers (infiniment grand et infiniment petit), qu'à nos premiers pas mal assurés et nous ne faisons qu'entrevoir l'étendue de notre ignorance. Mais être lucides quant à notre place réelle sur l'échelle des civilisations ne doit pas nous empêcher d'avoir de l'ambition et de nous projeter dans l'avenir, c'est-à-dire vers le prochain stade de notre évolution. Si tout va bien, nous accéderons alors au type I (civilisation planétaire). Montrer comment nous pourrons l'atteindre a été la partie la plus difficile à écrire, car j'ai été confronté à des problèmes d'une grande complexité. En examinant de près les conditions qui devraient permettre le passage du type 0 au type I, j'ai pris conscience des formidables défis à relever. C'est en réfléchissant à ces thèmes que j'ai réalisé combien la partie était loin d'être gagnée, si je puis dire. Pourtant, je ne puis admettre qu'il n'y ait plus rien à faire et que notre avenir soit déjà tout tracé : l'effondrement à plus ou moins long terme de notre civilisation technoscientifique.

C'est la raison pour laquelle je propose, dans les trois derniers chapitres du livre, des solutions originales qui toutes prennent en compte la dimension psychospirituelle de l'être humain. Parmi les réponses qui me paraissent pertinentes et qui sont susceptibles d'ouvrir des perspectives positives à long terme, j'examine successivement les concepts de noosphère, de point Oméga et de Projet humain global.

- La noosphère signifie plus de conscience et plus d'esprit sur la Terre. Plus la noosphère progressera, plus la conscience sera active, et plus nous avancerons vers l'unité finale représentée par le point Oméga.
- Âme des âmes ou centre des centres, le point Oméga échappe au temps et à l'espace. Il est situé en dehors et au-delà de notre continuum spatio-temporel. L'énergie créatrice issue du point Oméga est essentiellement distincte du monde qu'elle organise. C'est une entité autonome, extérieure à l'Univers. Elle est située devant nous, dans l'avenir, et non pas derrière nous, dans le passé. Le point Oméga nous attire à lui comme la lumière vive attire les papillons qui virevoltent dans l'obscurité. Cet attracteur est irrésistible. Dernier terme de la série évolutive, il est en même temps hors de cette série. Il couronne et clôt l'évolution par le haut. C'est la clé de voûte de tout le processus évolutif. Il échappe à l'entropie générale et rassemble en lui toutes les forces néguentropiques qui sont créatrices d'ordre, de cohésion, d'organisation, d'amour, d'harmonisation et d'unité. Lui-même n'évolue pas, parce qu'il est le but de l'évolution. Pour être suprêmement attrayant, Oméga doit être suprêmement présent. Oméga est un

centre réel et actuel. Il est totalement indépendant de la chute des puissances terrestres (communautés, organisations, sociétés, nations, empires, civilisations) dont est tissée la trame de l'évolution.

- Enfin, le Projet humain global (PHG) concerne l'évolution de l'humanité à long terme, et même à très long terme. Le centre de gravité de ce projet est l'élévation des êtres humains vers des états d'être et de conscience supérieurs. Son but avoué est d'instaurer la noosphère sur la Terre avec, comme objectif lointain, l'intégration de l'humanité dans le point Oméga. Je crois que nous sommes sur le point de franchir une sorte de seuil évolutif et que le PHG représente le but que nous devons nous fixer si nous voulons franchir dans de bonnes conditions le passage vers une nouvelle forme de civilisation. Si nous le voulons vraiment, nous pouvons faire en sorte que l'avenir de l'humanité soit grandiose et passionnant. Pour cela, nous devons élever nos esprits, sortir du pessimisme ambiant dans lequel nous nous enfermons et nous fixer des buts nobles, c'est-à-dire à la hauteur de l'immense potentiel qui est en nous.

La couverture de ce livre montre la très belle œuvre du peintre et ami Frédéric Bauche. Remarquable par sa valeur esthétique et son message, cette œuvre représente pour moi la gestation de la future civilisation planétaire. Cette civilisation globale n'en est encore qu'au stade fœtal. Mais, comme la peinture le suggère, le fœtus est déjà grand et bien développé. Il va bientôt naître, et avec lui un homme nouveau va apparaître sur la Terre. Le temps vient où l'humanité va entrer dans une nouvelle phase de son évolution. Le citoyen de cette nouvelle humanité sera citoyen du monde, des étoiles et du cosmos. Il lancera son regard vers l'espace et l'avenir, et il y découvrira des potentialités extraordinaires, des accomplissements inouïs. Il ne sera pas sombre et pessimiste. Il sera, au contraire, confiant et positif. L'homme nouveau sera porteur d'un immense message d'espoir pour ses semblables. Il sera conscient que nous sommes en route vers des mondes futurs, vastes et profonds. Ces mondes sont ceux de l'esprit intérieur et ceux du vaste cosmos extérieur. L'enfant qui va naître verra des royaumes qu'aucun humain de cette planète n'a encore jamais vus. C'est l'enfant de la Terre qui va grandir en regardant vers les étoiles. Il fera entrer la Terre dans le cercle des grandes civilisations de notre galaxie, dans ce que nous appelons la communauté galactique. Il unira les peuples de la Terre et il unira la Terre aux peuples de l'espace. Cet enfant qui grandit dans le ventre de la Terre est notre espoir à tous.

Vie et mort des civilisations

Qu'est-ce qu'une civilisation ?

Commençons par consulter *Le Petit Robert* pour avoir une vue d'ensemble du concept de civilisation. Ce dictionnaire nous dit que ce mot est assimilable aux notions d'avancement, d'évolution et de progrès. Il renvoie à l'ensemble des caractères communs aux vastes sociétés les plus évoluées et à l'ensemble des acquisitions des sociétés humaines en opposition aux termes de nature ou de barbarie.

L'acte de se civiliser reviendrait à faire passer une collectivité à un état social plus évolué dans l'ordre moral, intellectuel, artistique, scientifique et technique.

De manière plus neutre, la civilisation comprend l'ensemble des phénomènes sociaux (religieux, moraux, esthétiques, scientifiques, techniques) communs à une grande société ou à un groupe de sociétés.

Toujours selon le même ouvrage, une civilisation est d'abord vue dans une perspective optimiste et évolutive. Elle renvoie à une évolution qui sort l'homme de son état de nature. La civilisation s'oppose à la barbarie, c'est-à-dire à tout ce qui est étranger à elle. Pour le dire autrement : ce qui est présent dans la civilisation et absent dans la barbarie (et inversement).

De façon moins partisane, la civilisation est l'expression multipolaire d'une ou de plusieurs sociétés relativement proches les unes des autres. De ce point de vue, le monde est divisé en grandes aires de civilisation qui se calquent plus ou moins sur la division géographique des continents. Cette notion, qui est récente, apparaît dès le début du XVIIIe siècle, mais se construit surtout au XIXe siècle, au moment où marchands, militaires et missionnaires des nations européennes redécouvrent le monde. La colonisation, les progrès des sciences sociales, la décolonisation et la chute de l'URSS vont avoir un impact déterminant sur la notion de civilisation. Au XXIe siècle, les préoccupations écologiques, l'ascension de nouvelles puissances économiques, la remise en question du système de croissance capitaliste et la montée des intégrismes religieux changent les paramètres en matière de définition d'un idéal de civilisation.

L'histoire de la notion de civilisation est avant tout celle d'une évolution de son sens en relation avec un contexte donné. Dans le *Grand dictionnaire universel du XIXe siècle* de Pierre Larousse, les auteurs proposent une série de citations de grands hommes politiques ou de lettres. Ainsi commencent-ils par Racine (1639-1699) : « La civilisation d'un peuple est un ouvrage long et difficile. » Déjà, à cette époque, la civilisation se définit comme un processus de longue durée associé à des difficultés qu'il faut résoudre. Le Siècle des lumières précise cette idée. Dans *De l'Esprit des lois*, Montesquieu (1689-1755) emploie le terme « civiliser » pour parler de pacification des relations entre les hommes, en les institutionnalisant. Le contre-révolutionnaire Louis de Bonald (1754-1840) développe cet avis en affirmant que « la société ne peut se civiliser que par la connaissance de la loi ». Dans ce contexte, « la civilisation est le perfectionnement des lois et des mœurs ». Montesquieu lui-même ne déclare-t-il pas que « les lois inutiles affaiblissent les lois nécessaires » ?

Étymologiquement, le terme de civilisation provient du latin *civis* qui a donné :

- le mot « citoyen » ;
- *civitas*, qui renvoie à la qualité et aux droits du citoyen, et dont le mot « cité » est aussi dérivé ;
- *civilis*, qui a donné en français les mots « civil », « civiliser » et « civilisation ».

Le traité d'Aristote intitulé *La Politique* considère l'homme comme un animal politique, c'est-à-dire un animal vivant en société dans la cité. En grec, cité se dit *polis*, d'où vient le mot « politique ». Pour l'illustre philosophe grec, le terme « politique » est pris dans un sens très large dans la mesure où il suppose la recherche rationnelle de ce qui est bon pour l'homme, sur les plans tant individuel que collectif. Son traité peut être considéré comme l'une des premières tentatives de penser la cité de façon globale, et au IVe siècle av. J.-C., en Grèce, la cité était l'expression même de la civilisation.

L'idée première contenue dans la notion de civilisation consiste en l'adoucissement des relations entre les hommes par la mise en place de règles communes, à commencer par la loi. Plus tard, la notion de progrès s'insère dans le concept de civilisation. La révolution industrielle, qui commence en Angleterre au milieu du XVIIIe siècle, modifie les relations sociales entre les individus. Par la suite, une bourgeoisie industrielle et capitaliste se développe à côté de la bourgeoisie née du commerce. Les artisans sont confrontés à l'arrivée de la classe ouvrière issue de l'industrie manufacturière et minière. La masse toujours plus importante des laissés-pour-compte de l'industrialisation menace l'ordre public. Joseph Droz (1773-1850) voit dans la propagation de la morale et de l'industrie « les deux grands moyens de faire avancer la civilisation » : l'industrie parce qu'elle contribue à l'accroissement des richesses et des biens ; la morale parce qu'elle répond à la déshumanisation des classes laborieuses et encourage la bourgeoisie au partage des richesses. François Guizot (1787-1874) défend cette idée d'évolution et de progression : « Ainsi la civilisation subsiste à deux conditions et se révèle à deux signes : le développement de l'activité sociale et celui de l'activité individuelle, le progrès de la société et le progrès de l'humanité. »

Se pose alors une nouvelle question : quand la civilisation apparaît-elle ?

Pour Pierre-Joseph Proudhon (1809-1865), « la civilisation est le fait social de l'accroissement des richesses ». Dans son *Histoire générale de la civilisation en Europe depuis la chute de l'empire romain jusqu'à la Révolution française* (1828 et 1838, Éditions Langlet et Cie), François Guizot considère lui-même que l'accroissement des besoins et des richesses différencie une société qui se civilise d'une société stagnante, qui ne progresse pas. Ainsi juge-t-il les populations nomades comme en dehors de la civilisation, car elles sont peu raffinées, contrairement aux populations sédentaires et agricoles. Selon lui, ce qui sépare le sauvage de l'homme civilisé, ce serait donc la relation à la Terre. L'homme civilisé est d'abord celui qui maîtrise l'agriculture. L'homme sort de l'état de nature par la culture, c'est-à-dire par la maîtrise de son environnement immédiat. Il y aurait un lien entre l'accroissement des rendements agricoles et le développement d'autres fonctions pour répondre à d'autres besoins ou à d'éventuels conflits entre individus. Ainsi retrouve-t-on la définition de la cité d'Aristote : la civilisation commence par la fondation de la cité, c'est-à-dire un groupement de familles et de villages autour d'une même localité. La division du travail favorise le rendement agricole et dégage de l'espace pour d'autres activités. La civilisation naîtrait des surplus alimentaires qui auraient permis le développement des cités dans lesquelles sont apparus les lois, les arts, les sciences et la culture en général.

Comme nous pouvons le constater avec les définitions du *Petit Robert*, le terme de civilisation est une notion d'une grande complexité qui peut revêtir plusieurs acceptions et concerner des réalités très différentes. De nos jours, les chercheurs (ethnologues, anthropologues, historiens, géographes, sociologues) préfèrent les termes de société et de culture à celui de civilisation. Cependant, je conserverai dans ce livre le concept de civilisation qui comporte, selon moi, des aspects dynamiques profonds qui englobent et dépassent les notions de société et de culture (employées dans le sens commun de ces termes). Pour moi, une civilisation, c'est avant tout un projet de vie en commun à long terme (plusieurs siècles), et même à très long terme (plusieurs milliers ou même millions d'années).

Pour le dire autrement, je conçois une civilisation comme l'incarnation d'une force dynamique d'évolution. Une civilisation est un puissant courant de forces qui ne sont pas seulement des forces extérieures visibles. En ce sens, une civilisation comporte de multiples niveaux de réalité qui vont des plus matériels (habitations, monuments, édifices publics, routes, etc.) jusqu'aux plus subtils (valeurs communes, culture, religion, arts, sciences, etc.). La dynamique propre d'une civilisation suppose une sorte d'élan interne qui est porteur de valeurs et d'un esprit qui s'incarnent dans l'espace et dans le temps. Nous verrons plus loin que ce que j'appelle la force dynamique d'évolution, qui est l'énergie intérieure (l'esprit ou le souffle intérieur d'une société humaine) propre à chaque civilisation, a une origine mystérieuse. Cela signifie que l'apparition d'une civilisation ne se réduit pas aux seules contingences matérielles et spatio-temporelles qui détermineraient ses caractéristiques propres et uniques (axe horizontal). Selon moi, un autre paramètre essentiel qui entre en jeu est ce que j'appelle l'axe vertical. L'origine de ce facteur déterminant n'est pas de ce monde, et j'expliquerai plus loin le sens de cette énigmatique formule. L'action de ce paramètre extérieur est fondamentale. Sans elle, aucune civilisation digne de ce nom n'aurait vu le jour sur notre globe.

Il découle de ce qui vient d'être énoncé qu'une civilisation s'inscrit nécessairement dans deux dimensions ou axes :

- Une dimension matérielle horizontale (espace, temps, matière) ;
- Une dimension spirituelle verticale (niveaux de conscience, spiritualité).

Je reviendrai sur ces deux dimensions d'une civilisation et je démontrerai qu'elles sont étroitement liées l'une à l'autre (principe CEHV). J'expliquerai plus en détail ce qu'est le principe CEHV, ou principe de corrélation entre l'expansion horizontale (espace, temps, matière, énergie) et l'élévation verticale (niveaux de conscience, spiritualité, transcendance, valeurs, point Oméga) d'une civilisation.

Disons pour le moment que je ne peux concevoir de véritable civilisation – une civilisation digne de ce nom – sans la rencontre en un point donné de l'espace et du temps des dimensions horizontale et verticale. C'est seulement à partir de ce point que naît – et se développe ensuite – une civilisation.

Nous verrons que c'est parce que le point de rencontre entre ces deux axes est inexistant aujourd'hui (ou encore existant, mais inactif ou ignoré) que notre civilisation scientifique, technique et industrielle n'est pas viable à long terme. Il lui manque un ancrage ou un positionnement dans la dimension verticale. C'est d'ailleurs cette impuissance à accéder à cette dimension qui est la source de tous les désordres actuels, de la stagnation et même de la décadence de notre civilisation à un niveau psychique inférieur caractérisé par l'avidité, la cupidité (pour combler un immense vide intérieur), le pessimisme et la désespérance (conscience que ce vide ne peut pas être comblé).

Selon moi, la solution ne peut venir que d'un repositionnement de notre civilisation sur l'axe vertical. Bien que simple dans sa formulation, cette solution est complexe à mettre en œuvre. Nous verrons, à la fin de l'ouvrage, les voies que pourrait prendre cette ouverture vers le haut. Schématiquement, je pense que la mise en place de la solution que je propose pourrait s'articuler en deux grandes phases complémentaires :

- Une prise de conscience générale du caractère relatif et limité des principales religions existantes (catholicisme, protestantisme, islam sunnite et chiite, judaïsme, hindouisme, taoïsme, bouddhisme, etc.) ;
- Le dépassement de toutes ces religions en faveur d'une spiritualité nouvelle, globale et universelle dépourvue de tout radicalisme religieux.

Ce ne sont, bien évidemment, que les grandes lignes d'une vaste transformation de la vie spirituelle à l'échelle de la planète. Je reconnais que c'est un programme très ambitieux, mais il est indispensable si nous voulons accéder à des niveaux supérieurs de civilisation. Je le dis sans ambages, je pense que les religions, telles qu'elles se présentent aujourd'hui, sont caduques. Elles ne sont plus adaptées aux mutations auxquelles doivent faire face nos sociétés. Tous les jours, l'actualité montre qu'elles offrent plus d'inconvénients que d'avantages : abus de pouvoir de leurs représentants, repli identitaire, montée des intégrismes, sectarisme, obscurantisme, intolérance, incompréhension, rejet de la différence, guerres et massacres de populations.

Pour nuancer ma position, j'admets cependant qu'il existe une différence notable entre les formes et les pratiques extérieures d'une religion (exotérisme), le christianisme par exemple, et sa dimension spirituelle interne (ésotérisme). Ce qui pose problème, en définitive, ce sont les pratiques extérieures des différentes confessions plutôt que leurs enseignements spirituels les plus élevés. Il faut d'ailleurs rappeler une vérité largement méconnue : les plus hauts niveaux de ces enseignements se rejoignent, au sommet, dans l'« unité principielle », comme le disait fort justement l'ésotériste René Guénon. Mais tous les fidèles des religions ne sont pas capables d'accéder à ces connaissances spirituelles élevées. C'est donc la compréhension insuffisante, superficielle et bien souvent naïve que les fidèles ont de leur propre religion qui est la cause principale des conflits qui ne cessent d'éclater entre eux. Ces guerres entre religions sont donc le fruit de l'ignorance qui débouche presque toujours sur un fanatisme aveugle. C'est l'attachement exclusif aux formes et aux pratiques extérieures d'un culte spécifique qui conduit les fidèles au rejet des autres cultes. Celui qui connaît l'unité interne qui relie toutes les religions entre elles est tolérant et respectueux de toutes les formes qu'elles peuvent prendre aujourd'hui.

Pour moi, il est évident que les religions ne peuvent plus offrir une vie spirituelle qui soit en adéquation avec les bouleversements qui sont à l'œuvre sous nos yeux. Elles appartiennent au passé de l'humanité. Certes, elles ont été utiles, en leur temps, pour assurer la jonction des deux axes évoqués plus haut en un point spécifique de l'espace et du temps, mais de nos jours la jonction des axes ne doit pas seulement se faire dans un espace et un temps circonscrits et ciblés. Au contraire, cette jonction axiale concerne désormais la totalité de notre planète pour une durée qui se situe au-delà de plusieurs millénaires. C'est une situation sans précédent dans l'histoire des civilisations.

Si, comme je le crois, nous allons peu à peu vers une civilisation planétaire de type I, c'est-à-dire une civilisation qui est capable de maîtriser toutes les ressources énergétiques d'une planète selon l'échelle de Kardashev, il devient urgent de reconsidérer les formes que va prendre la vie spirituelle des hommes dans les prochains siècles. Cette relation à l'axe vertical (spiritualité, niveaux de conscience, transcendance, respect de la nature) va nécessairement changer et s'adapter à cette nouvelle situation. Une question importante demeure cependant : quand, où et comment la prochaine jonction axiale à partir de laquelle aura lieu la naissance d'une nouvelle civilisation globale s'opérera-t-elle ?

Les trois sens du mot « civilisation »

Dans un souci de simplification et de clarification, nous retiendrons que, d'une façon générale, le concept de civilisation peut avoir trois significations différentes :

- La première signification relève du langage courant, et le terme de civilisation est alors associé à un jugement de valeur. Dans ce sens, la civilisation s'oppose à la barbarie. L'homme civilisé est le contraire de l'homme sauvage. L'homme civilisé est policé, sophistiqué, cultivé, raffiné et intégré à la société à laquelle il appartient.
- La deuxième signification définit la civilisation comme un aspect de la vie sociale ou comme l'ensemble des phénomènes sociaux représentés par la religion, la morale, l'art, la science et la technique.
- Enfin, avec la troisième signification, le terme de civilisation s'applique à un ensemble de peuples ou de sociétés organisées qui occupent une aire géographique identifiable et dont l'existence se déploie dans la durée. Ainsi, à côté de la civilisation qui représente un degré élevé d'évolution des sociétés, il existe de multiples civilisations qui ont leurs propres caractéristiques et qui occupent une place déterminée dans l'histoire de l'humanité. Les

civilisations grecque, romaine, chinoise et égyptienne sont quelques exemples de grandes civilisations terrestres du passé.

Dans le système de classification des civilisations que j'expose plus loin, les exemples de civilisations terrestres que je viens de citer et qui se sont succédé à la surface de notre planète pendant des millénaires représentent le type 0 de civilisation, appelées aussi civilisations protoplanétaires.

Origine

Les historiens considèrent que c'est Victor de Riqueti, marquis de Mirabeau (1715-1789), économiste et père du célèbre révolutionnaire français Honoré Gabriel Riqueti, comte de Mirabeau (1749-1791), qui a été l'un des premiers écrivains à employer le terme de civilisation, dans son ouvrage intitulé *L'Ami des hommes ou Traité de la population*, paru en 1756. Voici ce qu'écrivait le marquis à propos de la civilisation et de ses liens avec la religion : « La religion est sans contredit le premier et le plus utile frein de l'humanité ; c'est le premier ressort de la civilisation ; elle nous prêche et nous rappelle sans cesse la confraternité, adoucit notre cœur, etc. » Dans un manuscrit intitulé *L'Ami des femmes ou Traité de la civilisation*, le marquis définit le concept de civilisation en ces termes : « Si je demandais à la plupart en quoi faites-vous consister la civilisation, on me répondrait [que] la civilisation est l'adoucissement de ses mœurs, l'urbanité, la politesse et les connaissances répandues de manière que les bienséances y soient observées et y tiennent lieu de lois de détail ; la civilisation ne fait rien pour la société si elle ne lui donne le fond et la forme de la vertu. » Nous voyons que pour Victor de Riqueti, ce qui fait la civilisation, ce sont les mœurs adoucies, l'urbanité, la politesse, les connaissances, les bienséances qui tiennent lieu de lois et la vertu. Le mot « civilisation » a alors un sens qui est proche de celui de civilité ou de savoir-vivre que nous utilisons de nos jours pour désigner les règles élémentaires de la vie en communauté, telles que le respect d'autrui, la politesse ou la courtoisie. Il est facile de constater que le mot « civilisation » n'a plus le même sens aujourd'hui.

Tant que la civilisation était une affaire de mœurs, d'urbanité, de civilité, de convenances sociales et de vertu, elle pouvait se limiter à un royaume ou à un État particulier. Elle pouvait être, comme les mœurs ou le style de vie, limitée à une nation (la civilisation française, par exemple). Mais à partir du moment où elle se caractérise par le niveau de vie matériel, le développement industriel, scientifique et technique, elle devient indépendante de quelque particularité que ce soit : sociale, politique, ethnique ou religieuse. Commune à plusieurs peuples, ou même à tous les peuples de notre planète, elle n'a plus rien de spécifique à la France ou à d'autres pays. Elle devient universelle. Dans un article intitulé *Strategies of Searching for Extraterrestrial Intelligence*, publié en 1980, l'astronome soviétique Nikolaï Kardashev pense que ce qui caractérise les civilisations, c'est leur capacité à exploiter l'énergie qui est à leur disposition pour se maintenir et se développer, intégrer l'information provenant de leur environnement et transmettre des messages interstellaires. Nous pouvons mesurer combien le sens du mot « civilisation » s'est radicalement transformé entre la première version proposée par Victor de Riqueti et celle de Nikolaï Kardashev.

La société civilisée : un idéal vers lequel il faut tendre

Comme nous l'avons vu plus haut, le mot « civilisation » a été formé à partir du latin *civis*, qui signifie « citoyen », et de *civitas*, qui veut dire « cité ». Notons que le terme *civitas* recouvre plusieurs notions. Il concerne à la fois :

- la citoyenneté ;
- les droits des citoyens ;
- l'ensemble des citoyens qui constituent une ville ou un État ;
- le territoire occupé par cette communauté ;
- la ville principale de ce territoire ou de cette communauté.

La notion grecque qui correspond à la *civitas* romaine est *polis*, qui désigne la cité-État, c'est-à-dire une communauté de citoyens libres et autonomes.

Nous voyons que le concept de civilisation s'enracine dans la distinction qui s'est peu à peu établie entre les habitants des villes et ceux qui résident à la campagne, ces derniers étant considérés comme plus proches de l'état de nature. À l'origine, l'homme civilisé est donc celui qui habite la cité. C'est un homme policé, apte à vivre en société. La cité est généralement l'endroit où s'accumulent les richesses et le confort. C'est le lieu où se développe le raffinement des modes de vie et des mœurs. C'est là que s'épanouissent les arts, la culture et la vie intellectuelle d'un peuple. C'est aussi le lieu du pouvoir religieux, politique et décisionnel. L'étymologie montre que la notion de civilisation est donc à mettre en relation avec le développement de l'urbanisation. Plus tard, sous l'influence des Lumières, le mot « civilisation » devient l'incarnation d'un idéal vers lequel doivent tendre tous les peuples. Nous verrons plus loin que cette vision urbanistique (développement démesuré des villes) de la civilisation, qui est aussi étroitement liée à l'essor des sciences et des techniques, n'est qu'une vision partielle de ce concept. Une civilisation, dans le sens que je lui donne dans ce livre, c'est beaucoup plus qu'une explosion (souvent anarchique) des mégapoles.

La fin de la civilisation

La littérature, le cinéma ainsi que l'imaginaire populaire qui s'imprègne des rumeurs et des ambiances psychiques de son époque regorgent de récits et d'histoires décrivant des fléaux, des cataclysmes, des famines et des guerres qui ravageraient notre planète pour ne laisser que quelques rescapés qui survivraient tant bien que mal en menant une existence primitive sur les ruines de l'ancien monde. Dans l'histoire de l'humanité, aucune civilisation n'a échappé à la destruction. C'est un fait indubitable, une dure réalité qui n'a pas épargné les plus brillantes et les plus stables d'entre elles.

Dans son dernier essai intitulé *Cosmos* (Flammarion, mars 2015), le philosophe matérialiste athée Michel Onfray affirme que « notre civilisation est en train de disparaître » (entretien sur le site Internet de *Marianne*, le 22 mars 2015). Voici comment il analyse le fatal déclin de notre monde européen judéo-chrétien :

> Tout le monde souscrit à la fameuse phrase de Valéry : « Nous autres civilisations, nous savons maintenant que nous sommes mortelles », mais personne ne veut en tirer les conclusions. Le logiciel marxiste empêche qu'on souscrive à cette affirmation. Les marxistes croient en effet à une philosophie de l'histoire chrétienne avec parousie révolutionnaire et prolétarienne. Notre civilisation européenne est judéo-chrétienne. Toute civilisation épouse le mouvement de la spiritualité qui la porte et la rend possible. Depuis la conversion de Constantin, au début du IVe siècle, date de naissance de cette civilisation, jusqu'à nous, il y a plus de mille cinq cents ans ! Cette civilisation est en train de disparaître. Il n'y a aucun *déclinisme* là-dedans, juste une leçon apprise à la philosophie de l'histoire de Hegel...

Si l'anéantissement est un cruel destin auquel aucune des civilisations qui nous ont précédés n'a pu échapper, pourquoi en serait-il autrement de la nôtre ? Pourquoi notre civilisation moderne, scientifique et technocratique, échapperait-elle au sort qui a été le leur ? Pour quelles raisons devrions-nous avoir un destin différent et même meilleur ? Serions-nous plus sages, plus puissants ou plus malins que nos prédécesseurs ? Pour le moment, je pense que rien n'indique que nous le soyons. Il semblerait même que ce soit le contraire : pour la première fois dans l'histoire des civilisations, l'humanité (ou au moins une grande partie de l'humanité) risque de disparaître de la surface de la Terre. Seule notre fabuleuse puissance nous distingue des sociétés précédentes et nous donne le pouvoir de mieux nous détruire avec plus d'efficacité et de façon plus radicale. Notons que les scénarios d'apocalypse qui hante notre imaginaire collectif reposent le plus souvent sur une catastrophe décisive qui détruirait la civilisation de façon plus ou moins brutale : gigantesque astéroïde qui heurterait la Terre, explosion d'une supernova, invasion par des extraterrestres belliqueux, guerre ou accident nucléaire qui ravagerait tout, ou encore pandémie qui décimerait les populations. Je pense, contrairement à ce que semblent montrer le cinéma et la littérature, que nous faisons preuve d'un étonnant manque d'imagination dans ce domaine. Il est en effet plus plausible que la fin de notre civilisation s'apparentera davantage – pour employer une métaphore médicale – à une lente agonie à la suite d'une « longue maladie » qu'à une soudaine « crise cardiaque ».

Tous les experts s'accordent à dire que le talon d'Achille de nos sociétés, c'est l'énergie. Nous ne savons pas, en effet, comment nous allons faire face à une demande sans cesse croissante d'énergie puisque la Terre comptera environ 9 milliards d'habitants en 2050. Les chercheurs lucides et honnêtes savent pertinemment qu'il n'existe pas de solution miracle à court terme au problème de l'énergie. Il est évident que si nous ne trouvons pas rapidement des substituts aux énergies fossiles (pétrole, charbon, gaz naturel, lignite, gaz de schiste, uranium 235), le mode de vie que nous connaissons actuellement disparaîtra. C'est inéluctable. Or, les énergies fossiles que nous venons de citer ne vont pas disparaître subitement. Bien que les estimations des réserves disponibles varient selon les sources, les chiffres qui reviennent le plus souvent sont les suivants : 40 ans pour le pétrole, 70 ans pour le gaz, 250 ans pour le charbon et 50 ans pour l'uranium. Cela veut dire que dans 40 ans, nous aurons épuisé toutes les réserves de pétrole, et ainsi de suite pour les autres énergies fossiles. La conséquence de cet état de fait, c'est que la fin de notre civilisation risque d'être longue et douloureuse. Elle prendra au minimum 40 ans, et pourrait s'étendre sur deux siècles. Je laisse au lecteur le soin d'imaginer les bouleversements et les traumatismes que provoqueront les pénuries de pétrole, de gaz, de charbon et d'uranium. Comme nous dépendons à plus de 80 % de ces énergies, il ne faut pas être un grand stratège pour prévoir que l'épuisement progressif de ces ressources naturelles non renouvelables va générer des conflits sans précédent entre les États dans le but de contrôler les dernières et ultimes réserves. La lutte risque d'être âpre et cruelle. Ce sera, en effet, une question de survie pour ces États. Et comme le disait si justement le général de Gaulle, « les États sont des monstres froids » quand il s'agit de leurs intérêts. Ils n'auront aucune pitié pour ceux qui chercheront à entraver leurs desseins d'hégémonie sur les énergies fossiles.

En dehors des scénarios apocalyptiques brutaux et de l'épuisement graduel de nos ressources jusqu'à l'effondrement final que nous venons d'évoquer, il existe une autre éventualité tout aussi glaçante : et si c'était la nature même de la civilisation qui la condamnait (la nôtre comme toutes les autres) à péricliter tôt ou tard ? La fin d'une civilisation pourrait donc être un processus inéluctable auquel nous ne pourrions pas échapper (ce que disait déjà Valéry, cité par Onfray). Ce serait un événement programmé qui serait inscrit dès sa naissance dans la vie d'une civilisation, comme le vieillissement et la mort sont programmés dans une vie humaine. Dans ce cas, malgré tous nos efforts et notre volonté de survivre, malgré toute notre science et toute notre technologie, il n'y aurait rien à faire. Nous serions condamnés à disparaître à plus ou moins brève échéance. Parmi les causes inévitables responsables de la mort programmée des civilisations, la plus sournoise, mais aussi la plus redoutable, est la croissance de la complexité des systèmes qui maintiennent en vie une civilisation.

Cependant, nous allons voir plus loin que la mort d'une civilisation n'est pas une fatalité. Nous ne sommes pas condamnés à disparaître. Peut-être même avons-nous sous les yeux des civilisations qui ont survécu à toutes les catastrophes, à tous les périls, et qui continuent de croître et d'évoluer.

Les dangers de la complexité

Depuis un certain nombre d'années, quelques scientifiques tirent la sonnette d'alarme et attirent notre attention sur les dangers d'une trop grande complexité des sociétés modernes. Selon eux, cette complexité croissante pourrait bien être la cause première de l'effondrement de notre civilisation technoscientifique. Des faits inquiétants et des découvertes récentes dans divers domaines semblent leur donner raison. La conclusion à laquelle ils sont parvenus est la suivante : au-delà d'un certain niveau (ou seuil) de complexité, une société, ou une civilisation, commence à se fragiliser, à tel point qu'il suffit d'une perturbation, même minime, pour provoquer un effondrement général de cette société. Selon certains spécialistes, nous aurions déjà atteint ce point critique, et il serait urgent de réfléchir à la façon dont nous allons gérer ce que nous pouvons d'ores et déjà appeler une décadence ou un déclin de notre civilisation. D'autres assurent cependant qu'il n'est pas trop tard, que nous pouvons encore agir pour éviter le désastre. Qui croire ?

Dans son excellent livre intitulé *La guérison du monde* (Librairie Arthème Fayard, 2012), Frédéric Lenoir nous avertit : « Plus un système est complexe, plus il est sensible à la moindre variation (dans le jargon scientifique, on parle de "sensibilité aux conditions initiales"). » Il constate aussi que « plus un système est complexe, plus notre démarche pour le connaître doit mobiliser des savoirs différents. La systémique, c'est-à-dire l'approche globale, synthétique et unitaire de la réalité, est foncièrement un regard interdisciplinaire posé sur le monde ». La systémique considère que la réalité fonctionne comme un système dont toutes les composantes sont liées les unes aux autres. Les méthodes de cette discipline procèdent de façon inverse de celles de l'approche analytique qui considère que la connaissance de la réalité n'est possible que par la réduction à ses diverses parties (Frédéric Lenoir). La méthode analytique est celle qui a été mise au point par René Descartes et qui est exposée dans son fameux traité *Discours de la méthode pour bien conduire sa raison, et chercher la vérité dans les sciences* (1637). Cette façon d'établir la vérité peut se résumer ainsi : n'accepter que les faits absolument certains afin d'avancer dans la vérité en allant du plus simple au plus compliqué, et diviser chacune des difficultés en autant de parcelles qu'il est nécessaire et qu'il est requis pour mieux les résoudre. Mais les tenants de l'approche systémique nous apprennent que le tout ne se réduit pas à la somme de ses parties. Le tout représente plus que la somme des parties qui le composent. Ce plus n'est d'ailleurs pas seulement quantitatif, il est surtout qualitatif. Le tout opère un saut qualitatif qui n'existe pas dans les parties. Dans ces conditions, la compréhension analytique du monde, considérée comme l'unique méthode d'acquisition des connaissances, ne peut qu'échouer et nous mener à une impasse. Seule une vision organique qui part d'emblée de la globalité est à même de nous fournir un modèle explicatif cohérent. Nous verrons plus loin, avec les travaux de Pierre Teilhard de Chardin, combien cette méthode globale est féconde et permet de nous projeter dans l'avenir. Si nous prenons l'exemple de l'humanité, il est clair que l'union organique de tous les êtres humains représente plus que la seule addition de chaque humain pris séparément. Pour Teilhard de Chardin, l'humanité pensante génère à la surface de la Terre une nouvelle « couche » qu'il appelle la noosphère. La noosphère est l'expression d'une totalité qui représente un saut qualitatif dans l'évolution de l'humanité, et la compréhension de la nature de la noosphère n'est pas réductible à l'étude de chaque unité humaine.

Bien que les avis soient partagés, la question à laquelle il faudra bien répondre est celle de savoir si nous sommes capables de gérer à long terme le très haut degré de complexité auquel notre civilisation est parvenue aujourd'hui. Force est de constater que nous n'avons pas cette réponse aujourd'hui et que nos sociétés risquent, à tout moment, de sombrer dans le chaos. Il suffirait, par exemple, d'une vaste panne de nos réseaux informatiques provoquée par un virus particulièrement résistant créé par quelques fanatiques religieux – contre lequel nous n'aurions aucune parade – pour que tous les rouages de notre monde soient gravement perturbés. De même, l'interdépendance dans le système mondial de production (énergie, biens de consommation) a maintenant atteint un tel niveau qu'une défaillance qui surviendrait n'importe où dans le monde impliquerait, à coup sûr, une défaillance générale de tout le système. Cela est particulièrement vrai dans le monde des systèmes financiers, où l'interdépendance entre les acteurs de ce secteur est très forte. Cette menace de la complexité n'est donc pas à prendre à la légère. Elle devient de plus en plus présente au fur et à mesure que nous approchons du type I de civilisation. Le défi auquel nous devons faire face est le suivant : comment allons-nous gérer le paramètre de la complexité lors de la transition vers une civilisation planétaire ?

Les scénarios d'apocalypse comportent, en général, une catastrophe majeure face à laquelle nous sommes impuissants : un gigantesque astéroïde frappe la Terre, une éruption volcanique géante génère un hiver nucléaire (refroidissement global et durable du climat terrestre), une guerre nucléaire totale détruit toutes les grandes villes, une pandémie décime la population mondiale. Dans ce cas de figure, la civilisation s'effondre parce qu'elle ne peut pas résister à un choc trop violent. Cette façon de concevoir la mort d'une civilisation suppose implicitement que si ce choc n'existait pas, les civilisations pourraient ne pas disparaître. Or, il s'avère que les précédents historiques ne plaident pas en faveur de cette hypothèse. Si nous prenons l'exemple des anciennes civilisations comme Sumer, l'Égypte, les Mayas, la Grèce, Rome, aucune d'elles n'a pu résister à l'usure du temps, et, bien que brillantes, toutes se sont effondrées. Elles n'ont pas été victimes d'un choc violent qui aurait causé leur perte. Dans son ouvrage *Effondrement : comment les sociétés décident de leur disparition ou de leur survie* (2006 pour l'édition française chez Gallimard), Jared Diamond considère que c'est leur mauvaise gestion de l'environnement qui est à l'origine de la chute de la civilisation maya et de celle de l'île de Pâques, ainsi que des autres civilisations qui ont connu le même sort. Il nous avertit que nous pourrions prendre le même chemin si nous ne décidons pas de cesser de détruire l'environnement naturel qui est nécessaire à notre survie.

Autre raison d'être inquiet : selon l'anthropologue et historien américain Joseph A. Tainter, auteur de l'ouvrage *L'effondrement des sociétés complexes*, les civilisations qui atteignent un certain degré de sophistication ne peuvent que décliner, parce que tous les efforts pour maintenir leur stabilité entraînent un surcroît de complexité qui devient de plus en plus ingérable. Ce chercheur pense qu'à partir du moment où nos ancêtres ont commencé à s'installer et à bâtir des villes, ils ont dû trouver des solutions aux problèmes nouveaux générés par le développement des activités urbaines, et ces difficultés apparaissent à toutes les époques et sur tous les continents. Nous serions en quelque sorte les victimes de notre succès. Tainter constate ceci : « Durant les 10 000 dernières années, la résolution des problèmes a produit une complexité croissante dans les sociétés humaines. » Voici comment la complexité s'installe dans une société :

> Si les récoltes périclitent parce que les pluies sont irrégulières, il faut construire des canaux d'irrigation. Quand ils s'envasent, il faut organiser des équipes de curage. Lorsque l'amélioration du rendement des cultures autorise une population plus nombreuse, il faut construire davantage de canaux. Quand l'étendue du réseau de canaux ne permet plus de se satisfaire de réparations ponctuelles, il faut mettre en place une bureaucratie de gestion, et la financer en levant l'impôt sur la population. Quand la population se plaint, il faut créer des inspecteurs des impôts et un système de comptabilité des sommes perçues. Tout cela était déjà bien connu des Sumériens. Il y a cependant un prix à payer : chaque couche supplémentaire ajoutée à l'organisation de la société impose un coût en termes d'énergie qui est l'unité de compte de tous les efforts humains, que ce soit la construction de canaux ou l'éducation des scribes. (Debora MacKenzie, « La faille de notre civilisation ? Sa trop grande complexité », *New Scientist*, http://www.reporterre.net/La-faille-de-notre-civilisation-Sa, 22 mai 2012.)

Les travaux de Tainter montrent qu'une complexité croissante entraîne des rendements décroissants, et cette loi serait présente partout. Pour lui, le processus est le suivant :

> Pour continuer de croître, les sociétés doivent continuer à résoudre les problèmes à mesure qu'ils surviennent. Pourtant, chaque problème résolu signifie plus de complexité. Le succès induit une population plus nombreuse, plus de spécialistes, plus de ressources à gérer, plus d'informations à traiter et, *in fine*, moins de retour sur l'argent dépensé. Au bout du compte, on atteint un point où toutes les énergies et les ressources dont dispose une société sont nécessaires uniquement pour maintenir son niveau actuel de complexité. Puis, quand le climat change ou qu'arrivent les barbares, les institutions proches du point de rupture s'effondrent et l'ordre civil avec elles. Ce qui émerge ensuite, c'est une société moins complexe, organisée sur une plus petite échelle, ou qui est dirigée par un autre groupe. (Debora MacKenzie, « La faille de notre civilisation ? Sa trop grande complexité », *New Scientist*, http://www.reporterre.net/La-faille-de-notre-civilisation-Sa, 22 mai 2012.)

La civilisation industrielle occidentale est devenue plus grande et plus complexe que toutes les civilisations précédentes grâce à l'exploitation effrénée de sources d'énergie comme le charbon, le pétrole, l'uranium et toutes les autres formes d'énergies fossiles. Mais ces sources d'énergie sont limitées. Elles ne sont pas renouvelables. Dans ce contexte de croissance incontrôlée, les chercheurs observent de plus en plus de manifestations de la loi des rendements décroissants : l'énergie nécessaire pour obtenir chaque nouveau joule de pétrole augmente, et bien que la production alimentaire mondiale ne cesse de croître, une innovation constante est nécessaire pour faire face à la dégradation de l'environnement et au développement des parasites et des maladies. Le constat est sans appel : le rendement par unité d'investissement dans l'innovation est en régression. « Dans la mesure où les problèmes sont inévitables, prévient Tainter, ce processus est en partie inéluctable. »

D'autres scientifiques, dans des domaines différents, nous avertissent eux aussi que les systèmes complexes sont sujets à l'effondrement. À un certain niveau, la complexité devient ingérable. Des idées similaires sont apparues lors de l'étude des cycles naturels et des écosystèmes à partir des travaux de Buzz Holling, écologiste à l'Université de Floride. Il a constaté que certains écosystèmes deviennent de plus en plus complexes au fil du temps. Une nouvelle partie de la forêt grandit et se développe, des espèces spécialisées remplacent peu à peu des espèces plus généralistes, la biomasse s'accumule et les arbres, les scarabées et les bactéries forment un système de plus en plus statique et de plus en plus étroitement couplé. « Cela devient un système extrêmement efficace pour se maintenir dans une plage normale de conditions extérieures », affirme le professeur canadien Thomas Homer-Dixon. Mais si des conditions inhabituelles surgissent – une invasion d'insectes, le feu ou la sécheresse –, ce facteur externe imprévisible peut déclencher des changements dramatiques à mesure que l'impact se propage en cascade à travers tout le système. Le résultat final peut être l'effondrement de l'ancien écosystème et son remplacement par un nouveau, plus simple. Il est aisé de faire un rapprochement entre les conclusions de Homer-Dixon sur les écosystèmes et les travaux de Tainter sur les sociétés humaines. Il est temps de prendre en compte le paramètre complexité et de réfléchir à la mise en place de « points de rupture partielle » (Thomas Homer-Dixon), de systèmes simples, fluides, moins spécialisés, peu gourmands en énergie, et qui ne nécessitent pas la création d'une couche supplémentaire de gestionnaires (bureaucratie de gestion) qui ne produit aucune richesse, mais génère des dépenses supplémentaires importantes.

Selon Thomas Homer-Dixon, il est peu probable que nous échappions à l'effondrement final. Il nous met en garde contre ce qu'il appelle les facteurs de stress tectonique qui bousculeront fatalement notre système rigide qui ne serait plus viable en dehors de l'étroite gamme de conditions pour laquelle il est de plus en plus finement réglé. Parmi ces facteurs de stress, nous trouvons la démographie galopante, le fossé qui ne cesse de croître entre les riches et les pauvres, les crises financières et économiques à répétition, la prolifération des armes nucléaires, chimiques et bactériologiques, la disparition des forêts et des pêcheries, le réchauffement climatique, une pandémie mondiale comme la grippe espagnole qui a fait plus de 15 millions de morts entre 1918 et 1920 en se propageant depuis la Chine vers le Japon, la Russie, l'Europe puis l'Amérique du Nord. En 2000, une réévaluation des données concernant la grippe espagnole est arrivée à une estimation proche des 100 millions de morts. Ce fut la pandémie la plus mortelle de toute l'histoire de l'humanité.

Thomas Homer-Dixon l'affirme : « C'est le défi fondamental auquel fait face l'humanité. Nous devons permettre qu'ait lieu une salutaire rupture dans les fonctions naturelles de nos sociétés d'une manière qui ne produise pas d'effondrement catastrophique, mais qui conduise plutôt à une saine rénovation. » C'est ce qui se passe dans les forêts, qui sont un mélange disparate de vieilles et de nouvelles zones créées par la maladie ou par le feu. Si l'écosystème s'effondre par endroits, il est renouvelé et recolonisé ailleurs par la forêt jeune. Nous devons permettre des ruptures partielles ici et là, suivies de rénovations, indique-t-il, plutôt que de tenter d'arrache-pied d'éviter la rupture par une complexité croissante dont les crises résultantes sont de plus en plus fortes. (Debora MacKenzie, « La faille de notre civilisation ? Sa trop grande complexité », *New Scientist*, http://www.reporterre.net/La-faille-de-notre-civilisation-Sa, 22 mai 2012.)

Les défis qui se profilent à l'horizon sont redoutables. Historiquement, l'effondrement a toujours conduit à une baisse de population. Aujourd'hui, les niveaux de population dépendent étroitement des carburants fossiles et de l'agriculture industrielle, elle-même dépendante du pétrole. Enlevez les carburants fossiles et l'agriculture industrielle du paysage économique actuel (ce qui arrivera fatalement un jour), et vous aurez une violente réduction de la population mondiale. C'est le pire des scénarios, celui auquel personne n'ose songer, ou – et la formule serait plus conforme à la vérité – le pire des scénarios que nos politiques veulent absolument dissimuler aux populations. Si notre civilisation industrialisée s'effondre, ce sont les masses urbaines, qui représentent environ la moitié de la population mondiale, qui seront les plus exposées à la famine et aux épidémies. Ceux qui auront le moins à perdre et qui auront les meilleures chances de survie, ce sont les habitants des campagnes qui pratiqueront une agriculture de subsistance comme à l'aube des civilisations.

La fragilité de l'état d'homme civilisé

Nous sommes fiers de notre état d'homme civilisé. À juste titre d'ailleurs, car ce n'est pas un état qui s'obtient de façon aisée et naturelle. Cette condition est le résultat d'une éducation et d'un apprentissage qui peuvent durer plusieurs dizaines d'années. La formation de l'homme civilisé commence généralement dès la petite enfance (école, milieu familial, etc.), et peut parfois s'étaler sur une vie entière. Elle demande des efforts constants sans que le niveau acquis par ce dur travail soit atteint de façon définitive. C'est pour cette raison que la condition de l'homme civilisé est fragile et incertaine. Elle peut, à tout moment, être remise en question par les circonstances extérieures. De nombreux exemples de la vie quotidienne montrent que ce que certains appellent le vernis de la civilisation peut se craqueler et voler en éclats à la moindre occasion. Cela est frappant, par exemple, lorsqu'on examine le comportement des automobilistes. Il est facile de constater que leur attitude peut instantanément devenir agressive, et même violente, à la moindre contrariété. Il suffit d'un simple dépassement jugé offensant, d'une attente de quelques secondes occasionnée par un véhicule lent quand le feu passe au vert, ou encore qu'une place de stationnement convoitée soit brusquement prise par un rival plus habile et plus rapide, pour que le comportement du conducteur change du tout au tout en une fraction de seconde. Je pourrais multiplier ainsi les exemples qui illustrent combien tout ce que nous avons appris sur la façon de nous comporter en société (civilisation, culture) ne fait pas le poids, si je puis dire, face à une réaction instinctive (instinct de survie) déclenchée par ce qui est perçu comme une agression.

C'est à partir de ce constat que les philosophes ont cherché à montrer que l'état de l'homme civilisé, c'est-à-dire tout ce qui relève de l'acquis, de l'éducation et de la culture, semblait s'opposer de façon radicale à son état naturel. C'est la fameuse opposition entre la culture et la nature.

Ce qui caractérise traditionnellement la culture (et donc la civilisation), et qui la distingue de la nature, c'est l'artifice, la coutume, la convention, l'éducation, l'apprentissage. La culture est une création humaine, et en tant que telle elle renvoie à l'exercice d'une volonté, ou au moins à un ensemble d'intentions de sens : la culture est un monde où se déploient des règles, des valeurs, des systèmes artificiels (écoles, universités, entreprises, parlements, armées, églises) et des codes (lois, règlements, chartes, statuts, dogmes). Le philosophe Jean-Jacques Rousseau pensait que la liberté, et la culture, se caractérisent par le pouvoir que possède l'être humain d'échapper aux règles qu'il s'est données à lui-même, de les refuser ou d'en inventer de nouvelles. La culture, c'est non seulement la capacité de créer des conventions, mais aussi la faculté de s'en affranchir. La culture est garante de la liberté d'expression. La culture est également ce qui permet l'invention de nouvelles formes d'existence, qui ne peuvent être déduites de la nature et de son ordre déterminé. En ce sens, la culture est le fondement d'une réalité artificielle qui semble totalement déconnectée de la nature. La culture a pu être pensée comme la finalité et l'avenir de la nature. La culture est née de la nature, mais pour certains chercheurs, sa vocation serait de la dépasser.

C'est précisément la vision défendue par le mouvement transhumaniste qui estime que la nature est imparfaite et qu'elle doit être améliorée par la science et la technique. Le transhumanisme défend l'idée que c'est un devoir moral que de rechercher l'amélioration de l'espèce humaine. L'humanité est entrée dans une phase postdarwinienne de son évolution, c'est-à-dire qu'elle est désormais capable de la contrôler. Les mutations aléatoires sont remplacées par des changements guidés par la raison, la morale et l'éthique. L'homme est aujourd'hui capable de prendre sa destinée en main, de soumettre la nature et de la modeler à sa guise. N'est-ce pas là le plus beau triomphe de la culture sur la nature ? Dans cette optique dominatrice, la nature est conçue comme un ensemble de ressources matérielles et comme un réservoir d'énergies qui seraient à notre disposition. Pour un grand nombre de nos contemporains, ces ressources naturelles et ces énergies peuvent être utilisées comme bon nous semble pour satisfaire nos besoins et aussi nos désirs du moment. Dans ce rapport de dominant-dominé, la nature est entièrement au service de la culture. Dans cette optique, la raison d'être de la nature serait de préparer la suprématie de la culture. La culture est réduite à une activité : elle consiste à employer ces ressources et ces énergies en leur donnant une détermination, c'est-à-dire une signification. La nature est cultivée, c'est-à-dire à la fois travaillée et mise en forme, aussi bien en l'homme qu'autour de lui. L'agriculture, l'industrie, l'urbanisation, les voies de communication, la déforestation, les barrages hydroélectriques sont des exemples du modelage de la nature par la culture.

Dans les sociétés traditionnelles ancestrales, la nature est toujours pensée comme première – à la fois d'un point de vue chronologique et ontologique – par rapport à la culture. La culture vient toujours après la nature, qui est en quelque sorte le cadre dans lequel elle émerge. Mais cette façon de concevoir les rapports entre nature et culture est en train de changer. Même si la préséance dans le temps de la nature est reconnue, nature et culture ne sont plus systématiquement opposées. Au contraire, la nécessité d'une alliance (d'une symbiose même) entre les deux s'impose désormais. Une prise de conscience émerge peu à peu: sans la préservation de la nature, l'avenir de l'homme est compromis.

Aujourd'hui, le développement d'une conscience écologique globale est le signe incontestable qu'un renversement s'opère dans les relations entre la nature et la culture. Dorénavant, la dimension éthique est un paramètre qui entre dans ces relations. L'introduction de ce paramètre est le résultat d'un changement d'échelle dans la façon dont se déroulent les événements: tout devient planétaire, global, interdépendant, complexe, et souvent même incontrôlable. Les risques encourus par la nature sont bien réels, observables, effectifs, concrets (et non plus théoriques). Nous ne sommes plus dans une projection futuriste, nous sommes au contraire confrontés à un présent qui prend le visage d'une fatalité inéluctable. Nous commençons à comprendre que la nature est fragile, et par conséquent que la culture et la civilisation le sont aussi. La précarité des équilibres naturels (variations climatiques), renforcée par l'activité dévastatrice de l'homme, est étroitement liée aux risques d'effondrement d'une civilisation. C'est la thèse que défend Jared Diamond dans son ouvrage *Effondrement: comment les sociétés décident de leur disparition ou de leur survie*. Cette rupture dans l'échelle du risque (du local au global) permet de formuler de manière directe et abrupte la question des rapports entre culture et nature, ou civilisation et nature.

> On assiste à une modification radicale des conditions de l'action humaine dans le monde. Pour la première fois dans l'histoire de l'humanité, comme le dit Paul Ricœur, « celle-ci est capable d'actions dont les effets dangereux sont de nature cosmique ». Du même coup, la signification, éthique et ontologique, des relations entre l'homme et la nature se modifie de façon très profonde. Elle s'inverse même: la nature, dont on pouvait penser jusqu'alors

qu'elle offrait un ensemble de conditions stables pour le déploiement de l'histoire humaine, se trouve maintenant, à l'inverse, « remise à la garde de l'homme ».

Ce dernier a désormais une responsabilité à l'égard de la faune et de la flore de notre planète. Il en devient le gardien et le protecteur.

La nature, et, pour mieux dire, la condition naturelle (condition naturelle de l'existence nue), qui jusqu'alors était pensable sur le mode de la nécessité, du substantiel, est globalement vulnérable, comme une condition éminemment fragile, à préserver comme telle, à conserver pour elle-même. Ce qui s'impose, c'est le sentiment du caractère périssable des conditions naturelles de l'existence, et c'est le problème de la mise en danger de l'humain en tant que vivant. La question des relations entre nature et culture n'est plus aujourd'hui, semble-t-il, celle de l'accord ou du désaccord entre deux mondes foncièrement distincts. Elle serait plutôt celle de la délimitation et de l'articulation, au sein même de la culture, de ce qui peut être désigné, pensé et vécu comme relevant de la nature. (Jean-Marc Besse, « Nature et culture », *Hypergéo*, http://www.hypergeo.eu/spip.php?article22, 2014.)

La fragilité de l'état d'homme civilisé prendrait donc sa source dans l'opposition illusoire, factice et même dangereuse entre la nature et la culture. Cependant, je crois que cette fragilité n'est pas tant dans l'opposition elle-même que dans l'incapacité dans laquelle se trouve l'homme de la résoudre en lui-même, car il existe bien une différence de niveau d'être entre nature et culture. La nature et la culture sont ontologiquement différentes, et si nous nous égarons en voulant les opposer, c'est parce que nous n'avons pas conscience des origines réelles de ces deux niveaux d'être. Selon moi, leurs véritables origines sont à rechercher dans ce qui peut apparaître, au premier abord, comme une opposition (une lutte ou une guerre) à l'intérieur même de l'être humain entre sa réalité physique et matérielle, d'un côté, et sa réalité spirituelle (conscience, esprit), lumineuse, de l'autre. La nature s'enracine dans notre condition corporelle. La nature, c'est notre corps physique en relation avec toute la réalité matérielle (horizontalité de notre condition) dans laquelle il est plongé (l'espace, le temps, la matière, l'énergie, l'Univers). La culture, au contraire, s'enracine dans notre dimension spirituelle (verticalité de notre condition) qui est la partie de nous-mêmes qui n'est pas d'origine terrestre et qui n'est donc pas matérielle. Chacune de ces parties de l'être humain doit satisfaire ses propres besoins qui peuvent paraître en opposition, mais qui en réalité se complètent. L'un des buts de notre existence terrestre est précisément de parvenir à harmoniser les besoins du corps et ceux de l'esprit pour que la lutte cesse en nous-mêmes. Si nous réussissons à opérer cette conciliation corps-esprit, nous atteignons alors un état de paix intérieure ineffable, qui est une véritable réalisation spirituelle. Nous verrons plus loin que les enseignements de Sri Aurobindo proposent une réalisation spirituelle incarnée, c'est-à-dire qui vise la transmutation du corps humain en vue d'instaurer sur la Terre une surhumanité.

Tout au long de ce livre, nous aurons souvent l'occasion d'évoquer la constitution tripartite de l'être humain : corps, âme, esprit[1]. Cette division en trois niveaux est enseignée par les plus anciennes traditions spirituelles de l'humanité. Selon ces dernières, c'est à partir de la constitution tripartite que nous pouvons nous faire une idée correcte de la façon dont se déroule le combat (spirituel) entre notre réalité corporelle et notre réalité spirituelle. Plus précisément, la confrontation entre nos deux natures (terrestre et céleste) s'effectue au niveau de l'âme (réalité intermédiaire). L'âme, ou réalité psychique, assume en quelque sorte le rôle de tampon entre nos exigences d'ordre physique et celles d'ordre spirituel. L'âme est le creuset où s'effectuent la rencontre, puis le mariage entre le ciel et la Terre. C'est le

1. Pour les lecteurs qui seraient intéressés par la constitution tripartite de l'être humain, je leur propose de lire trois de mes textes (format PDF) qui traitent de ce sujet : *Corps, Âme, Esprit* (en deux parties) : http://www.lesconfins.com/cae6.pdf, http://www.lesconfins.com/2cae6.pdf ainsi que *Alchimie Spirituelle* : http://www.lesconfins.com/AlchimieSpirituelle.pdf.

lieu de transmutation des énergies. L'âme est l'athanor dans lequel s'effectuent l'alliance et la fusion des énergies du ciel et de la Terre. D'un point de vue alchimique, le ternaire souffre-mercure-sel correspond très exactement à l'esprit, à l'âme et au corps. Nous avons donc le souffre-esprit qui correspond aux forces célestes d'en haut, le mercure-âme qui correspond aux forces intermédiaires des mondes subtils, et le sel-corps qui représente la matière et les forces terrestres d'en bas. Si nous devions résumer dans une formule simple ce qu'est l'alchimie, nous pourrions dire qu'elle est l'art qui permet la jonction du sel et du soufre en agissant sur le mercure (Hermès). Rappelons que l'alchimie est l'art d'Hermès dont l'attribut principal est le caducée qui se rapporte aux forces intermédiaires duelles.

La cohabitation chez l'être humain de cette double nature physique et spirituelle est, pour moi, la cause directe des conflits internes dont il souffre. Pour simplifier, je pense que l'homme est le siège d'une lutte entre des forces qui viennent d'en bas (de sa condition corporelle) et des forces qui viennent d'en haut (de son origine spirituelle). Une fois ce point admis, nous comprenons mieux pourquoi l'état d'homme civilisé en est un instable et fragile (surtout chez l'être humain ordinaire qui n'a reçu qu'une éducation standard). Cette situation est normale et courante.

Ignorant la constitution tripartite de l'être humain, l'éducation occidentale moderne ne s'adresse principalement qu'au mental et repose presque exclusivement sur un enseignement intellectuel (manipulation des idées, des concepts, des opinions, des théories et des mots, étude des textes, maniement de langages abstraits, apprentissage des démonstrations logiques). L'éducation moderne privilégie les disciplines intellectuelles qu'elle juge supérieures aux autres. Pour elle, ces disciplines sont les seules capables d'assurer la pérennité de la culture et, donc, de la civilisation. Dans l'Occident moderne, le modèle de l'homme civilisé est l'intellectuel qui possède une vaste culture, qui occupe généralement un haut niveau social et qui est capable de manipuler avec brio les idées et les concepts. Pour d'autres civilisations, dans le passé, le modèle de l'homme civilisé était le prêtre, le moine, le sage ou le guerrier (le chevalier). Le mental (facultés intellectuelles) n'y occupait pas une place privilégiée comme maintenant. L'action désintéressée, la dévotion et la contemplation étaient jugées aussi importantes, sinon plus.

L'homme civilisé moderne est parfaitement adapté à un type d'environnement qui possède des caractéristiques précises. Que ces caractéristiques changent, même de façon très légère, et cet homme n'est plus adapté. Il devient vulnérable. Cette vulnérabilité et cette fragilité proviennent de la trop grande spécialisation de l'homme moderne qui n'a su – ou qui n'a pu – développer qu'un nombre limité de ses potentialités. Voici un exemple qui peut paraître trivial, mais qui illustre les dangers d'un mode de vie trop spécialisé : la position assise, qui est de plus en plus fréquente chez les humains, a fragilisé les muscles lombaires et a entraîné des lombalgies de plus en plus fréquentes et persistantes. Nous pourrions aussi relever de nombreux exemples concrets montrant combien l'éducation moderne n'est qu'une sorte de vernis superficiel qui ne résiste pas longtemps dès que les conditions extérieures changent. Que l'essence qui alimente nos automobiles ou que l'électricité qui assure le fonctionnement de nos machines viennent à manquer pendant quelques jours ou quelques semaines seulement, que nos supermarchés ne soient plus approvisionnés, que des restrictions alimentaires s'imposent, que notre réseau Internet tombe en panne, et nous verrions combien notre état d'homme civilisé est fragile. Les forces d'en bas (instinct de survie, agressivité, violence, cruauté), habituellement endormies ou canalisées, ne tarderaient pas alors à ressurgir, balayant d'un seul coup toute une éducation laborieusement acquise.

Associée aux dangers de la complexité qui pèsent sur notre civilisation, la trop grande spécialisation intellectuelle de l'éducation occidentale moderne risque de représenter un handicap supplémentaire qui pourrait perturber dans des proportions non négligeables notre transition vers une civilisation planétaire de type I.

Les fondements d'une civilisation

Nous savons désormais que les civilisations naissent, croissent, vieillissent et meurent. C'est une réalité qui semble inéluctable si nous examinons l'histoire des civilisations qui sont apparues sur notre planète.

Cependant, en ce début de XXIe siècle, nous assistons à un phénomène qui ne s'est produit qu'une seule fois dans toute l'histoire de l'humanité : la civilisation est en passe de devenir planétaire. Au-delà des particularismes locaux (régions, pays, continents), une nouvelle forme de civilisation est sur le point de s'étendre à tous les peuples de la Terre. Avec l'avènement d'une civilisation de type I, nous avons peut-être aussi la possibilité de contredire l'affirmation de Valéry selon laquelle toute civilisation est mortelle. Nous pouvons, en effet, espérer que si nous accédons à ce premier stade, nous pourrons par la suite parvenir au stade II (civilisation stellaire) et, plus tard, au stade III (civilisation galactique). Or, nous verrons plus loin qu'une civilisation de type III est quasiment immortelle. Certes, le chemin est encore long pour parvenir au type III (Kardashev prévoyait l'accession à ce type de civilisation pour l'année 7 800, au minimum), mais si nous réussissons à réaliser le type I, nous serons alors engagés sur la voie qui conduit à une longévité qui pourrait se calculer en millions d'années et non plus seulement en quelques centaines d'années.

Que nous soyons d'accord ou pas avec les valeurs – ou plutôt les pseudo-valeurs – de la société marchande moderne qui a enfanté la mondialisation économique et financière, le siècle qui vient verra peut-être naître une civilisation humaine globale dont l'aire d'expansion sera la Terre entière, et qui laissera loin derrière elle nos ridicules ambitions mercantiles axées sur le profit à court terme. Nous serions tentés d'ajouter, pour pondérer notre propos, que nous verrons naître cette civilisation planétaire à la condition que nous parvenions à vaincre les périls qui menacent notre survie et que nous retrouvions le vrai sens du mot « civilisation ». Nous verrons dans ce livre que cette civilisation planétaire s'inscrit dans une sorte de vaste plan évolutif général et qu'elle est la suite logique de toute l'évolution des civilisations qui l'ont précédée.

Il est beaucoup question, aujourd'hui, de mondialisation et de globalisation, mais ces termes ne désignent encore qu'une tendance naissante basée essentiellement sur des échanges de nature économique, commerciale et financière. Or, il est urgent, selon moi, de prendre conscience que ce n'est pas uniquement sur la circulation de marchandises et de capitaux que l'on édifie une civilisation digne de ce nom. De ce point de vue, il faut souligner qu'une civilisation planétaire, comme toutes les civilisations qui l'ont précédée, doit aussi incarner des valeurs spirituelles, religieuses, morales, intellectuelles, culturelles et sociales, sinon ce n'est pas une civilisation, mais simplement un groupement d'intérêts économiques, un lobby organisé à l'échelle de la planète. Les réalisations matérielles d'une civilisation sont certes importantes, mais il faut aussi prendre en compte ses réalisations immatérielles, qui sont essentielles, sinon vitales.

Ce dont il faut bien prendre conscience dans le fond, c'est que ce que nous appelons les réalisations immatérielles d'une civilisation représentent, en définitive, les fondements mêmes de toute civilisation. Je suis même convaincu que c'est sur ces bases immatérielles que s'édifient les réalisations matérielles d'une civilisation (et non l'inverse). Ce sont les valeurs spirituelles, religieuses, morales, intellectuelles, culturelles, artistiques et sociales qui fondent les civilisations, et toutes leurs réalisations matérielles découlent d'elles. Comme je l'ai déjà dit plus haut, une civilisation doit incarner une force dynamique d'évolution. La dynamique propre d'une civilisation suppose une sorte d'élan interne qui est porteur de valeurs et d'un esprit qui s'incarnent dans l'espace et dans le temps. Cela signifie que l'apparition d'une civilisation ne se réduit pas aux seules contingences matérielles et spatio-temporelles qui détermineraient ses caractéristiques propres et uniques (axe horizontal).

La vraie civilisation globale qui est le sujet de ce livre n'existe pas encore. Elle n'en est, dans le meilleur des cas, qu'à ses balbutiements. En toute lucidité, je dois avouer qu'il n'existe aucune certitude en ce qui concerne son avenir. Tout ce que je peux formuler comme proposition raisonnable aujourd'hui, c'est que le monde des civilisations parcellaires – c'est-à-dire repliées sur elles-mêmes et circonscrites dans l'espace et dans le temps – que nous avons connu jusqu'à présent est sur le point de disparaître à jamais. Le sens de l'évolution des sociétés modernes se dessine chaque jour davantage sous nos yeux : stratégies communes, interdépendance, interactivité, synergie, couplage serré, osmose. Tout indique que nous assistons à une formidable mutation qui devrait voir naître une civilisation unique occupant un espace aussi vaste que notre planète tout entière.

Une mise au point nécessaire

Une mise au point s'impose dès que nous évoquons des concepts qui sont utilisés dans des contextes variés et même parfois antagoniques. De ce point de vue, les expressions « civilisation planétaire » ou « civilisation humaine globale », qui sont dans l'air du temps, si je puis dire, n'échappent pas à cette diversité de sens. Le terme de civilisation planétaire recouvre, en effet, des conceptions ou des visions du monde qui peuvent être fort éloignées les unes des autres. Globalisation, globalisme, mondialisation, mondialisme, cerveau global, village planétaire, civilisation universelle, altermondialisme, supranationalisme, fédéralisme universel sont des termes qui font aujourd'hui l'objet de nombreux et vifs débats. Ils sont le centre d'âpres discussions, d'analyses convergentes ou divergentes, de controverses sans fin à tous les niveaux de la société et dans tous les médias. Cette effervescence intellectuelle, tout à fait légitime d'ailleurs, ne doit pas nous faire oublier les enjeux immenses qui se cachent derrière ces termes. Elle doit aussi nous donner l'occasion de mesurer à quel point ils marquent un tournant décisif dans l'histoire des civilisations humaines.

En ce qui me concerne, l'expression « civilisation planétaire » ne signifie rien d'autre que l'issue possible de la phase actuelle de transition que nous traversons et qui doit théoriquement nous mener vers une civilisation planétaire de type I telle qu'elle a été définie par Kardashev, Dyson, Sagan ainsi que Kaku, et reformulée par moi-même. Que les choses soient bien claires : je ne défends aucune des doctrines qui pourraient être véhiculées par l'un ou l'autre des termes de la liste établie plus haut. Mon propos n'est aucunement partisan. Je ne représente aucun parti politique, aucune organisation internationale ni aucune société, qu'elle soit secrète ou non. Aucun intérêt financier ou économique ne dirige mes propos ou ma démarche, et je reste en dehors de tout système idéologique qui prône des dogmes mondialistes.

Par ailleurs, il me semble important de préciser que ma vision d'une civilisation planétaire ne peut en aucun cas être réduite à une conception qui n'envisagerait que des aspects énergétiques, matériels, scientifiques, technologiques, économiques et financiers. La civilisation planétaire dont je parle s'inscrit, au contraire, dans un mouvement plus vaste d'évolution de l'humanité où la dimension spirituelle de l'être humain – sa verticalité – occupe une place centrale et décisive. Si je considère que la civilisation est composée d'hommes et de femmes qui possèdent une dimension spirituelle, il est donc logique de concevoir que cette civilisation porte aussi en elle-même cette dimension, et qu'elle doit l'exprimer. Une civilisation qui occulterait volontairement la réalité spirituelle humaine n'aurait aucune chance de survie. Ce ne serait qu'une coquille vide. Le lecteur aura compris que cette mise au point était nécessaire pour éviter tout amalgame et toute confusion avec les nombreux autres courants qui prônent des formes multiples de la mondialisation et qui utilisent des concepts similaires aux miens, mais parfois avec des intentions totalement différentes.

Les maladies infantiles des civilisations et le phénomène ovni

Une question grave et décisive se pose aujourd'hui : parviendrons-nous, dans des délais raisonnables et nécessairement courts, à surmonter ce que j'appelle les maladies infantiles des civilisations ? C'est une question cruciale, parce que si nous ne parvenons pas à nous guérir de ces maladies, nous aurons beaucoup de mal à accéder à une civilisation de type I.

Les maladies infantiles des civilisations, pour moi, ce sont tous les comportements collectifs qui sont désordonnés, irrationnels et destructeurs, qui vont à l'encontre de l'évolution et de la survie des civilisations. Ces maladies sont des maux qui frappent les civilisations lorsqu'elles sont jeunes (en pleine croissance) et qu'elles ne sont pas encore parvenues à leur maturité. Je pense que l'apparition de ces maladies est un phénomène normal et prévisible, comme lorsqu'un enfant attrape la rougeole, la scarlatine ou la varicelle, par exemple. Son système immunitaire est faible et il est vulnérable. Pour les civilisations, c'est la même chose : elles ne sont pas à l'abri de toutes sortes de maux qui risquent de les faire disparaître. La liste serait longue s'il fallait citer tous les dangers qui guettent les civilisations. Je vais donc me contenter de ces cinq exemples :

- Le pillage des ressources naturelles ;
- La guerre ;
- La corruption et le crime organisé ;
- La recherche exclusive des profits financiers ;
- Le matérialisme et le consumérisme (qui, selon moi, vont de pair).

Dans le chapitre intitulé « Le Projet humain global (PHG) », je montre une représentation du cône de convergence et du cône de divergence. La figure illustre le fait que toutes les formes ne convergent pas vers le point Oméga. Certaines d'entre elles divergent, c'est-à-dire qu'elles ne sont pas intégrées dans le processus d'unification et d'harmonisation. Les formes divergentes sont soumises aux forces de dissolution, d'atomisation et de fragmentation. Elles sont sous l'emprise du principe entropique qui se manifeste à travers le désordre, le conflit, l'antagonisme, le chaos, la désintégration, la dispersion et la dissolution, alors que les formes convergentes bénéficient de l'action des forces néguentropiques : information, ordre, communication, intégration, harmonisation, coordination, coopération et unification. Les cinq maladies infantiles nommées précédemment font partie du cône de divergence et sont l'expression des forces de dissolution, d'atomisation et de fragmentation. De par leur nature, les maladies infantiles s'opposent aux forces qui veulent établir sur la Terre une civilisation planétaire de type I telle qu'elle est définie dans cet essai.

Parmi ces maladies, la guerre occupe une place de choix. C'est sûrement l'une des plus graves et des plus terribles. Si nous examinons de façon impartiale l'histoire des sociétés et des civilisations humaines depuis leur naissance jusqu'à maintenant, nous avons la désagréable impression que la guerre a toujours été au cœur des préoccupations humaines. La guerre, sous toutes ses formes, représente un paramètre plus ou moins décisif, qui imprime sa marque dans la façon dont évoluent les civilisations. Dans ce domaine, les hommes ont fait preuve d'une extraordinaire inventivité. Qu'il s'agisse des guerres entre les États, les royaumes, les villes, les fiefs ou les principautés, ou encore des conquêtes de territoires (invasions), des génocides, des croisades, des guerres saintes, des guerres commerciales, des guerres économiques, des guerres psychologiques, des guerres de religion, des guerres civiles, des guerres révolutionnaires, des guerres d'indépendance, des guerres coloniales, de terrorisme et autres guerres froides, je constate avec effarement combien l'humanité a travaillé sans relâche tout au long des siècles à s'autodétruire. Nous pouvons le déplorer, le condamner, nous en effrayer ou en être dégoûtés, il n'en reste pas moins que c'est une réalité implacable et un redoutable fléau qui jette un voile noir sur toute l'histoire de l'humanité. Certains diront que la guerre est un mal nécessaire qui a permis aux sociétés de progresser, grâce notamment aux retombées technologiques générées par la mise au point d'armes nouvelles, mais en ce qui me concerne, je trouve cet argument irrecevable. La guerre n'a jamais été un facteur de progrès, bien au contraire.

La Grande Guerre de 1914-1918 est souvent citée comme exemple pour faire valoir cette idée que les conflits armés peuvent être des facteurs de progrès. Ce point de vue repose aussi sur le fait que la première guerre était mondiale et totale (implication des militaires et des civils, mobilisation de toutes les ressources de la société), et qu'elle utilisait sur une grande échelle l'outil industriel pour fourbir ses armes et satisfaire la soif d'en découdre avec les belligérants. Il est vrai que de nombreuses avancées industrielles et technologiques sont directement issues de la volonté de vaincre l'adversaire, mais aussi de la nécessité de survivre.

> La rentabilité et la nécessité d'augmenter vertigineusement les productions vont obliger les industriels à appliquer de nouvelles méthodes. La taylorisation, la standardisation, les chaînes de production automatisées, autant de mesures diffusées pendant la guerre et qui sont encore en vigueur aujourd'hui dans l'industrie. Le blocus imposé à l'Allemagne va permettre à sa remarquable industrie chimique de découvrir des ersatz (essence et caoutchoucs synthétiques, matières grasses, médicaments). Il en va de même pour les poudres et les explosifs. L'aviation va accomplir des progrès fulgurants. Une fois la paix revenue, les grands bombardiers, transformés, seront à l'origine des premiers vols commerciaux. D'innovation en amélioration, le sous-marin s'est imposé comme une arme incontournable et reste l'ancêtre des sous-marins nucléaires d'aujourd'hui. Cette guerre sous-marine déclenchera des avancées dans l'étude des ondes (détection par le son des sous-marins), et les différentes applications secrètes et militaires sur la TSF vont permettre la vulgarisation de la radiophonie. Dès 1920, les premiers postes permettent l'écoute des voix et de la musique. Dans le domaine de la médecine, la guerre

donne un coup de fouet à la chirurgie d'urgence et réparatrice, à la radiographie, au traitement des plaies, à l'asepsie, aux greffes, aux sérums, aux vaccins. La première transfusion sanguine directe a lieu le 16 octobre 1914 à l'hôpital de Biarritz, et c'est une réussite, malgré la méconnaissance des groupes sanguins : mais les deux sangs étaient compatibles. (*Le Point.fr*, « Grande Guerre : quels progrès doit-on à la guerre ? ».)

Voilà qui est bien, mais qu'en est-il du prix à payer pour obtenir ces belles prouesses techniques ? Par ailleurs, où sont allés les profits générés par cette industrialisation à marche forcée ? La réponse n'est pas difficile à trouver : dans les coffres des banques et sur les comptes des capitalistes détenteurs de l'outil productif.

En ce qui concerne le prix à payer, la facture est lourde en termes de pertes humaines. Au total, la Première Guerre mondiale a fait environ 18,6 millions de morts (9,7 millions chez les militaires et 8,9 millions chez les civils) ainsi que 500 000 victimes après le conflit des suites de blessures ou de maladies. Le nombre de blessés (invalides, aveugles, gazés, amputés, handicapés), marqués à jamais dans leur chair, s'élève à plus de 6 millions de personnes. Beaucoup de ces blessés ne pourront jamais reprendre une activité professionnelle normale et devront être pensionnés (donc à la charge de leur pays). Les soldats morts au cours de ce conflit ont laissé 3 millions de veuves et 6 millions d'orphelins. La guerre a entraîné des séquelles démographiques profondes et durables. Elle a mis fin à l'hégémonie exercée avant 1914 par l'Europe dans les domaines politique, diplomatique, militaire, financier, économique, commercial et culturel. L'Europe qui sort du conflit – pays vaincus et vainqueurs confondus – est saignée démographiquement, épuisée économiquement, endettée financièrement, rongée par l'inflation monétaire et la hausse des prix. Il est certain que la Grande Guerre aurait pu entraîner l'effondrement total de la civilisation européenne. Il s'en est fallu de peu. Mais ce n'était pas encore la fin de ses épreuves. En effet, le Traité de Versailles, signé le 28 juin 1919, imposa à l'Allemagne vaincue de lourdes sanctions territoriales, économiques et financières. Ce traité (le *diktat*) fut vécu comme une véritable humiliation par la nation allemande. Il favorisa la montée des groupes nationalistes et la prise du pouvoir par les nazis. Il créa les conditions de la montée d'un esprit revanchard qui voulait venger le déshonneur, ce qui, quelques années plus tard, entraîna le monde dans la Seconde Guerre mondiale.

Alors, peut-on encore croire que la guerre est le moteur de l'évolution des civilisations? Tous les conflits du XXe siècle sont là pour démontrer le contraire.

Plus haut, j'ai posé la question de savoir si nous parviendrons à surmonter les maladies infantiles des civilisations, et je n'ai pas donné de réponse. Pour le moment, rien ne dit que nous réussirons à nous guérir de ces maux. Notre Terre est gravement malade, et il est urgent de lui administrer un puissant traitement pour la sauver. Mais rien n'est joué, cependant, et notre avenir est entre nos mains.

Si cette première interrogation reste sans réponse, il n'en est peut-être pas de même pour celle-ci : existe-t-il des civilisations dans l'Univers qui ont été capables de se débarrasser définitivement de leurs maladies infantiles ?

Un premier constat s'impose : il semblerait que nous n'ayons pas d'autres exemples de civilisations technologiques que la nôtre pour pouvoir nous faire une idée de la façon dont elles évoluent avec le temps. Les pessimistes auront tendance à dire que comme toute civilisation est mortelle – et l'histoire de l'humanité offre, à cet égard, de nombreux exemples pour étayer ce point de vue –, notre civilisation planétaire disparaîtra fatalement un jour. Tout semble même indiquer que sa fin est proche. Seul un redressement spectaculaire pourrait nous faire changer de cap et nous libérer de l'épée de Damoclès qui plane au-dessus de nos têtes. Mais sommes-nous bien sûrs de ne pas avoir d'autres exemples à notre portée de civilisations technologiques évoluées qui auraient pu échapper aux maladies infantiles ?

Si nous admettons que le phénomène ovni (objet volant non identifié) est bien la manifestation dans notre environnement d'une civilisation technologique évoluée, alors nous avons là un exemple – qui, de plus, est sous nos yeux – qui prouve que le sort d'une civilisation technologique n'est peut-être pas aussi sombre que celui présenté par les pessimistes. Je crois, en effet, que les ovnis – dont l'existence est désormais bien établie – sont la preuve manifeste qu'une civilisation peut surmonter les épreuves qui ne manquent pas de survenir lors de sa jeunesse. Ils nous placent devant une évidence : une civilisation technologique évoluée peut survivre et essaimer dans l'espace interstellaire. Elle pourrait même explorer toute la Voie lactée. La question qui se pose alors est la suivante : comment la civilisation (ou les civilisations) responsable du phénomène ovni a-t-elle fait pour résoudre ses crises et guérir de ses maladies infantiles ?

Je voudrais souligner le fait que la question des ovnis est de la plus haute importance. Elle est étudiée de très près par les autorités qui ne divulguent pas toutes les informations dont elles disposent sur ce sujet. Il semblerait qu'elles ne veuillent pas confirmer officiellement cette vérité : nous sommes visités, sans doute depuis plusieurs siècles, par des vaisseaux extraterrestres qui viennent d'une autre planète de notre galaxie.

Pour les lecteurs qui voudraient avoir des informations fiables sur les ovnis, je propose la lecture de deux livres qui figurent parmi les études les plus sérieuses consacrées à ce sujet (sachant que la bibliographie est énorme, mais de qualité très inégale).

La première étude est exceptionnelle pour deux raisons : 1. le très haut niveau de compétence et de sérieux des contributeurs ; 2. les conclusions à la fois inquiétantes et stimulantes auxquelles ils arrivent. L'étude, un ouvrage collectif, s'intitule *Les OVNI et la défense : à quoi devons-nous nous préparer ?* La préface a été écrite par le général Bernard Norlain, ancien directeur de l'Institut des hautes études de défense nationale (IHEDN), et le préambule a été rédigé par le Pr André

Lebeau, ancien président du Centre national d'études spatiales (CNES). Ce travail a été publié pour la première fois en 1999 dans un numéro hors série du magazine *VSD* et réédité aux Éditions du Rocher en 2003.

Le livre reprend le texte du *Rapport COMETA* qui est une étude du Comité d'études approfondies (COMETA), association française d'étude des phénomènes aérospatiaux non identifiés (PAN), aujourd'hui en sommeil. Les conclusions du *Rapport COMETA* sont sans équivoque :

> Le problème des ovnis ne peut pas être éliminé par de simples traits d'esprit caustiques et désinvoltes. Depuis la parution du premier rapport de l'Association des anciens auditeurs de l'IHEDN, il y a 20 ans, le CNES mène des études sérieuses, en collaboration étroite avec la Gendarmerie nationale et l'Armée de l'air principalement, ainsi qu'avec d'autres organismes d'État (aviation civile, météorologie, etc.) ; ces études recoupent d'autres recherches entreprises de manière plus ou moins discrète, à l'étranger, et pour l'essentiel aux États-Unis. Elles démontrent la réalité physique quasi certaine d'objets volants totalement inconnus, aux performances de vol et au silence remarquables, apparemment mus par des intelligences. Ces objets volants impressionnent fortement, par leurs manœuvres, des pilotes, civils et militaires, qui hésitent à parler. La crainte de paraître ridicules, aliénés, ou simplement crédules, motive principalement cette réserve. Des engins secrets d'origine bien terrestre (drones, avions furtifs...) ne peuvent expliquer qu'une petite minorité de cas. En prenant suffisamment de recul dans le temps, on perçoit clairement les limites de cette explication. Force est donc de recourir à d'autres hypothèses. Certaines ne peuvent être ni confirmées ni infirmées. Elles ne sont donc pas scientifiques, et certes, il est bien difficile d'étudier scientifiquement des phénomènes rares, fugitifs et aléatoires, alors que la science se fonde avant tout sur des expériences et leur répétabilité. Cependant, l'exemple des

météorites montre que ce genre de phénomènes peut malgré tout, après des siècles de doute et de refus, finir par être admis par la communauté scientifique.

Une seule hypothèse rend compte suffisamment des faits et ne fait appel, pour l'essentiel, qu'à la science d'aujourd'hui ; c'est celle de visiteurs extraterrestres. Émise, dès 1947, par certains militaires américains, elle est aujourd'hui mondialement populaire, décriée par une certaine élite, mais plausible. Des scientifiques (astronomes, physiciens, ingénieurs, prospectivistes...) l'ont suffisamment élaborée pour qu'elle puisse être recevable – en tant qu'hypothèse – par leurs pairs. Différentes variantes plausibles du voyage d'une ou plusieurs civilisations, depuis un système solaire lointain vers le nôtre, ont été mises au point. Une modélisation des techniques magnétohydrodynamiques, qui pourraient être employées pour le déplacement des ovnis dans l'atmosphère, a été portée à un bon niveau de développement. D'autres manifestations de ces objets ont reçu un début d'explication physique (pannes de voitures, faisceaux tronqués, etc.). Les buts de ces éventuels visiteurs restent inconnus, mais doivent faire l'objet d'indispensables spéculations et de mises au point de scénarios prospectifs. *L'hypothèse extraterrestre est de loin la meilleure hypothèse scientifique ; elle n'est certes pas prouvée de façon catégorique, mais il existe en sa faveur de fortes présomptions, et si elle est exacte, elle est grosse de conséquences* (c'est nous qui mettons en italique).

La seconde étude que je propose aux lecteurs s'intitule *Ovnis : des généraux, des pilotes et des officiels parlent*, de Leslie Kean, préfacée par Jean-François Clervoy (Éditions Dervy Médicis, 2014).

Pour l'auteure, qui est une journaliste d'investigation de renommée internationale, « les ovnis sont une réalité. Cette affirmation résulte de décennies d'observations et d'investigations de la part de pilotes, de hauts responsables militaires et de chercheurs ». Dans ce travail de recherche particulièrement soigné, Kean, qui est aussi une enquêtrice expérimentée, présente des indices incontestables sur la présence réelle d'objets volants non identifiés – métalliques, lumineux, capables de manœuvres qui défient les lois connues de la physique – dans l'atmosphère terrestre. Ce livre retentissant est le fruit de dix ans d'une enquête acharnée durant laquelle Leslie Kean a interviewé des dizaines d'officiers d'aviation de haut niveau et de témoins partout dans le monde, passé en revue des centaines de documents gouvernementaux, de rapports d'aviation, de données radar et d'études de cas corroborés par des indices matériels. C'est une enquête magistrale qui permet enfin de séparer les faits de la fiction.

Voici quelques commentaires qui ont été faits sur cet ouvrage selon l'Institut de recherche sur les expériences extraordinaires (INREES) :

> La réalité objective des phénomènes aériens non identifiés, mieux connus dans le grand public sous le sigle ovnis, ne fait plus de doute. Le climat de soupçon et de désinformation, pour ne pas dire de dérision, qui entoure trop souvent la collecte de témoignages illustre une forme surprenante d'aveuglement intellectuel.
>
> (Yves Sillard, ancien directeur général du Centre national d'études spatiales français, le CNES.)

> Il est temps de chercher à comprendre ce que sont ces objets apparemment intelligents surgissant dans notre ciel et dont la réalité est confirmée par de multiples sources.
>
> (Jean-François Clervoy, astronaute de l'Agence spatiale européenne, l'ESA.)

> Ce livre lève clairement le tabou sur la croyance largement répandue, et pourtant infondée, qu'il n'est pas possible d'aborder sérieusement le sujet des ovnis. Leslie Kean apporte une analyse rationnelle sur les informations les plus pertinentes, dont beaucoup sont présentées ici pour la première fois avec des détails fascinants.
>
> (John Podesta, ancien chef de cabinet du président Bill Clinton à la Maison-Blanche, de 1998 à 2001, et conseiller du président Barack Obama.)

Enfin, un livre sérieux et réfléchi sur ce sujet controversé. Les sceptiques et les convaincus vont y trouver un trésor d'informations pénétrantes et ouvrant les yeux. Ce livre va être un étalon de référence pour la recherche sur les ovnis.

(Michio Kaku, Ph. D., auteur de *Physics of the Impossible.*)

Essai de classification des civilisations

Une approche énergétique de la classification

Le radioastronome russe Nikolaï Kardashev et le physicien américain Freeman Dyson ont établi une classification des civilisations technologiquement évoluées qui comporte trois types : type I planétaire, type II stellaire, type III galactique.

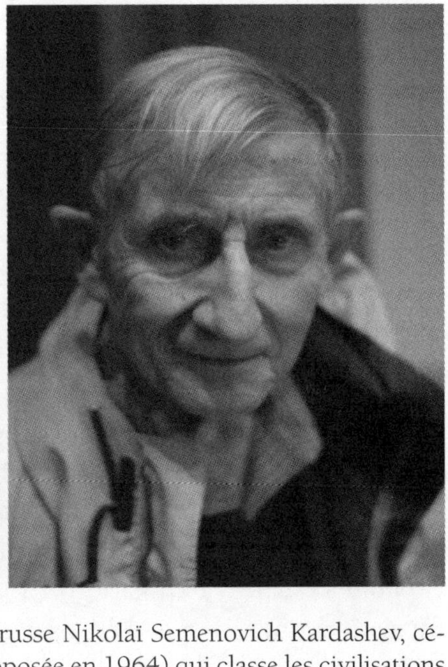

Ci-dessus à gauche : Le radioastronome russe Nikolaï Semenovich Kardashev, célèbre pour son échelle de Kardashev (proposée en 1964) qui classe les civilisations de l'Univers en fonction de leur consommation d'énergie. Kardashev est membre d'un groupe de recherche, SETI (Search for Extraterrestrial Intelligence), à l'Institut astronomique Sternberg de Moscou.

Ci-dessus à droite : Freeman J. Dyson, physicien théoricien américain d'origine anglaise qui a imaginé une sphère entourant le Soleil et qui porte aujourd'hui son nom : la sphère de Dyson.

Ce système de classification des civilisations repose uniquement sur le critère des ressources énergétiques disponibles pour la civilisation considérée. Dans ce système, toute civilisation évoluée trouvera seulement trois sources d'énergie à sa disposition :

- Les ressources de sa planète d'origine (pour nous, la Terre) ;
- Les ressources de son étoile d'origine (pour nous, le Soleil) ;
- Les ressources de sa galaxie d'origine (pour nous, la Voie lactée).

N'oublions pas qu'il s'agit avant tout d'un essai ou d'une tentative de classification des civilisations, mais nous ne sommes pas du tout certains que ce système soit vraiment fidèle à la réalité. Nous reprenons, cependant, cette classification en y ajoutant les civilisations de type 0, IV, V, VI et VII.

La classification de Kardashev

L'échelle de Kardashev se présente comme une méthode générale de classement des civilisations en fonction de leur niveau technologique et de leur consommation en énergie. Proposée en 1964 par l'astronome russe Nikolaï Kardashev, elle se compose à l'origine de trois catégories principales (type I, type II, type III) basées sur la quantité d'énergie disponible dans l'environnement d'une civilisation. Dans un article intitulé *Strategies of Searching for Extraterrestrial Intelligence*, publié en 1980, Kardashev définit la civilisation par sa capacité à accéder à l'énergie pour se maintenir dans la durée et à intégrer l'information provenant de l'extérieur. Il définit la civilisation dans une perspective fonctionnelle comme « un état de matière très stable capable de faire l'acquisition, l'analyse abstraite et d'appliquer l'information dans le but d'en extraire les données concernant l'environnement et elle-même, afin de développer des réactions de survie ». Selon lui, trois postulats définissent une civilisation : les sources d'énergie, la technologie et la transmission de messages interstellaires. La progression sur l'échelle de Kardashev se fait de façon exponentielle. Dans l'article que nous venons de citer, il indique :

La détection et l'étude de civilisations extraterrestres constituent un problème d'une grande importance pour le progrès de l'humanité, pour sa culture et sa philosophie. La découverte d'une vie intelligente dans l'Univers fournirait une ligne de conduite au développement possible de notre civilisation pour une durée de temps très longue (astronomique).

Adoptée par les chercheurs du programme SETI (Search for Extraterrestrial Intelligence), la classification de Kardashev a, depuis, été largement commentée et affinée. Nous en donnons ci-dessous une version améliorée qui comporte sept catégories principales.

Les civilisations protoplanétaires de type 0

L'évolution des civilisations protoplanétaires de type 0 peut s'exprimer en fraction du type I. Nous avons alors des civilisations qui représentent 0,25, 0,50, 0,60, 0,70, 0,80 et 0,90 du type I. Ce niveau de civilisation peut aussi s'exprimer en capacité d'exploitation de l'énergie disponible (watts). Le mot « protoplanétaire » désigne toutes les civilisations qui sont apparues sur la Terre avant l'avènement hypothétique d'une civilisation planétaire de type 1. Il désigne le premier type de civilisations ayant existé sur notre planète. Dans un autre sens (celui de modèle), nous pouvons dire que les civilisations protoplanétaires figurent comme des prototypes ou des tentatives (qui auraient toutes échoué) d'instauration d'une civilisation planétaire.

Sur cette échelle, le type 0,25 (10^8 watts) serait l'équivalent d'une civilisation semblable à celle de l'Empire romain. Les techniques d'exploitation et d'utilisation de l'énergie sont relativement rudimentaires. La force humaine (esclaves) et animale (chevaux, bœufs) est largement exploitée. Les esclaves sont la propriété des maîtres qui ont le droit de vie et de mort sur eux. Le bois est la principale ressource naturelle pour le chauffage et la cuisson des aliments.

Le type 0,50 (10^{11} watts) correspondrait à la révolution industrielle du XIXe siècle. C'est la première révolution industrielle qui est caractérisée par l'utilisation de la machine à vapeur comme source initiale de mouvement pour faire fonctionner d'autres machines. Les usines remplacent les ateliers artisanaux et les manufactures. Le charbon est la principale ressource naturelle (énergie fossile) utilisée dans l'industrie.

Le type 0,60 (10^{12} watts, soit 1 térawatt [TW], l'équivalent de mille milliards de watts) serait l'équivalent de la période qui correspond au développement technologique allant de 1891 à 1938, environ. Dans les années 1920, on observe une forte expansion de l'électricité qui permet un maillage du territoire dans les grands pays industriels. De 1848 à 1914, l'Europe et l'Amérique du Nord connaissent la plus grande période de développement du chemin de fer. L'automobile s'impose dans les pays développés comme le principal mode de transport pour la circulation des individus et des marchandises. Frederick Winslow Taylor, ingénieur et économiste américain, propose une théorie sur l'organisation scientifique du travail, qu'il nomme « taylorisme ». Le constructeur américain Ford renomme la méthode de Taylor, qu'il appelle le « fordisme ». Cette nouvelle organisation du travail s'imposera dans tout le secteur industriel. Le téléphone, qui a été exploité commercialement aux États-Unis dès 1877, se développe rapidement. En 1912, on compte plus de 12 millions de postes téléphoniques dans le monde, dont 8 millions aux États-Unis. En 1926, l'Écossais John Logie Baird effectue, à Londres, la première retransmission publique de télévision en direct.

Le type 0,70 (10^{13} watts) correspondrait à notre XXe siècle et à la période où ont été fabriquées les armes nucléaires et les technologies permettant la fission nucléaire. Le 16 juillet 1945 eut lieu sur le site de Trinity, dans le désert du Nouveau-Mexique (États-Unis), sur la base aérienne d'Alamogordo, le tout premier essai d'une bombe atomique au plutonium (bombe A). Les 6 et 9 août 1945 marquent les bombardements atomiques des villes japonaises d'Hiroshima et de Nagasaki. En 1949, l'Union soviétique fait exploser sa première bombe atomique au plutonium. En 1952, les États-Unis font exploser la première bombe à hydrogène (bombe H associant la fission et la fusion nucléaires). En 1982, il y avait environ 50 000 armes nucléaires dans le monde, totalisant entre 12 000 et 14 000 mégatonnes. Le premier réacteur nucléaire civil voit le jour en 1951, aux États-Unis. La première connexion d'une centrale nucléaire au réseau électrique a lieu en juin 1954, à Obninsk (URSS). En France, le premier réacteur nucléaire est construit à Marcoule (Provence) en janvier 1956. Entre 1970 et 1990, la deuxième génération de réacteurs (filières REP et REB) est déployée. Elle correspond à la majorité du parc en exploitation dans le monde aujourd'hui. Dans les années 1990 sont construits les réacteurs de troisième génération. C'est le cas du réacteur EPR (European Pressurized Water Reactor) de Flamanville. Les trois générations de réacteurs utilisent le principe de la fission nucléaire, soit l'éclatement d'un noyau instable en deux noyaux plus légers et quelques particules élémentaires. Cet éclatement s'accompagne d'un dégagement de chaleur, c'est-à-dire d'énergie. La fission dégage une énergie considérable : 1 gramme d'uranium 235 libère autant d'énergie que la combustion de plusieurs tonnes de charbon (Futura-Sciences.com).

Le type 0,80 (10^{14} watts) nous amène au XXIe siècle et aux technologies qui devraient nous permettre de maîtriser la fusion nucléaire. Rappelons que la fusion nucléaire, dite parfois fusion thermonucléaire, est un processus où deux noyaux atomiques légers s'assemblent pour former un noyau plus lourd. Cette réaction est à l'œuvre de manière naturelle dans le Soleil et dans la plupart des étoiles de l'Univers. En dépit de travaux de recherche réalisés dans le monde entier depuis les années 1950, aucune application industrielle de la fusion à la production d'énergie n'a encore abouti, en dehors des armes nucléaires avec la bombe H (*Wikipédia*). Le chemin vers la production commerciale d'électricité issue de la fusion contrôlée est encore très long. Dans ce contexte, le projet ITER (International Thermonuclear Experimental Reactor) n'est qu'une étape vers ce but qui devrait n'être atteint qu'aux alentours de 2050 (dans le meilleur des cas). ITER est une machine expérimentale de type tokamak destinée à démontrer la faisabilité d'un réacteur nucléaire utilisant le principe de la fusion. Dompter le plasma nécessaire aux réactions de fusion s'est révélé plus difficile que prévu. Bien des configurations de champs magnétiques et de courants ont été imaginées et testées afin de confiner dans une sorte de bouteille magnétique ce plasma qui est porté à des températures dépassant la dizaine de millions de degrés : c'est la température qui règne au centre du Soleil, là où brûle le feu thermonucléaire (Futura-Sciences.com).

Le type 0,90 (10^{15} watts) correspondrait au XXIIe siècle, au cours duquel devraient se produire des avancées technologiques majeures, comme l'ascenseur spatial et la création d'une sorte de cité universelle ou planétaire. À cette époque, le processus de globalisation devrait être en voie d'achèvement.

Le type 0,99999... (10^{16} watts) verrait la transition du type 0 au type I. Durant cette période de transition, et dans une optique purement matérialiste, il existerait seulement deux possibilités :

1. La civilisation s'autodétruirait ;
2. Elle parviendrait à atteindre la singularité technologique.

Je conteste évidemment cette analyse qui ne propose à l'humanité qu'une vision très pessimiste de son avenir. Si la possibilité numéro un me semble raisonnable, et pas du tout irréaliste, en revanche, je crois que nous ne sommes pas condamnés à devenir les esclaves des machines. En tout cas, si jamais une intelligence artificielle (IA) arrivait à supplanter l'intelligence humaine, il est certain que nous assisterions à l'effondrement de toute civilisation. Ce serait la fin de l'humain et la naissance du règne des machines, c'est-à-dire un vrai cauchemar sur la Terre.

Je crois cependant qu'une troisième voie est possible. Cette voie est celle d'une humanité devenue mature qui sera capable de prendre en main sa destinée en cultivant des valeurs spirituelles, l'amour et la bienveillance pour autrui. L'être humain dispose d'un colossal potentiel psychospirituel qui, s'il était exploité convenablement, lui permettrait d'accomplir de grandes choses sur cette Terre.

Si nous admettons, cependant, que la seconde hypothèse puisse se réaliser un jour, nous accéderions alors à ce que certains technoprophètes de la Silicon Valley appellent la singularité technologique (ST). Cette inquiétante et mystérieuse ST est un concept qui postule qu'à partir d'un point hypothétique de son évolution technologique la civilisation humaine sera dépassée par l'intelligence artificielle des machines. Selon cette doctrine (ou cette idéologie) qui n'est pas prouvée scientifiquement, au-delà de ce point, le progrès de notre civilisation serait entre les mains de l'intelligence artificielle. Cette IA serait elle-même en constante progression, et ses performances (ainsi que son pouvoir) ne cesseraient de croître avec le temps. Ce stade évolutif critique induirait des changements tels sur l'environnement que l'homme d'avant la ST ne pourrait plus les appréhender ni les prédire de manière fiable. La transition vers la singularité technologique est ainsi nommée par analogie avec l'impuissance de la physique moderne à décrire avec certitude ce qui se passe à proximité de la singularité gravitationnelle d'un trou noir. Le risque lié à l'apparition de la ST est la perte du pouvoir de l'homme sur sa destinée. Celui-ci ne serait plus capable de contrôler son futur. Il pourrait devenir l'esclave des machines. Son avenir serait entièrement guidé par elles.

Est-ce vraiment ce que nous voulons ? Selon l'informaticien américain Ray Kurzweil, cette notion de singularité technologique aurait été introduite par John von Neumann dans les années 1950. Celle-ci a acquis une certaine popularité dans les années 1980 grâce à Vernor Vinge, informaticien et auteur d'ouvrages de science-fiction. La venue éventuelle et la date d'apparition de la ST sont sujettes à débat parmi les spécialistes. Les futurologues et les adeptes du courant transhumaniste l'attendent, en général, pour la troisième décennie du XXIe siècle (2030), donc dans très peu de temps. Étant donné la rapidité de la progression actuelle, les superordinateurs sont prévus pour atteindre 1 exaflops (soit 10^{18} opérations par seconde) aux environs de 2019 (*Wikipédia*). L'augmentation spectaculaire de la puissance de calcul des ordinateurs et les progrès étonnants de la robotique sont, sans aucun doute, à l'origine de la crainte de voir un jour ces machines prendre le contrôle de nos vies. Cependant, il faut bien comprendre que cet événement ne pourra se réaliser que si nous le voulons, ou si nous n'avons pas la volonté de forger nous-mêmes notre destinée. Les machines n'ont pas encore le pouvoir de décider de leur avenir, et *a fortiori* du nôtre. Nous devons prendre conscience que notre futur est entre nos mains et que l'avènement de la ST n'est pas une fatalité.

Les civilisations planétaires de type I

Le physicien Michio Kaku, citant Dyson, estime que la Terre parviendra à une civilisation de type I en 2200 environ. Il parvient à cette date en se fondant sur une extrapolation du taux de croissance actuel de la consommation énergétique de notre planète.

Il prédit qu'entre 10^{16} watts et 10^{19} watts nous pourrions entrer dans une phase de colonisation et d'industrialisation intensive de l'espace proche (système solaire). L'exploitation minière de la Lune et des astéroïdes deviendrait alors possible. Nous serions aussi capables d'extraire la totalité des réserves de combustibles fossiles (charbon, gaz, pétrole) et d'utiliser toutes les énergies renouvelables générées par la Terre (géothermie, énergie des courants marins, des fleuves et du vent).

Entre 10^{20} watts et 10^{23} watts, nous serions capables d'effectuer nos premiers voyages interstellaires vers des systèmes proches du Soleil (dans un rayon inférieur à 100 années-lumière).

Entre 10^{24} watts et 10^{26} watts, deux scénarios se présenteraient à nous :

1. Des tensions provoquées par la taille de la civilisation pourraient aboutir à une sécession entre plusieurs civilisations protoplané-

taires de type 0 et entraîner une régression vers une civilisation en début de type I ;

2. Si les événements du premier scénario ne se produisaient pas, nous serions capables d'entamer la construction d'une sphère de Dyson, d'un disque d'Alderson ou de l'anneau-monde, des structures artificielles construites par l'homme autour de la Terre, dans l'espace proche. Ces structures offriraient d'immenses espaces de vie à l'humanité. Elles seraient gigantesques et représenteraient des sortes de nouveaux mondes artificiels totalement vierges. Une civilisation de type I serait seulement capable d'amorcer les travaux de ces gigantesques structures spatiales, mais pas de les mener à terme.

Quel serait le profil général d'une civilisation planétaire de type I ?

Une civilisation planétaire de type I se définit comme une civilisation qui a su maîtriser toutes les formes d'énergie de sa planète mère de référence, qui est la planète d'origine de la civilisation (pour nous, la Terre). Une civilisation de type I est théoriquement capable de modifier le climat, d'exploiter à sa guise les ressources de tous ses océans ou d'extraire l'énergie du noyau de sa planète d'origine. Ses besoins en énergie sont si importants qu'une telle civilisation se trouve dans l'obligation d'exploiter de façon rationnelle, concertée et systématique toutes les ressources potentielles de sa planète mère. Dans un tel système, le gaspillage des énergies ou les spéculations financières sur les ressources naturelles sont désormais impossibles. Gérer et exploiter les ressources d'une planète entière implique une coopération élevée entre les membres de cette société, collaboration qui suppose la mise en place d'un système de communication global très perfectionné (comme Internet, par exemple).

Le passage d'une civilisation de type 0 à une civilisation de type I est une phase particulièrement délicate dans l'évolution des civilisations. S'il échoue, nous pouvons envisager la possibilité (dans le pire des cas) d'une régression au type 0 inférieur, c'est-à-dire à une civilisation de type préindustriel, par exemple. Cette régression à un stade antérieur pourrait s'accompagner d'un morcellement accru des populations avec un retour à une forme radicale de repli de type identitaire ou nationaliste. Peut aussi se mettre en place une lutte entre les populations du globe pour la gestion des ressources naturelles devenues rares. Peut-être allons-nous assister dans les cinquante prochaines années à cet échec du passage d'une civilisation de type 0 au type I avec comme conséquence un retour à un degré inférieur de civilisation. En tout cas, il est certain que nous sommes à un moment clé de l'histoire de la civilisation humaine et que nos décisions à très court terme dans les domaines de l'énergie, de l'économie et de la gestion des ressources naturelles détermineront notre passage (ou notre non-passage) au type I. Notons aussi que les réponses que nous serons capables de donner aux questions d'ordre spirituel seront décisives pour notre survie. Je dirais même que notre accession au type I ne pourra se faire que lorsque nous aurons trouvé une nouvelle voie spirituelle pour l'humanité (ce thème est développé dans le chapitre « Vers une spiritualité de type 1 »).

Bien que nous n'ayons aucun modèle terrestre de comparaison pour savoir comment s'effectue le passage du type 0 au type I, ni même si un tel passage est possible et viable, nous avons vu qu'il existe peut-être un exemple sous nos yeux (les ovnis) qui pourrait nous fournir des éléments de réponse à ces questions. Si nous reprenons les caractéristiques d'une civilisation de type I, nous nous apercevons que les ovnis ne peuvent pas appartenir à une civilisation de ce type, puisqu'une telle civilisation n'est pas encore capable d'explorer des systèmes stellaires extérieurs au sien. À ce sujet, Freeman Dyson (voir son livre *Les dérangeurs de l'Univers*, Payot, 1986) écrit :

> Une civilisation de type I est indétectable à des distances interstellaires, sinon par l'émission d'ondes radio. Notre seule chance de découvrir une civilisation de type I est de suivre les conseils de Cocconi et Morrison et de chercher à capter des messages ra-

dio. C'est cette méthode de recherche qui a été suivie par les radioastronomes depuis vingt ans.

N'oublions pas que Dyson se place dans l'optique du programme SETI, lequel s'est assigné comme principale mission la détection de signaux capables de révéler l'existence d'une civilisation extraterrestre évoluée. Les travaux des physiciens Philip Morrison et Giuseppe Cocconi sont à l'origine de ce programme. Mais si les ovnis ne peuvent pas être les représentants d'une civilisation de type I, ils pourraient, en revanche, être ceux d'une civilisation de type II ou III. Si c'était le cas, cela signifierait que le passage d'une civilisation de type 0 au type I est possible puisque la civilisation qui a conçu et construit les ovnis a réussi à franchir ce cap difficile. D'une certaine façon, la présence d'ovnis d'origine extraterrestre dans notre système solaire pourrait nous inciter à garder espoir et à relever le défi qui nous attend.

Les civilisations stellaires de type II

Selon le physicien Michio Kaku, Kardashev aurait prévu le développement d'une civilisation de type II pour l'année 5200, environ.

Entre 10^{26} watts et 10^{29} watts, les terriens seraient en mesure d'achever une sphère de Dyson complète et ils pourraient entreprendre l'exploration et la colonisation de tous les systèmes stellaires proches (dans un rayon d'une centaine d'années-lumière).

Entre 10^{30} watts et 10^{33} watts, l'ingénierie stellaire et les propulseurs Shkadov[2] feraient leur apparition.

Entre 10^{34} watts et 10^{36} watts, un scénario possible prévoit des tensions provoquées par la taille de la civilisation stellaire regroupant plusieurs étoiles, qui pourraient aboutir à la sécession des différents systèmes stellaires en plusieurs centres autonomes de civilisations de type stellaire (régression vers plusieurs civilisations monostellaires

2. Le propulseur Shkadov est un gigantesque miroir situé à une distance très précise du Soleil et capable de générer un déplacement dans l'espace.

indépendantes). Si les difficultés du passage du type I au type II sont surmontées, la colonisation galactique et intergalactique par des sondes entièrement automatisées (sondes de von Neumann) peut alors commencer.

Quel serait le profil général d'une civilisation stellaire de type II ?

Les civilisations de type II sont théoriquement capables de maîtriser l'énergie de leur étoile de référence (pour nous, le Soleil). Les besoins énergétiques de ce type de civilisations sont si importants que l'énergie disponible sur la planète mère de référence (pour nous, la Terre) n'est plus suffisante. Pour survivre, ces civilisations doivent donc exploiter les ressources fournies par leur étoile.

Une civilisation stellaire de type II serait théoriquement capable d'achever la construction d'une sphère de Dyson. En effet, Freeman Dyson a imaginé que des civilisations de type II disposeraient des ressources nécessaires pour construire des sphères géantes autour de leur étoile centrale et domestiquer ainsi l'énergie que celle-ci disperse dans l'espace et qui est perdue. Cependant, il serait très difficile techniquement de construire une sphère de Dyson complète (autour du Soleil, par exemple) destinée à piéger toute l'énergie émise par notre étoile. Cette sphère ressemblerait à une immense coquille rigide et creuse. La principale difficulté résiderait dans le fait qu'il serait pratiquement impossible d'éviter un effondrement de la sphère sur elle-même à la hauteur des pôles où le poids de la structure ne serait pas compensé par la force centrifuge. Plutôt qu'une sphère, Dyson a fini par envisager la construction de plusieurs ceintures entourant l'étoile. Les sphères de Dyson, ou dysonsphères, sont des sortes de pièges à lumière dont l'énergie est ensuite canalisée pour les besoins de la civilisation de type II.

Comment détecter une civilisation de type II ?

L'idée de Dyson concernant les pièges à lumière est particulièrement audacieuse et elle a largement alimenté la littérature de science-fiction, mais rien ne prouve qu'une civilisation de type II ait pu construire une structure aussi vaste et aussi complexe. Les émules de Dyson reconnaissent qu'aucune civilisation de type II n'a encore été détectée jusqu'à présent. Selon sa théorie, une civilisation de type II qui exploiterait la production totale d'énergie d'une étoile laisserait nécessairement s'échapper une fraction importante de cette énergie sous forme de chaleur, c'est-à-dire sous forme de rayonnement infrarouge facilement observable depuis la Terre. Toute civilisation de type II est donc théoriquement une source détectable de rayonnement infrarouge ayant une puissance comparable à la luminosité d'une étoile. Malheureusement, les astronomes qui travaillent aujourd'hui dans l'infrarouge n'ont pas trouvé de sources de rayonnement dont on puisse penser qu'il s'agit d'objets artificiels. En ce qui concerne l'aire d'expansion de ces civilisations, rien n'interdit de penser qu'elles ont commencé à coloniser tous les systèmes stellaires voisins de leur étoile. Par ailleurs, en admettant que le phénomène ovni est explicable par l'hypothèse extraterrestre, il découle logiquement de cette hypothèse que les ovnis sont peut-être des engins pilotés par les représentants d'une civilisation de type II.

Les civilisations galactiques de type III

Selon le physicien Michio Kaku, Kardashev prévoyait le développement d'une civilisation de type III pour les années 7800 de notre calendrier, environ.

Entre 10^{36} watts et 10^{39} watts, une civilisation de type III serait théoriquement capable de coloniser des galaxies proches de la Voie lactée.

Entre 10^{40} watts et 10^{43} watts, nous ne pouvons qu'élaborer des modèles hautement hypothétiques. À partir de ce niveau, plus aucune prédiction fiable ne peut être faite. Le profil d'une civilisation de type III se situe en quelque sorte en dehors de l'imaginaire scientifique qui se base malgré tout sur des éléments scientifiques raisonnables et probables. Ce type de civilisation ne peut être décrit que par les auteurs de science-fiction. La civilisation décrite par Isaac

Asimov dans *Le cycle de Fondation* est assimilable au type III. Une civilisation de ce niveau a terminé de coloniser l'intégralité de la galaxie. Cette supercivilisation a une durée de vie de plusieurs millénaires. Le Continuum Q, dans *Star Trek*, est également un exemple de type III. Les êtres ayant construit le système de transport par trous de ver dans le film *Contact* de Robert Zemeckis (sorti en 1997 et adapté du roman éponyme de Carl Sagan) relèvent aussi du type III. Citons également l'exemple de l'empire féodal futuriste du *Cycle de Dune*, de Frank Herbert (*Wikipédia*).

Entre 10^{44} watts et 10^{46} watts, nous n'avons pas de modèle qui serait susceptible de nous aider à nous faire une idée, même très approximative, de ce niveau de civilisation. C'est une forme de société qui dépasse notre entendement. Tout ce que je peux dire, c'est qu'il existe peut-être un empire ou une sorte de fédération galactique qui regrouperait en son sein des centaines ou des milliers de galaxies.

En ce qui concerne le profil des civilisations de type III, nous ne pouvons émettre que des hypothèses très subjectives qui n'en demeurent pas moins stimulantes d'un point de vue intellectuel. Les civilisations galactiques de type III sont théoriquement capables d'exploiter les ressources énergétiques de tous les systèmes stellaires d'une galaxie, ou d'un très grand nombre de ces systèmes. Cette volonté de coloniser et d'exploiter d'autres systèmes stellaires s'explique par le fait que l'énergie libérée par une seule étoile (voir le type II) n'est plus suffisante pour satisfaire leurs besoins énergétiques qui sont devenus colossaux. Les représentants du type III sont théoriquement capables de se déplacer n'importe où dans leur galaxie de référence (pour nous, la Voie lactée). Une civilisation de type III est quasiment immortelle ou, du moins, nous pouvons estimer que sa durée de vie peut atteindre des millions d'années. Aucune catastrophe cosmique répertoriée par notre science ne serait en mesure de détruire totalement une civilisation de type III. Confrontée aux effets dévastateurs d'une supernova proche, par exemple, elle disposerait de plusieurs solutions pour échapper à une extinction totale. Elle pourrait soit modifier le cours de l'évolution de l'étoile géante rouge sur le point d'exploser en supernova, soit quitter définitivement son système stellaire d'origine et se lancer dans l'aménagement (terraformation) d'une planète éloignée des effets dévastateurs de la supernova, ou encore fuir à bord de gigantesques vaisseaux mères (ou cités de l'espace) capables de faire vivre des millions d'individus. À ce propos, il n'est peut-être pas inutile de remarquer que la vie à l'intérieur de vastes vaisseaux, confortables et rapides, pourrait être une meilleure option que celle de se poser sur des planètes plus ou moins hostiles. Les représentants d'une civilisation de type III pourraient avoir ce choix. Une solution simple et sans danger consisterait à n'envoyer que des sondes automatiques sur les planètes intéressantes et à ne faire travailler que des robots pour exploiter les matières premières indispensables. Une civilisation de ce type a acquis une très grande stabilité. Elle a les moyens de gérer toutes les difficultés liées à la vie dans l'espace interstellaire et intergalactique. Elle est en mesure de résoudre tous les problèmes et tous les aléas de l'existence corporelle. Une telle civilisation est capable de maîtriser son développement et son évolution à très long terme. Elle a le pouvoir de modifier et de contrôler à sa guise, et selon un plan précis, l'énergie, la matière, l'information et la vie. Elle est capable de maîtriser les lois de la physique de l'information et de manipuler comme elle l'entend la matière-énergie. Elle a éliminé tous les maux (ce que j'ai appelé plus haut les maladies infantiles) que connaît notre civilisation terrestre : guerres, conflits d'intérêts, fanatismes, famines, pollutions, épuisement des ressources naturelles, quête désespérée de nouvelles sources d'énergie. Nous pouvons même concevoir que les heureux représentants de cette civilisation vivraient une sorte de vie divine (au sens matériel et spirituel de cette expression) dont les apparences, les conditions et les modalités ne peuvent être qu'effleurées par notre imagination. Ces êtres pourraient ne plus connaître la souffrance, la peur, l'angoisse, la maladie, la vieillesse, la décrépitude et même la mort. Ils vivraient dans une sorte de félicité inconnue des terriens, et cette béatitude à la fois corporelle et spirituelle pourrait perdurer tout au long d'une vie qui s'étalerait sur des milliers d'années. Les représentants d'une civilisation de type III seraient pour nous semblables à des dieux, et leurs vaisseaux seraient comme des paradis artificiels.

Le type III : empire ou fédération ?

Nous pouvons imaginer que des civilisations de type III soient parvenues à bâtir des sortes de fédérations galactiques regroupant en leur sein de nombreuses civilisations de type II. Selon quelles modalités fonctionnerait une fédération ou un empire galactique ? Nous n'en avons, bien sûr, aucune idée pour le moment. Nous ne pouvons que spéculer. Si nous supposons l'existence d'une sorte d'empire galactique (fonctionnant selon le modèle de l'Empire romain, par exemple), nous pouvons imaginer qu'il serait organisé sous la forme d'un pouvoir central fort exercé par une seule civilisation souveraine régissant une communauté de civilisations vassales. Nous pouvons aussi envisager, au contraire, un empire galactique organisé comme une vaste fédération de civilisations autonomes liées les unes aux autres par toutes sortes d'intérêts, mais sans autorité supérieure forte. Existerait-il, au sein de cette fédération, des clans rivaux qui s'affronteraient dans l'espace avec des vaisseaux équipés d'armes laser comme dans les épisodes de *Star Wars* de George Lucas ? Et dans ce cas, pouvons-nous supposer l'existence d'ethnies extraterrestres belliqueuses et malveillantes à l'égard des autres civilisations de la fédération ? Nous ne pouvons que spéculer sur les formes que prendrait cette fédération ou cet empire, mais rien ne nous empêche d'admettre au moins l'existence d'une sorte de réseau de civilisations étendu à toute la Galaxie, dont les membres auraient tissé des liens profonds entre eux. Il est possible – et c'est même ce à quoi nous devrions nous attendre – que les modalités d'existence d'une civilisation de type III soient fort éloignées de tout ce que nous pouvons imaginer aujourd'hui. De ce point de vue, le phénomène ovni cadre parfaitement avec ce à quoi nous devrions nous attendre si une civilisation de type III se manifestait dans notre environnement terrestre.

Les civilisations d'amas galactiques de type IV

Entre 10^{46} watts et 10^{56} watts, une civilisation de ce niveau serait capable de construire un trou noir artificiel pour sortir de notre Univers.

La question qui se pose, lorsque nous arrivons à ce niveau dans la classification de Kardashev et Dyson, est celle de savoir si les civilisations de type III représentent le summum de l'organisation des sociétés intelligentes dans notre Univers. N'y a-t-il rien au-delà ?

Il existe sûrement plus de galaxies dans l'Univers que d'étoiles dans la Voie lactée, qui en compte pourtant entre 100 et 300 milliards. Alors, ne pourrait-on pas imaginer des sociétés organisées regroupant des centaines, voire des milliers de galaxies ? Si une civilisation de type III a résolu le difficile problème des déplacements dans le continuum d'espace-temps à l'intérieur de notre Galaxie, pourquoi ne parviendrait-elle pas à quitter la Voie lactée et à explorer les galaxies du groupe local ? En explorant les galaxies voisines, une civilisation de type III pourrait prendre contact avec d'autres civilisations du même type et organiser avec elles un nouveau réseau regroupant des milliers ou des centaines de milliers de galaxies. Une civilisation de type IV pourrait alors voir le jour. Imaginer le profil d'une telle civilisation est sans doute un exercice encore plus périlleux que celui qui consiste à brosser celui d'une civilisation de type III. L'énergie disponible serait alors si considérable qu'une telle civilisation aurait sans doute les moyens de visiter d'autres univers, et même de s'y installer. Elle pourrait voyager d'univers en univers et rencontrer des conditions d'existence qui sortent totalement du cadre de celles que nous connaissons dans notre Univers.

La civilisation universelle de type V

Entre 10^{56} watts et 10^{66} watts, une civilisation pourrait avoir exploré et colonisé la totalité de notre Univers connu. Toutes les galaxies de notre Univers, soit environ 100 milliards, auraient été visitées.

Quel est le profil d'une civilisation universelle de type V ? Par définition, il n'existe qu'une seule civilisation de ce type dans notre Univers visible et matériel, puisque celle-ci occupe une aire aussi vaste que notre Univers. C'est pour cette raison que nous l'appelons La Civilisation.

Cette unique civilisation de type V est le type ultime, le sommet de toute civilisation concevable pour nous. La Civilisation couronne l'ensemble des autres types par sa perfection interne et son degré ultime d'achèvement. Elle regroupe en son sein toutes les galaxies de tous les amas galactiques de notre Univers. Certains lecteurs souriront à l'énoncé de cette proposition. Il est même possible qu'ils rejettent l'idée d'un type V. Si, pour ces personnes, l'existence d'une civilisation galactique de type III est une hypothèse tout à fait raisonnable, et si elles passent encore, non sans quelques réticences, sur la réalité plus que problématique d'une civilisation d'amas galactiques de type IV, imaginer qu'il puisse exister une civilisation unique qui aurait colonisé la totalité de notre Univers est une supposition qu'elles ne pourront sûrement pas accepter.

Nous reconnaissons volontiers que nous sommes ici dans le domaine de la spéculation pure et que l'hypothèse de l'existence d'une civilisation de type V est peu probable. Mais si nous poursuivons jusqu'au bout la logique de notre essai de classement des civilisations, il faut bien que nous arrivions à un point extrême sur cette échelle (et nous verrons ci-dessous que nous pouvons même aller au-delà de ce point).

Si nous convenons que le type 0 représente le degré le plus bas dans l'échelle de l'évolution des civilisations, rien n'interdit de supposer qu'à l'autre bout de celle-ci il existe un type ultime. Dans ce cas, le type V n'est que le degré le plus élevé d'évolution sur cette échelle. Comme dans tout système de graduation, il faut bien envisager un degré supérieur qui, théoriquement, ne peut pas être dépassé. La Civilisation n'existe peut-être pas, mais nous pouvons malgré tout essayer de l'imaginer. S'il se trouve des êtres qui sont les représentants de ce type de civilisation, nous admettrons par principe qu'il n'y a rien au-dessus d'eux dans notre Univers. Ces êtres (s'ils existent) maîtrisent parfaitement l'espace et le temps, la matière, l'énergie, l'information. Ils disposent d'une technologie qui, pour nous, relève de la magie ou des pouvoirs miraculeux. Ce sont des êtres quasiment surnaturels, des dieux inconcevables, des créatures fabuleuses, omniscientes et omnipotentes. À ce niveau, cependant, nous avouons humblement que nous sommes totalement incapables d'imaginer à quoi peuvent ressembler ces créatures, et encore moins de concevoir comment elles vivent, comment elles se déplacent et comment elles pensent. Il est peu probable, selon moi, que le phénomène ovni appartienne à ce type de civilisation.

Au-delà du type V (l'échelle d'Asimov)

Si nous pouvons admettre l'existence d'une civilisation de type V, pourquoi devrions-nous nous arrêter là ? Si le type V est ce qui se fait de mieux dans notre Univers, s'il représente le *nec plus ultra* en matière de civilisation, pourquoi ne pas imaginer des civilisations qui vivraient hors de notre Univers (extra-universelles) ou qui seraient capables de se déplacer d'un univers à l'autre, et même, pourquoi pas, de créer des univers à leur convenance ?

Avec ces types supérieurs au type V, nous quittons l'échelle de Kardashev, qui ne s'applique qu'à notre Univers, et nous accédons aux premiers échelons d'une nouvelle échelle que je propose de baptiser « échelle d'Asimov » en hommage au célèbre écrivain de science-fiction. Avec l'échelle d'Asimov, nous sortons clairement de notre Univers et nous abordons d'autres rivages de la création. Par principe, nous pouvons toujours concevoir qu'il existe quelque chose au-dessus d'un degré quelconque d'existence. Où fixer la limite supérieure ? Peut-être n'y a-t-il aucune limite, d'ailleurs. Certes, ces questions sont importantes, mais nous n'avons aucun moyen d'y apporter ne serait-ce qu'un commencement de réponse. Tout ce que je peux faire, c'est admettre que, quel que soit le niveau atteint par une civilisation, il existera toujours au-dessus d'elle une civilisation d'un niveau plus élevé. C'est une vision à la fois déroutante et fascinante. Elle nous oblige à opérer une formidable ouverture vers le haut et à ne pas rester enfermés dans des limites étroites. Certes, ce n'est qu'un exercice intellectuel, mais il a son importance, car il permet de s'habituer à construire des visions amples, élevées où tout est possible : c'est le leitmotiv de ce livre.

Au-delà du type V universel, nous pouvons donc concevoir le type VI multiuniversel. Le niveau énergétique de plusieurs univers additionnés pourrait s'établir aux environs de 10^{66} watts, dans le prolongement des niveaux inférieurs. Une civilisation multiuniverselle pourrait manipuler à sa guise et altérer les lois de la physique dans chacun des univers qu'elle contrôlerait. Cette civilisation pourrait changer d'univers à volonté, abandonner un univers mourant, par exemple, pour s'installer dans un autre plus jeune, visiter et explorer des milliers d'univers obéissant à d'autres lois physiques que le nôtre. Évoluant en dehors de l'espace et du temps, elle pourrait même atteindre une forme d'éternité totalement incompréhensible pour nous.

Au-delà du type VI

À un degré plus élevé encore, nous pourrions concevoir le type VII extra-universel qui représenterait sans doute le type ultime de civilisation au-delà duquel nous sortons de toute manifestation possible. Une civilisation de ce type aurait des pouvoirs infinis. Nous pouvons penser qu'il n'existe qu'un seul exemplaire de cette civilisation qui serait située quelque part à l'extérieur de tous les univers. D'une certaine façon, le type VII pourrait être perçu comme la limite supérieure qu'il serait impossible de dépasser. Mais comme je l'ai dit plus haut, ce ne serait qu'une illusion, car d'un point strictement logique, il n'existe aucune frontière absolue : quel que soit le niveau atteint, il peut toujours exister un degré supérieur.

Une civilisation de type VII serait capable de créer des univers à volonté, en fixant elle-même les lois de ces univers et en les utilisant comme des sources énergétiques inépuisables. Sa puissance serait virtuellement infinie, limitée seulement par le nombre et la taille des univers créés. Ses besoins énergétiques s'élèveraient à la hauteur vertigineuse de 10^{76} watts, ou même de 10^{100} watts. Une civilisation de ce type serait immortelle, éternelle, invisible et inconnaissable, puisqu'elle évoluerait en dehors de tous les temps et de tous les espaces, c'est-à-dire qu'elle ne serait soumise à aucune contrainte dimensionnelle. La création d'autres univers nécessiterait que la civilisation de type VII soit isolée et indépendante des univers qu'elle engendrerait. La nouvelle de science-fiction d'Isaac Asimov intitulée *The Last Question* (1956) mettrait en scène un exemple de civilisation de type VII.

Le grand escalier cosmique (GEC)

Le grand escalier cosmique est une représentation simplifiée des différents stades d'évolution des civilisations dans notre Univers, et au-delà – ou en dehors – de celui-ci.

Dans le tableau du GEC présenté à la page suivante (figure 1), nous avons répertorié 18 stades évolutifs successifs partant des civilisations de type 0 inférieur jusqu'au type VII de la civilisation extra-universelle, c'est-à-dire située en dehors de tous les univers. Il s'agit d'une représentation schématique et abrégée de ces stades évolutifs. Dans la réalité, les stades sont très certainement beaucoup plus nombreux. De même, la distinction dans un même type de civilisation entre le niveau inférieur, le niveau moyen et le niveau supérieur n'est pas facile à opérer concrètement. Disons, pour prendre un exemple significatif, que notre civilisation technicienne et scientifique occupe le niveau supérieur du type 0, alors que la civilisation sumérienne, par exemple, se trouve au niveau inférieur. Nous voyons tout de suite que cette distinction soulève des critiques qui sont justifiées. En effet, est-il pertinent de dire que, dans les domaines artistique, intellectuel et moral, la civilisation sumérienne est inférieure à notre civilisation scientifique moderne ? En fait, cette classification n'est valable que si nous nous basons sur des repères quantitatifs, comme la quantité d'énergie disponible et utilisée par une civilisation, son expansion dans l'espace et le temps ainsi que son développement scientifique et technique. Une autre notion retenue dans cette échelle est celle du degré de sophistication atteint par une civilisation dans les domaines des moyens de communication et de transport, dans les institutions mises en place, de même que dans les systèmes de contrôle et de gestion, de protection et de défense ainsi que de production et de distribution de l'énergie et des richesses.

LE GRAND ESCALIER COSMIQUE (figure 1)

RÉCAPITULATIF DE LA CLASSIFICATION DES CIVILISATIONS EN PARTANT DES PLUS ÉLÉMENTAIRES AUX PLUS SOPHISTIQUÉES

CIVILISATIONS PROTO-PLANÉTAIRES DE TYPE 0
Type 0 inférieur
Type 0 moyen
Type 0 supérieur

Vers la première « marche »

CIVILISATIONS PLANÉTAIRES DE TYPE I
Type I inférieur
Type I moyen
Type I supérieur

Vers la seconde « marche »

CIVILISATIONS STELLAIRES DE TYPE II
Type II inférieur
Type II moyen
Type II supérieur

Vers la troisième « marche »

CIVILISATIONS GALACTIQUES DE TYPE III
Type III inférieur
Type III moyen
Type III supérieur

Vers la quatrième « marche »

CIVILISATIONS D'AMAS GALACTIQUES DE TYPE IV
Type IVa, groupes de -100 galaxies
Type IVb, amas de + 100 galaxies
Type IVc, superamas de + de 1000 galaxies

Vers les « marches » supérieures

CIVILISATIONS UNIVERSELLES DE TYPE V
Aire d'expansion : la totalité d'un univers

CIVILISATIONS MULTI-UNIVERSELLES DE TYPE VI
Aire d'expansion : plusieurs univers

CIVILISATIONS EXTRA-UNIVERSELLES DE TYPE VII
Situées à l'extérieur de tous les univers

LE GRAND ESCALIER COSMIQUE (figure 2).

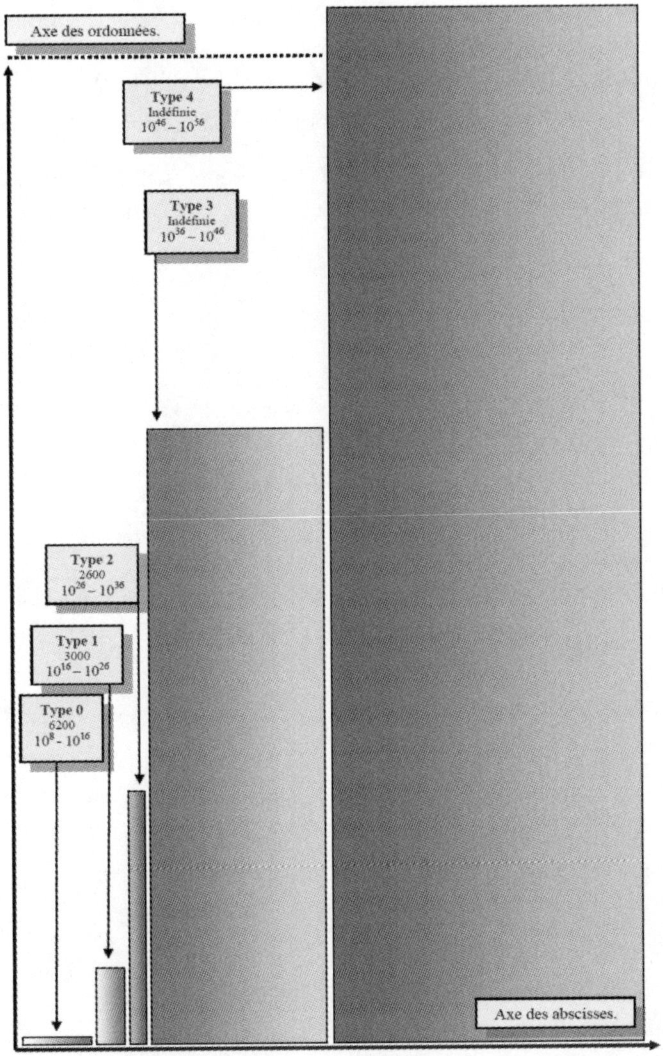

Représentation imagée des rapports entre les types I, II, III et IV. En ordonnée figure la capacité d'exploitation de l'énergie disponible et en abscisse la durée théorique de vie des types de civilisation. Pour le type 0, la durée de vie est estimée à 6200 ou 6500 ans et sa capacité d'exploitation de l'énergie disponible se situe entre 10^8 et 10^{16} watts. Pour le type I, la durée de vie est estimée à 3000 ans et sa capacité d'exploitation de l'énergie disponible se situe entre 10^{16} et 10^{26} watts.

Pour le type II, la durée de vie est estimée à 2600 ans et sa capacité d'exploitation de l'énergie disponible se situe entre 10^{26} et 10^{36} watts. Pour le type III, la durée de vie est indéfinie et sa capacité d'exploitation de l'énergie disponible se situe entre 10^{36} et 10^{46} watts. Pour le type IV, la durée de vie est indéfinie et sa capacité d'exploitation de l'énergie disponible se situe entre 10^{46} et 10^{56} watts. Tous ces chiffres ne sont que des estimations théoriques données par Michio Kaku qui s'est d'ailleurs largement inspiré de Kardashev. Le but des deux représentations du GEC est de fournir une base de réflexion et des repères. En aucun cas, nous ne devons considérer qu'elles sont des représentations fidèles de la réalité.

Vers une civilisation planétaire

Témoins et acteurs d'une formidable mutation

Dans le chapitre précédent, nous avons décrit une échelle de classification des civilisations qui, partant des plus primitives (type 0), arrivait aux plus évoluées (type VII). Il est évident que cette classification ne représente qu'une tentative de mise en ordre de nos idées et de nos concepts sur les civilisations avec les outils intellectuels et scientifiques qui sont les nôtres aujourd'hui. Elle cherche seulement à tenter de formaliser et de conceptualiser des réalités qui, bien souvent, nous dépassent et sont au-delà de notre compréhension. Nous envisageons même que cet exercice intellectuel puisse paraître vain et ridicule pour certains lecteurs.

Cependant, tout en reconnaissant les limites d'un tel travail, je pense qu'il est malgré tout important – et même nécessaire – de le faire aussi sérieusement que possible. Pour moi, cette classification représente une base de réflexion qui permet au moins de fixer un cadre à l'intérieur duquel je me réserve la possibilité et la liberté d'introduire d'autres concepts et d'autres idées. Cette typologie n'est pas une grille qui m'enfermerait dans des schémas mentaux rigides. Ce n'est qu'un support à partir duquel je vais m'efforcer d'avancer vers d'autres horizons.

Depuis l'aube de l'humanité, les civilisations se sont succédé à la surface de notre globe. Elles sont nées, elles se sont développées, elles ont brillé d'un plus ou moins bel éclat, et enfin elles se sont éteintes en laissant aux générations futures un legs à la fois matériel, culturel et spirituel. Toutes ces civilisations se sont déployées dans un espace circonscrit et elles ont vécu pendant une durée limitée. Nous pouvons donc dire qu'elles ont occupé une portion d'espace-temps précise et identifiable. La civilisation de l'Égypte antique, par exemple, s'est épanouie dans un espace qui était concentré le long du cours inférieur du Nil, dans ce qui constitue aujourd'hui l'Égypte, et elle a duré plus de 3000 ans (environ de –3150 à –31 av. J.-C.).

Un premier constat s'impose : aucune de ces anciennes civilisations ne s'est étendue à la Terre entière, et aucune n'a été en mesure de vivre au-delà de quelques millénaires. De ce point de vue, l'Égypte antique est l'une des civilisations qui a vécu le plus longtemps. La civilisation de la vallée de l'Indus, ou civilisation harappéenne (environ de –5000 à –1900 avant J.-C.), aurait eu une durée de vie similaire.

Ce destin des civilisations – c'est-à-dire naître, s'épanouir et mourir – était inéluctable parce qu'il dépendait d'un stade particulier d'évolution de l'humanité. Aujourd'hui, cette évolution nous a amenés à nous étendre sur toute la Terre. Elle a aussi permis de développer des moyens matériels puissants qui nous relient les uns aux autres et qui créent des réseaux de dépendance agissant à l'échelle planétaire. Nous sommes les témoins et les acteurs d'une formidable mutation et d'un prodigieux bond évolutif de l'humanité. Prenons-en la mesure, car c'est une chance, même si des épreuves nous attendent.

Il faudrait vraiment être aveugles, ou de très mauvaise foi, pour ne pas être conscients de ce qui se passe sous nos yeux. En effet, pour la première fois depuis que l'humanité existe, nous sommes sur le point de créer une civilisation planétaire.

La Terre, notre arche de l'espace

Comme l'indique la classification de Kardaschev et Dyson, une civilisation planétaire de type I est une civilisation qui occupe un espace aussi vaste que sa planète mère, ou planète d'origine (pour nous, la Terre).

Peut-être est-il nécessaire de rappeler quelques évidences et vérités que nos contemporains semblent avoir oubliées :

- Premièrement, souvenons-nous que notre Terre est le berceau de l'humanité. Elle est l'origine de notre vie matérielle et corporelle.
- Deuxièmement, la Terre représente nos racines les plus anciennes, la source de toute vie. Elle est le socle matériel de nos existences, le ventre dans lequel nous sommes nés. Nous sommes tous des enfants de la Terre.
- Troisièmement, si nous comprenions en profondeur cette relation organique que nous avons avec la Terre, voudrions-nous, dans ces conditions et en toute conscience, faire du mal à notre mère ? Je pense que non, car notre mère nourricière est un être pour lequel nous éprouvons un amour immense. Pourtant, c'est ce que nous faisons aujourd'hui avec acharnement : nous agressons notre mère la Terre et nous la détruisons chaque jour davantage. C'est un crime.
- Quatrièmement, nous ne devons jamais oublier que la Terre est ronde, que c'est un monde clos, fermé et fragile. Si nous faisons du mal à la Terre, nous nous faisons aussi du mal. C'est une logique simple et implacable. Au-delà d'un certain seuil, le mal que nous faisons à la Terre entraînera notre destruction. La Terre survivra, mais pas nous.
- Cinquièmement, la Terre est en quelque sorte notre vaisseau spatial, notre arche de l'espace, et nous sommes tous embarqués dans ce même vaisseau bleu qui vogue dans l'immensité interstellaire. C'est notre seul vaisseau. Il n'y en a pas d'autres.
- Sixièmement, il importe désormais d'avoir une vision planétaire de l'humanité. Nous sommes tous citoyens du monde et nous devons être solidaires. Sinon, nous sommes voués à disparaître. Nous sommes condamnés à collaborer les uns avec les autres, c'est notre seule chance de survivre.

Voir le tout et la partie en même temps

Nous ne pouvons plus nous contenter d'une vision parcellaire et éclatée des réalités de notre planète. Il est désormais urgent de penser haut, grand et loin. Quand j'affirme qu'il faut penser haut, je veux dire qu'il faut tenir compte de la dimension spirituelle humaine qui est une réalité incontournable, même si la science officielle contemporaine l'ignore. De même, penser grand, c'est avoir une vision globale (planétaire) des enjeux qui se profilent dans les prochaines décennies. Une vision globale est une vision capable de voir en même temps le général et le particulier. C'est avoir une vue d'ensemble en tenant compte des éléments qui forment cet ensemble. Lorsque je dis que nous devrions avoir une vision globale – la vision globale d'un problème, par exemple –, cela signifie que nous devrions être capables de percevoir ce problème non seulement dans sa totalité, mais aussi dans ses composantes, aussi nombreuses soient-elles. Voir le tout et la partie en même temps, c'est la caractéristique essentielle de ce que j'appelle la vision globale.

Une civilisation planétaire est donc capable de gérer des problèmes globaux à l'échelle de la planète, mais aussi de respecter les traditions, les cultures et les pratiques locales, sources de richesse et de diversité.

Portait d'une civilisation planétaire de type I

Le principe selon lequel il faut voir le tout et la partie en même temps doit s'appliquer concrètement à la gestion d'une planète entière. C'est une évidence : la gestion d'une planète est un défi redoutable et complexe. Les terriens n'ont aucune expérience dans ce domaine, puisque c'est la première fois dans toute l'histoire de l'humanité que nous parvenons à ce niveau de civilisation. Nous avons su gérer – tant bien que mal, il faut le dire, et souvent plutôt mal que bien – des civilisations de type 0, mais les mêmes règles de gestion peuvent-elles servir pour gérer le type I ? La réponse doit se situer quelque part entre oui et non, c'est-à-dire que les règles précédentes pourront s'appliquer dans certaines limites et dans certaines conditions, mais il faudra aussi inventer un nouveau modèle de gestion. Pour les terriens, c'est l'inconnu, et braver l'inconnu n'est jamais une chose facile. En tout cas, ce qui est sûr, c'est qu'il va falloir faire preuve d'une grande capacité d'adaptation et d'innovation. Sans entrer dans le détail des règles de gestion d'une civilisation planétaire de type I, nous allons cependant évoquer huit thèmes généraux qui pourront servir de tremplin pour ceux qui voudront s'engager par la suite dans une réflexion plus complexe.

1. La gestion d'une civilisation planétaire de type I nécessite la mise en place de programmes de développement globaux, c'est-à-dire à l'échelle de la planète entière. Ces programmes seront mis en œuvre et exécutés par des organismes internationaux comme l'Organisation des Nations unies (ONU), l'Organisation mondiale du commerce (OMC) et l'Organisation de coopération et de développement économiques (OCDE), pour ne nommer que ceux-là. Le développement planétaire signifie que tous les pays du monde sont concernés par ce développement, aussi bien les pays riches du Nord que les pays pauvres du Sud. Ces derniers devront d'ailleurs rattraper leur retard en matière de développement économique pour profiter pleinement de la gestion globale. L'harmonisation globale du développement est une nécessité absolue pour éviter les disparités et les injustices, qui sont des sources de conflits. Les objectifs de l'économie mondialisée seront d'assurer un niveau de vie satisfaisant à l'ensemble des habitants de notre planète en garantissant l'accès à un certain nombre de ressources (naturelles et artificielles) nécessaires au maintien de ce niveau de vie. La première ressource indispensable à la vie est l'eau. Chaque habitant de notre planète devrait pouvoir accéder gratuitement, ou en payant une somme minime, à cette ressource vitale. La deuxième ressource est l'air. Chaque habitant de notre planète devrait pouvoir respirer un air pur et non toxique. Ensuite viennent les ressources alimentaires qui devraient être

équitablement réparties. Chaque habitant de notre planète devrait pouvoir se nourrir convenablement afin de vivre et de travailler dans de bonnes conditions. D'autres ressources, que je qualifierai d'artificielles ou de non naturelles, viennent compléter cette brève liste. Chaque habitant de notre planète devrait, en effet, pouvoir accéder aux services de soins, au logement, à l'éducation, à la culture et à l'information.

2. La mise en place de programmes de développement globaux par des organismes internationaux qui devront représenter toutes les nations de la Terre nécessite-t-elle la création d'une gouvernance mondiale ? On utilise le concept de gouvernance mondiale pour désigner l'ensemble des règles d'organisation des sociétés humaines à l'échelle de la planète. Un indice de gouvernance mondiale (IGM), développé en 2008, définit cinq champs clés à analyser pour déterminer dans quelle mesure un pays donné respecte les principes d'une bonne gouvernance mondiale : la paix, la sécurité, la démocratie, l'État de droit (les droits de l'homme, la participation, le développement durable) et le développement humain.

   J'envisage bien ici l'option d'une gouvernance mondiale, et non pas celle d'un gouvernement mondial, c'est-à-dire un gouvernement créé sur le modèle des gouvernements nationaux actuels, qui centraliserait le pouvoir entre les mains de quelques individus. Ce type d'organisation ne me paraît pas adapté à la gestion d'une planète entière.

   A contrario, une gouvernance mondiale pourrait être une assemblée dans laquelle seraient réunis tous les représentants de toutes les nations et de tous les peuples de la Terre. Les grandes décisions ayant des impacts globaux seraient prises de façon collégiale par cette assemblée représentative.

   Je suis conscient que la mise en place d'une assemblée représentative de cette importance ne serait pas une chose aisée. L'exécution et la concrétisation des projets globaux pourraient être paralysées par l'impossibilité d'aboutir à un accord général du fait de la grande diversité des intérêts et des points de vue. Malgré les inconvénients qu'elle générerait, une assemblée planétaire, qui pourrait regrouper plusieurs centaines de membres, semble être une meilleure option qu'un gouvernement mondial, même si ce dernier était élu de façon démocratique.

Le terrible XXe siècle nous a montré toutes les faiblesses des gouvernements nationaux, ainsi que les dérives vers des dictatures qu'ils pouvaient générer. Étant liés à un parti politique dont ils exécutent les directives, les gouvernements nationaux sont partisans et dirigent les affaires de leur pays en suivant les lignes directrices du parti qui les a portés au pouvoir. Bien souvent, l'intérêt particulier prime sur l'intérêt général. Transposée à une échelle internationale, cette façon de gouverner pourrait être catastrophique et entraîner de graves tensions.

3. La gestion d'une civilisation planétaire nécessite aussi la mondialisation des échanges économiques. Pour répartir équitablement les richesses de notre planète, il faut assurer la mondialisation des échanges économiques (matières premières, nourriture, médicaments, biens de consommation, capitaux), en préservant néanmoins les productions locales originales. La mondialisation des échanges économiques doit respecter les particularismes locaux et n'intervenir que pour assurer une répartition équitable des richesses à l'échelle de la planète. La mondialisation des échanges économiques ne doit pas être un outil au service de la spéculation et de l'enrichissement personnel, mais le moyen de satisfaire une demande croissante à l'échelle de la planète. Cette mondialisation des échanges économiques est déjà bien installée sur notre planète, mais il sera nécessaire de la modifier en profondeur, car elle n'assure pas, dans son état actuel, le bien-être de tous les terriens. Trop préoccupée d'amasser des profits personnels, elle est la source de disparités et d'inégalités intolérables.

4. La gestion d'une civilisation globale nécessite la moralisation des comportements individuels et collectifs. Pour réaliser ses objectifs, une civilisation planétaire devra éradiquer de façon complète et définitive les réseaux de corruption ainsi que le crime organisé (les diverses mafias, par exemple). Elle devra abolir des régimes politiques totalitaires et supprimer toutes les formes de fanatisme, qu'ils soient religieux, politiques, nationalistes ou ethniques. Pour avoir une action efficace, elle devra éliminer toute activité qui pourrait nuire à l'intérêt général de la civilisation. Les guerres, source de misère et de malheurs, ne devront plus être que les très mauvais souvenirs de l'enfance tumultueuse de la civilisation planétaire.
5. Une civilisation planétaire devra se préoccuper de la gestion de l'environnement et des ressources naturelles. Il lui faudra mettre en place une gestion rigoureuse et planifiée – à l'échelle internationale – de l'environnement et des ressources naturelles disponibles. À ce niveau de gestion, le gaspillage et l'utilisation anarchique des ressources naturelles ne seront plus possibles. Pour que l'avenir de la civilisation planétaire soit assuré, les ressources naturelles devront être utilisées pour le développement global et non pas seulement pour enrichir quelques groupes privilégiés. Les ressources de notre planète n'appartiennent pas à des groupes isolés (pays ou compagnies privées), elles sont le bien commun de l'humanité (l'eau, par exemple).
6. Une civilisation planétaire ne peut fonctionner que s'il existe une coopération globale entre tous ses membres et un respect général des valeurs spirituelles. Pour réaliser une telle civilisation, et pour que celle-ci soit viable à long terme, il est nécessaire d'instaurer une coopération sans faille entre tous les membres de ce vaste et complexe édifice. Cette coopération globale suppose le respect de certaines valeurs spirituelles et morales fondamentales ainsi que la volonté commune de bâtir ce que nous appelons une vraie civilisation, c'est-à-dire une civilisation basée sur le dévelop-

pement simultané des dimensions matérielles (biens de consommation, moyens de transport, technologies, villes, infrastructures routières, bâtiments administratifs, moyens de communication, usines, etc.) et surtout immatérielles (dimensions sociales, culturelles, artistiques, morales et spirituelles). Une civilisation planétaire digne de ce nom ne peut survivre dans un espace-temps aussi vaste sans respecter le principe CEHV qui énonce que le développement horizontal d'une civilisation doit s'accompagner simultanément d'un développement vertical.

7. Une civilisation planétaire devra concevoir des programmes spatiaux ambitieux, et même planifier des voyages non habités vers d'autres systèmes stellaires. Une civilisation planétaire de type I est théoriquement capable de visiter toutes les planètes de son système stellaire de référence (pour nous, l'ensemble des planètes du système solaire). Elle possède une bonne connaissance de l'univers extérieur à son système, sans toutefois être parvenue à l'explorer systématiquement avec des vaisseaux habités, car elle ne dispose pas encore de la technologie et de l'énergie nécessaires pour mener à bien des missions lointaines. Elle est néanmoins capable d'envoyer des sondes d'exploration vers d'autres systèmes stellaires.
8. Pour qu'une civilisation planétaire puisse voir le jour, il faut que nous réussissions la transition entre le type 0 et le type I. Si ce passage échoue, nous pouvons envisager la possibilité (dans le pire des cas) d'une régression au type 0 inférieur, c'est-à-dire le retour à une civilisation de type préindustrielle, par exemple. Cette régression pourrait s'accompagner d'un morcellement accru des populations avec un retour à une forme brutale de repli de type nationaliste. Pourrait aussi se mettre en place une lutte entre les populations du globe pour la gestion des ressources naturelles devenues rares. Peut-être allons-nous assister dans les cinquante prochaines années à cet échec du passage d'une civilisation de type 0 au type I, avec comme conséquence un retour à

un stade inférieur de civilisation. En tout cas, il ne fait aucun doute que nous sommes à un moment crucial de l'histoire de la civilisation humaine et que nos décisions à très court terme dans les domaines de l'énergie, de l'économie et de la gestion des ressources naturelles détermineront notre passage (ou notre non-passage) au type I.

Offrir une option de rechange au nouvel ordre mondial (NOM)

En 1940, H. G. Wells, l'écrivain britannique connu pour ses romans de science-fiction, publie *Le nouvel ordre mondial*, où l'on peut lire : « Notre véritable État [...] doit être dès maintenant l'État fédéral mondial [...]. Notre vraie nationalité est le genre humain. » C'est la première fois à notre connaissance que le concept de nouvel ordre mondial est explicitement mentionné dans un écrit. Plus tard, la formule a été reprise par le président George H. W. Bush lors d'un discours prononcé au Congrès des États-Unis le 11 septembre 1990. Aujourd'hui, elle connaît un grand succès et elle est utilisée dans des contextes très divers. Pour les partisans de la théorie selon laquelle il existerait une puissance occulte qui dirigerait le monde pour son seul profit, le nouvel ordre mondial prôné par les élites occidentales modernes ne serait en définitive que le dernier avatar d'un groupe appelé Illuminati qui chercherait depuis des siècles à s'emparer du pouvoir mondial. L'objectif des Illuminati serait d'instaurer une dictature planétaire où la masse asservie des individus servirait les intérêts exclusifs d'une classe dominante. Je ne vais pas discuter ici de la pertinence d'une telle vision du monde, mais je vais simplement souligner le fait que, derrière ce que j'appelle la fable grossière des Illuminati (reprise dans de nombreux romans à succès), se cache peut-être une réalité plus subtile qu'il ne serait peut-être pas inutile d'appréhender avec des outils intellectuels plus sophistiqués que ceux utilisés par les conspirationnistes. Quoi qu'il en soit, il est admis que la première tentative d'instaurer un gouvernement d'envergure mondiale s'est concrétisée durant l'entre-deux-guerres avec la mise en place de la Société des Nations (SDN). Plus tard, peu après la Seconde Guerre mondiale (1945), fut fondée l'Organisation des Nations unies (ONU) dont l'objectif était de mettre en place un dialogue entre les pays afin de prévenir les conflits armés qui prenaient désormais une dimension planétaire. Son organe exécutif est le Conseil de sécurité des Nations unies qui dispose du pouvoir de mener sur le terrain des missions concrètes pour maintenir la paix dans le monde. Cependant, l'ONU se défend d'être un gouvernement mondial et n'a pas le pouvoir de légiférer à ce niveau. Alors, qu'en est-il de ce fameux nouvel ordre mondial qui est le thème de prédilection des conspirationnistes ? À ce jour, il n'existe aucune organisation officielle internationale qui soit en mesure de gérer l'ensemble des affaires du monde. Cette idée n'en est pour le moment, et dans le meilleur des cas, qu'à l'état de projet. Avant qu'elle se concrétise et qu'elle obtienne des résultats objectifs, il faudra résoudre deux énormes problèmes : 1. convaincre les nations de s'unir autour d'un projet mondial commun en abandonnant immédiatement les motifs de querelles qui les opposent ; 2) maîtriser avec les moyens techniques dont nous disposons aujourd'hui les menaces écologiques, nucléaires, économiques, financières, sociales, politiques et militaires qui pèsent sur le monde. Le seul énoncé de ces deux problèmes donne une idée de l'immense tâche qu'il reste à accomplir.

Ce que je souhaite, en tout cas, c'est que la civilisation planétaire qui va s'étendre non seulement sur toute la surface de notre globe, mais aussi jusqu'aux confins de notre système solaire ne ressemblera pas au nouvel ordre mondial que veulent nous imposer les hommes politiques et les financiers en ce début de XXIe siècle. C'est une évidence : les politiques et les financiers responsables de la crise systémique actuelle qui ruine l'économie réelle n'ont pas comme objectif prioritaire le bien de l'humanité. Ils veulent seulement accroître leur pouvoir personnel et leurs richesses matérielles sans se soucier des conséquences que cela entraîne pour le reste de leurs congénères.

Les tristes résultats de leurs actions et de leurs méfaits s'étalent chaque jour dans les médias : crises financières à répétition, accroissement illimité de la dette publique, extension du chômage, de la pauvreté et des inégalités, guerres endémiques, fabrication d'armes de destruction toujours plus sophistiquées, pillage des ressources naturelles, asservissement et abrutissement des peuples par le dictat d'une consommation irrationnelle. Devant le constat de cette terrible dégradation de nos modes de vie et de notre environnement, il devient urgent que nous réfléchissions à un autre type de globalisation et à une autre manière de concevoir la mondialisation.

Tout indique que l'humanité est entrée dans une nouvelle phase de son évolution. Le nouvel ordre mondial, ou NOM, que nous voyons se construire sous nos yeux n'est qu'une vulgaire caricature de la vraie globalisation que je propose dans ce livre, et à laquelle nous aspirons tous.

Les protagonistes de la mondialisation actuelle croient pouvoir se passer de la dimension spirituelle de l'être humain. Cette façon de penser est une grossière erreur. Ce défaut d'ancrage dans une dimension verticale et spirituelle conduira cette mondialisation insensée à un échec certain. Il faut bien comprendre que rien de durable, de beau, de bon et de bien ne peut se construire sur cette Terre sans le rattachement à une source spirituelle vivificatrice et bienfaitrice. C'est une loi implacable.

Certes, nous avons les moyens et les outils nécessaires pour atteindre le stade de civilisation planétaire de type I, mais nous pouvons aussi échouer dans notre entreprise. Tout dépendra de notre capacité à nous unir pour surmonter ensemble toutes les difficultés qui se présenteront devant nous, et tout dépendra surtout de notre capacité à renouer avec notre dimension spirituelle intérieure, c'est-à-dire de retrouver au plus profond de nous notre essence éternelle. Cette essence éternelle, c'est notre conscience, notre bien le plus précieux, qui est au centre de tout être humain.

Le Projet humain global et le principe CEHV

Je fais partie de ceux qui croient que la vie humaine a un sens. Je pense que nos vies sont orientées vers un but. Notre bref passage sur cette Terre doit nous fournir l'occasion de faire fructifier l'énorme potentiel spirituel qui est en nous. Nous sommes ici-bas pour remplir une sorte de mission dont les objectifs sont à la fois individuels et collectifs. En ce qui concerne les objectifs collectifs, ils sont étroitement liés à la réalisation du Projet humain global.

Ce que j'appelle le Projet humain global (PHG) est la prise de conscience de l'existence d'un but, associée à la volonté d'y parvenir. Le PHG est donc à la fois une prise de conscience individuelle (prise de conscience de l'objectif à atteindre) et collective (mise en œuvre des moyens adéquats pour atteindre ce but). Le PHG est une mise en mouvement de l'individu et de la société vers l'atteinte d'un but conscient. La réalisation sur notre planète d'une civilisation planétaire de type I n'est qu'une étape du PHG, qui va bien au-delà des objectifs actuels de notre civilisation.

Cet extraordinaire projet humain s'organise autour de deux axes : un axe vertical spirituel, et un axe horizontal qui correspond à notre univers spatio-temporel où se manifestent l'énergie et la matière. En ce sens, le PHG est exactement l'application du principe CEHV, ou principe de corrélation entre science et spiritualité (CEHV : corrélation entre expansion horizontale et verticale). Nous pouvons dire que le PHG est le principe CEHV en action, la réalisation concrète de ce principe.

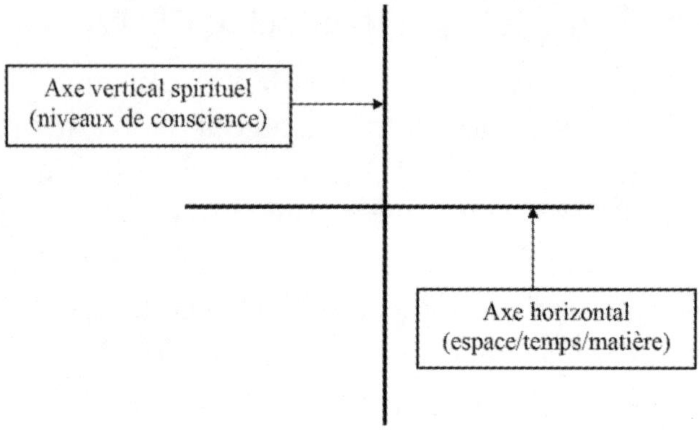

Ci-dessus : Le Projet humain global s'organise autour de deux axes : un axe vertical spirituel (niveaux de conscience) et un axe horizontal (espace, temps, énergie, matière). En ce sens, le PHG est exactement l'application pratique (en mouvement) du principe CEHV, ou principe de corrélation entre l'expansion horizontale et verticale. Le centre de l'être humain se situe à l'intersection des deux axes.

Pour éviter tout malentendu, une précision préalable s'impose : le principe CEHV n'est qu'une simple hypothèse de travail. Il relève encore à ce jour du domaine de la spéculation philosophique. Ce principe n'est pas démontré scientifiquement. Bien que reposant, en partie, sur des intuitions et sur un ensemble de propositions abstraites, il trouve néanmoins dans la réalité des éléments qui légitiment son existence.

- **Ce principe est une loi de corrélation**
  Le principe CEHV énonce une sorte de loi (qui se voudrait universelle) selon laquelle toute expansion durable d'une civilisation dans l'espace et dans le temps doit nécessairement s'accompagner d'une élévation spirituelle correspondante, sous peine de s'effondrer et de disparaître. En d'autres termes, une civilisation dont les ambitions seraient de s'étendre dans un espace de plus en plus vaste (expansionnisme) et de prolonger sa durée de vie sur des centaines, des milliers et peut-être même des millions d'années devrait nécessairement atteindre des niveaux de conscience en rapport avec ses ambitions. Formulé ainsi, le principe

paraît simple. En fait, il s'enracine dans une argumentation qui touche des domaines de recherche très éloignés les uns des autres (spiritualité, psychologie, astrophysique, exobiologie, ufologie, histoire des civilisations, sociologie). Démontrer seulement la possibilité de l'existence d'un tel principe s'avère, en définitive, une entreprise très complexe.

- **Une vaste perspective à l'échelle des galaxies**
  Ce que nous pouvons d'ores et déjà retenir, c'est que le principe CEHV représente avant tout une vision que je pourrais qualifier d'optimiste et de positive de l'expansion de la vie et de la conscience dans l'Univers. Cette vision suppose l'existence de grandes civilisations extraterrestres qui pourraient occuper des aires aussi vastes qu'une galaxie (voire d'amas galactiques) et qui pourraient être âgées de plusieurs millions – et même de plusieurs milliards – d'années. Officiellement, il n'existe aucune preuve physique de l'existence de telles civilisations. Nous précisons « officiellement », car nous disposons heureusement d'autres sources (*cf.* le volumineux dossier des ovnis) qui laissent entrevoir la possibilité de la présence d'une ou de plusieurs civilisations extraterrestres dans notre système solaire.
- **L'univers spirituel est aussi réel que l'univers physique**
  D'un point de vue philosophique, le principe CEHV tente d'unir science et spiritualité, technologie moderne et sagesse ancestrale. C'est une base de départ pour établir des liens entre ces deux domaines de la connaissance qui ont toujours été opposés jusqu'à présent. La science moderne entre dans une nouvelle phase de son développement. En repoussant sans cesse les limites de la connaissance, elle semble rejoindre – dans ses ultimes avancées et sur certains points – les enseignements spirituels les plus anciens. Le lien entre science et spiritualité n'est pas artificiel. En effet, l'un des fondements du principe CEHV est que la réalisation spirituelle des individus ainsi que les multiples degrés de conscience auxquels ils peuvent accéder sont aussi réels que les

découvertes scientifiques et les réalisations technologiques les plus récentes. Comme l'univers physique, celui de l'esprit est immense et mystérieux.

- **Le principe CEHV s'applique à toutes les civilisations terrestres**

  Le présupposé est le suivant : le principe CEHV est valable pour toutes les civilisations de l'Univers. En conséquence, il s'applique sans restriction aux civilisations terrestres. Pour bien comprendre l'importance du principe CEHV, il est nécessaire de se pencher sur l'évolution des civilisations qui sont apparues successivement sur notre planète.

  Rappelons que dans la typologie dont nous nous servons pour classer les civilisations, celles qui sont apparues au fil des siècles sur la Terre représentent le type 0 (civilisations protoplanétaires). Comme pour les autres types de notre classification, nous pouvons démontrer qu'il existe un principe de corrélation entre ce que j'appelle l'expansion horizontale (espace, temps) d'une civilisation et son élévation verticale (religion, spiritualité, morale) au sein de toutes les civilisations qui ont vu le jour sur notre globe (civilisations de type 0).

- **L'Égypte ancienne et le principe CEHV**

  J'ai choisi l'exemple de l'ancienne civilisation égyptienne pour tenter de vérifier l'exactitude de ce principe. L'histoire de l'Égypte ancienne s'étend sur près de trois millénaires, ce qui représente pour les historiens modernes un vrai record de longévité. De 3150 av. J.-C. (époque thinite, ou archaïque) jusqu'à la conquête d'Alexandre le Grand, en 332 av. J.-C., la terre d'Égypte a connu une succession de dynasties royales dominées par un pharaon (personnage dont l'essence est double : humaine et divine). Malgré des convulsions, de nombreux bouleversements, des invasions diverses, une révolution politique vers l'an 2200 av. J.-C. qui renversa l'Ancien Empire de Memphis – c'est-à-dire l'Égypte des pyramides – et plusieurs révolutions religieuses dont celles

de Khéops et d'Akhenaton, le régime théocratique de gouvernement ne changera jamais. À cet égard, la comparaison n'est possible qu'avec les civilisations chinoise, japonaise, mexicaine et péruvienne. À partir du pharaon Ménès, c'est une monarchie d'essence théocratique qui coiffe au sommet la structure pyramidale de la société égyptienne. Cette théocratie va aussi instaurer un rythme de vie ancré dans le sacré qui régulera les événements pendant près de 30 siècles.
Selon moi, le secret de la durée de vie exceptionnelle de la civilisation égyptienne ne doit pas être recherché dans la stabilité de ses institutions politiques, administratives ou militaires, ni dans la rigidité de son système social, mais plutôt dans son extraordinaire vitalité spirituelle. C'est ce que j'appelle la force dynamique d'évolution (le souffle spirituel et vital), l'énergie intérieure propre à la civilisation égyptienne, qui est la source de sa longévité.

- **Les pyramides ne sont-elles que des tombeaux?**

Les pyramides de l'ancienne Égypte, qui sont aujourd'hui considérées comme n'étant que des tombes royales, sont de gigantesques constructions de base carrée (horizontalité) à quatre faces triangulaires se rejoignant à leur sommet (verticalité). Véritables maisons d'éternité, ces édifices occupaient une place centrale dans l'activité religieuse et spirituelle de l'ancienne Égypte. Selon l'interprétation courante qu'en donnent les archéologues, ces monuments mystérieux furent construits pour assurer aux pharaons une vie éternelle après leur mort. Ils devaient aussi protéger des pillards le corps du roi et les biens qu'il emportait dans l'au-delà. Mais les pyramides avaient sans aucun doute d'autres fonctions, et je reprends à mon compte la remarque de Chateaubriand à propos de Khéops: «Je sais que la philosophie peut gémir ou sourire en songeant que le plus grand monument sorti de la main des hommes soit un tombeau; mais pourquoi ne voir dans la pyramide de Khéops qu'un amas de pierres et un squelette ? » Le grand écrivain romantique ne croyait pas si bien dire.

Personnellement, je suis persuadé que la grande pyramide remplissait d'autres fonctions que celle d'une tombe. Je crois notamment qu'elle jouait un rôle central dans l'initiation sacerdotale. Sa configuration géométrique et ses propriétés énergétiques faisaient d'elle un lieu spécial où se déroulait cette initiation. En dehors de ces considérations spécifiques, les grandes pyramides d'Égypte sont, pour moi, le signe visible – et je dirais même le symbole – d'une réelle stabilité spirituelle qui sut affronter l'épreuve du temps. Leur édification suppose aussi une extraordinaire organisation matérielle de la société tout entière. Nous retrouvons, ici, les deux termes de l'équation du principe CEHV : stabilité spirituelle (verticalité) et organisation matérielle (horizontalité).

- **La pyramide : un vaisseau pour l'au-delà**
  Plus de 3000 objets précieux ont été placés dans la tombe de Toutankhamon pour l'aider à vivre dans son existence future, et sur les murs de la chambre funéraire ont été peintes des scènes représentant son voyage vers l'au-delà. Cette chambre contenait quatre châsses dorées à l'intérieur desquelles se trouvait un sarcophage en quartzite rouge contenant trois cercueils emboîtés les uns dans les autres. La momie de Toutankhamon reposait dans le dernier cercueil en or massif qui pesait environ 110 kilos. Son corps était enveloppé dans du lin, et sur son visage était posé un fascinant masque en or. Installé dans son extraordinaire tombeau comme un cosmonaute dans son vaisseau spatial, le pharaon (homme-dieu) était prêt pour le grand voyage vers les rivages infinis de l'au-delà. Ce rapprochement n'est pas fortuit. Le secret de la longévité exceptionnelle de la civilisation égyptienne est aussi à rechercher dans la place centrale qu'elle donnait aux rapports entre l'homme et l'au-delà. Le devenir spirituel de l'être humain vers d'autres plans de la réalité était pour elle

une préoccupation constante, et le lien permanent avec tous ces plans, un gage de stabilité et de permanence.

- **La civilisation égyptienne comme modèle**
La civilisation égyptienne était une théocratie profondément enracinée dans le domaine sacré et religieux, c'est-à-dire dans les dimensions spirituelles de l'Univers et de l'être humain. C'est en grande partie parce que l'Égypte ancienne était une civilisation qui incarnait des valeurs spirituelles authentiques qu'elle a pu affronter avec succès toutes les vicissitudes qui affectent le développement et l'essor d'une civilisation.
Ces considérations nous permettent d'établir une corrélation entre l'expansion horizontale, dans le temps (près de trois millénaires), et l'élévation verticale spirituelle (théocratie, valeurs spirituelles et morales, rapports étroits avec l'au-delà, initiations) pour expliquer la pérennité de cette civilisation. Avec l'Égypte ancienne, nous sommes donc en mesure de mieux cerner les fondements du principe CEHV. Alors, pourquoi ne pas transposer cet exemple terrestre aux autres civilisations qui peuplent notre galaxie ? S'il existe une science qui étudie l'évolution des civilisations, le principe CEHV ne pourrait-il pas être une règle qui s'appliquerait indifféremment à toutes les civilisations qui naissent, croissent et meurent dans l'Univers ?
- **Deux exemples à éviter au XXe siècle**
A contrario, l'histoire contemporaine offre de nombreux exemples de systèmes politiques (nous ne pouvons même pas parler de civilisations à leur propos) qui, dépourvus de dimension verticale authentique, n'ont eu que des durées de vie relativement courtes (quelques dizaines d'années au maximum). Le Reich nazi (qu'Hitler pensait bâtir pour au moins 1000 ans) et la Russie communiste sont, à cet égard, deux exemples significatifs du caractère éphémère de tout système politique caricaturant ou niant les dimensions spirituelles de l'être humain. De ce point de vue, si l'Égypte antique est un bel exemple qui peut nous fournir des

indications précieuses sur la façon de gérer une civilisation à long terme, le nazisme et le communisme (ainsi que toute autre forme de totalitarisme) représentent, au contraire, une sorte d'illustration de ce qu'il faut à tout prix éviter si nous ne voulons pas disparaître prématurément.

Nous ne pouvons pas revenir en arrière

Ce dont nous devons bien prendre conscience, c'est que l'humanité ne peut plus revenir en arrière. Nous ne pouvons pas repasser par une phase antérieure de notre évolution. Penser que nous pouvons vivre à nouveau comme nos ancêtres, ou même revenir seulement à une civilisation préindustrielle, est une idée fausse et même dangereuse d'un certain point de vue. Si nous reculons, nous régressons ; et si nous régressons, nous nous écroulons. L'humanité progresse le long d'une courbe évolutive ascendante. Sur cette courbe se présente un certain nombre de seuils que nous devons franchir pour avancer. C'est le principe de l'initiation appliqué à l'humanité tout entière. Ces seuils évolutifs successifs représentent des stades ou des degrés sur l'échelle évolutive humaine globale. L'échelle dans sa totalité représente l'alpha et l'oméga. Vue dans sa globalité, elle montre un début et une fin. Le début, c'est la source ; et la fin, c'est le but. Si nous la considérons sous un autre angle, l'échelle va de la matière vers l'esprit, et de l'histoire vers la fin ou la réalisation totale de l'histoire.

Dans ce contexte, le but de l'évolution humaine est d'accroître la spiritualité sur les plans individuel et collectif. Nous sommes justement en train de franchir un tel seuil évolutif avec tout ce que cela implique comme mutations et enfantements douloureux. Ce n'est pas seulement quelques hommes qui franchiront le seuil, mais bien l'humanité tout entière. Pour employer une image, nous sommes un peu dans la situation d'une personne qui s'engage sur un terrain instable et marécageux. Si elle veut franchir l'obstacle, elle doit avancer coûte que coûte. Si elle s'arrête en chemin, elle coule. Si elle tente de revenir en arrière, elle va s'apercevoir que ses pas ont été engloutis dans la vase. Donc, impossible de reculer. Pour elle, la seule solution est d'avancer droit devant et de franchir l'obstacle. Nous reviendrons plus loin sur ce concept de Projet humain global, car c'est le moteur essentiel de toute notre action présente et future.

Civilisation planétaire et civilisation extraterrestre

Un autre point important dont il faudra tenir compte dans la création de la future civilisation planétaire concerne la présence dans notre environnement immédiat, c'est-à-dire dans tout le système solaire, d'une ou même de plusieurs civilisations extraterrestres.

Pour moi, c'est un fait acquis et irréfutable : il existe une présence étrangère dans notre système solaire. Le volumineux et solide dossier des ovnis le prouve sans le moindre doute possible. Ce point est d'une importance extrême, car cette présence étrangère ne semble pas hostile à l'humanité. Si elle avait voulu nous détruire ou nous asservir, il semble logique de penser qu'elle l'aurait déjà fait depuis longtemps. Or, nous sommes toujours là. Notre civilisation ne cesse de s'étendre, et notre population va bientôt atteindre les 8 milliards d'êtres humains. Aucune menace extérieure ne semble vouloir anéantir cette prospérité. Si cette intelligence n'est pas agressive envers nous, il est donc tout à fait possible d'imaginer qu'elle puisse, au contraire, nous aider à fonder notre propre civilisation planétaire de type I. Elle pourrait, au minimum, nous empêcher de commettre l'irréparable, c'est-à-dire d'être les artisans de notre propre destruction.

Quoi qu'il en soit, la réalité de cette présence étrangère doit être intégrée par les humains. Il faut que l'humanité dans son ensemble prenne conscience qu'il existe d'autres civilisations évoluées dans l'Univers, qui visitent la Terre. La présence extraterrestre n'est plus à démontrer, c'est une évidence. Cependant, cette présence n'est pas reconnue officiellement, et les autorités ne jouent pas la transparence dans le dossier ovnis.

Je crois que la question que nous devrions nous poser est celle de savoir quels sont les intentions et les buts de cette présence extra-terrestre. Bien que cette intelligence étrangère ne semble pas manifester d'intentions belliqueuses à notre égard, ses réelles motivations n'en restent pas moins obscures pour nous. Plusieurs théories ont été formulées sur ce sujet, qui vont de son indifférence la plus totale envers nous (aurions-nous envie de dialoguer avec des insectes ou des poulpes, par exemple ?) jusqu'à sa participation active dans le processus d'émergence et de contrôle des multiples civilisations apparues sur Terre (la théorie des anciens astronautes initiateurs des civilisations de type 0).

Pour le moment, il semble difficile de trancher en faveur d'une hypothèse quelconque. La vérité se situe sans doute entre l'indifférence totale et le contrôle actif. Ce qui est en tout cas certain, c'est que nous sommes désormais dans l'obligation de tenir compte de cette présence étrangère, et il serait sans doute beaucoup plus judicieux de s'en faire une alliée plutôt qu'une ennemie. Il n'est pas impossible non plus que ce soit cette intelligence qui détienne la clé qui faciliterait notre accès à une civilisation de type I, et plus tard de type II. C'est peut-être elle qui est chargée de nous ouvrir les portes du vaste réseau qui lie entre elles toutes les civilisations évoluées de notre galaxie. Alors, de notre côté, ouvrons nos esprits et ne restons pas indifférents à ce qui se passe autour de nous, à la fois sur la Terre et dans le ciel.

Internet et civilisation

Internet, ou l'abolition de l'espace et du temps

Aujourd'hui, Internet connecte entre eux plus d'un milliard d'internautes. Ce nombre ne cesse de croître chaque jour. C'est une évidence de dire que le réseau des réseaux influence nos façons de communiquer, de travailler, d'apprendre, de bâtir des projets et même de penser. Si l'on met de côté sa face obscure, il paraît évident qu'Internet est en train de créer une nouvelle forme de convivialité à l'échelle planétaire. Certes, Internet ne va pas résoudre tous nos problèmes (et ils sont nombreux!), mais il permet – et il le permettra sans doute davantage dans l'avenir – de mieux communiquer ensemble, c'est-à-dire d'échanger des informations et des connaissances avec tous les humains. C'est une vraie révolution que nous sommes en train de vivre. Je crois qu'Internet peut créer les conditions d'une société de partage, grâce à une mise en commun du savoir et à une mutualisation des ressources disponibles, qu'elles soient intellectuelles, créatives, informationnelles, techniques ou éthiques. Internet apparaît aussi comme un formidable outil pour échapper à une gouvernance mondiale qui serait tentée par le totalitarisme, comme cela est le cas en Chine où Internet est sous contrôle. L'appareil de contrôle chinois d'Internet est considéré comme plus étendu et plus avancé que dans n'importe quel autre pays du monde. Les autorités gouvernementales ne bloquent pas uniquement le contenu de certains sites, elles sont capables de surveiller l'accès à Internet de chaque personne (*Wikipédia*). Cet extraordinaire outil de communication représente donc un contre-pouvoir capable de contrebalancer les dérives d'un capitalisme parvenu à un stade avancé d'autodestruction ou celles d'un communisme totalitaire qui sacrifie les libertés individuelles fondamentales sur l'autel du collectivisme. C'est une option de rechange possible dans la façon de partager le pouvoir et de gérer les prises de décision. Le pouvoir pyramidal vertical est en train de laisser la place à un pouvoir horizontal et transversal où l'individu devient un acteur qui s'implique et se responsabilise.

Oui, nous entrons dans la galaxie Internet!

J'emploie cette expression en référence à l'ouvrage d'Herbert Marshall McLuhan intitulé *La galaxie Gutenberg: la genèse de l'homme typographique* (1962). Pour ce théoricien de la communication, la galaxie Gutenberg est la civilisation de l'imprimé (du livre et du journal) qui a succédé à un stade plus primitif où la communication s'effectuait sans écriture, c'est-à-dire oralement. Le troisième stade est l'ère de la radio et de l'audiovisuel, ou galaxie Marconi, et le quatrième stade est celui de la communication numérique, ou galaxie Internet.

L'innovation technologique sans précédent créée par Internet réside dans le fait qu'un individu X se trouvant à Paris, par exemple, peut échanger des informations (textes, images, sons) avec un individu Y habitant Wellington (capitale de la Nouvelle-Zélande située presque aux antipodes de Paris), et cela de façon instantanée. Premier constat: avec Internet, l'espace et le temps sont abolis. Pour la première fois depuis que l'homme existe sur cette planète, tous les individus et tous les groupes humains peuvent théoriquement communiquer entre eux sur l'ensemble du globe. Je dis bien théoriquement, car il existe encore de nombreux endroits sur Terre où les hommes n'ont pas encore accès à Internet. L'un des grands défis des prochaines décennies sera justement de permettre à tout être humain de communiquer avec tous ses semblables. Tous reliés à tous, tous unis dans l'échange avec la conscience d'être membres d'un seul et même groupe qui s'appelle l'humanité, voilà la possibilité que nous offre ce formidable outil qu'est Internet.

L'entrée dans une nouvelle ère de la communication

C'est aujourd'hui une évidence de le dire : nous sommes entrés dans l'ère numérique. Nous sommes entrés dans l'ère d'Internet et des ordinateurs reliés entre eux, dans l'ère des réseaux.

La question qui se pose est celle-ci : pouvons-nous encore faire marche arrière ? Avons-nous la volonté ou le pouvoir de débrancher Internet ? Internet incarne-t-il le bien ou le mal ? Certains diront que c'est de la folie, et qu'Internet est le dernier monstre créé par une technologie insensée qui ne sait plus où elle va. D'autres, au contraire, défendront le point de vue selon lequel nous sommes à l'aube d'une nouvelle révolution dans la façon dont les humains vont communiquer entre eux dans l'avenir. Je fais partie de cette dernière catégorie. Je pense qu'Internet représente un outil majeur dans la façon dont nous allons désormais nous relier les uns aux autres. Le réseau Internet mondial (la Toile, le Web sont des applications d'Internet) n'est ni bon ni mauvais : il n'est que le reflet de ce que nous sommes. Il est le reflet de notre propre univers intérieur. Son contenu n'est que le contenu de l'esprit humain, et il n'appartient qu'à nous de faire bon usage de cet outil aux potentialités immenses. L'aventure d'Internet et de ses applications ne fait que commencer. Son futur est sans aucun doute inimaginable.

Le passage vers le type I

L'étude approfondie du modèle de classification des civilisations que j'ai proposé plus haut m'a tout naturellement amené à la conclusion que nous sommes entrés dans une nouvelle phase de notre évolution, non seulement d'un point de vue scientifique et technique, mais aussi d'une façon beaucoup plus large et profonde en tant qu'espèce humaine. Nous sommes entrés, depuis la fin du millénaire précédent, dans un processus qui doit nous mener vers une civilisation planétaire globale de type I.

Jusqu'à présent, notre planète n'a porté à sa surface que des civilisations protoplanétaires de type 0. Si nous sommes attentifs à ce qui se passe autour de nous, nous sommes obligés de constater que nous sommes en train de vivre une sorte de mutation à l'échelle de la planète qui nous fait passer du stade des civilisations morcelées dans l'espace et dans le temps à une civilisation unifiée sur une aire aussi vaste que la Terre et sur une période de temps que nous sommes encore incapables de mesurer (peut-être des milliers d'années).

Pour la première fois de son histoire, l'espèce humaine va connaître (si tout va bien !) une civilisation planétaire globale où tous les hommes seront citoyens de la Terre et non plus seulement citoyens de tel ou tel pays particulier, ou habitants de telle ou telle région. Cela n'est pas un rêve, mais une réalité concrète qui prend forme chaque jour davantage. L'espèce humaine amorce un processus d'unification qui doit aussi conduire, à terme, à une pacification dans les rapports internationaux. Unification et pacification sont les principales caractéristiques d'une vraie civilisation planétaire de type I.

Globalisation, mondialisation et mondialisme

Une civilisation planétaire globale de type I est une réalité très différente de ce que nous appelons aujourd'hui la mondialisation. Rappelons que le terme de mondialisation apparaît au début des années 1980 dans le cadre de travaux économiques et géopolitiques. Il désigne alors l'accroissement du volume des échanges commerciaux de biens, de services, de main-d'œuvre, de technologies et de capitaux à l'échelle du monde. Il dérive du verbe « mondialiser » qui s'applique initialement au mouvement d'extension des marchés des produits industriels à l'échelle des blocs géopolitiques de la guerre froide. Le concept de mondialisation est surtout lié dans l'esprit de beaucoup de gens à la sphère économique et financière. En ce sens, il est proche de l'affairisme et de la spéculation incontrôlée. D'ailleurs, on parle souvent des effets néfastes de la mondialisation en rapport avec les crises financières successives qui ont ébranlé, depuis 2008, l'économie mondiale et entraîné d'importants drames sociaux dans de nombreux pays. Nous pensons que cette forme dévoyée de mondialisation n'incarne pas le processus qui permettra à l'humanité d'évoluer vers une civilisation authentiquement globale.

Pour le spécialiste de géographie économique Laurent Carroué, la mondialisation peut se définir comme le processus historique d'extension du système capitaliste à l'ensemble de l'espace géographique mondial. Mais Carroué établit une différence importante entre le concept de globalisation et celui de mondialisation. Pour lui, la mondialisation se définit presque exclusivement par l'expansion incontrôlée (sauvage et dérégulée) du capitalisme, alors que la globalisation désigne un ensemble de phénomènes qui s'exercent à l'échelle globale et qui nécessitent une gestion globale.

Le capitalisme prospère dans un monde sans règles livré à lui-même, alors que la globalisation suppose, au contraire, un consensus autour de projets à l'échelle planétaire, ainsi qu'une vision des affaires du monde à long terme (prévision, régulation, encadrement). La genèse du concept de mondialisation explique que ce processus d'expansion de l'activité humaine soit le plus souvent envisagé sous le seul aspect de la mondialisation économique et du développement des échanges de biens et de services. Cette vision a été accentuée depuis la fin des années 1980 par la création de marchés financiers à l'échelle mondiale. Bien qu'au XXIe siècle le concept de mondialisation ne soit plus seulement appliqué à la sphère économique et financière, il reste néanmoins lié dans l'esprit de beaucoup de gens à ces domaines spécifiques de l'activité humaine. C'est pour cette raison que nous préférons le concept de globalisation à celui de mondialisation, car il intègre tous les domaines de l'activité humaine : politique, scientifique, culturel, social, moral et spirituel, en plus des domaines économique et financier. La globalisation est donc un processus beaucoup plus vaste et profond que la mondialisation. Celui-ci n'intègre pas seulement les dimensions horizontales de l'activité humaine, mais aussi les dimensions verticales (application du principe CEHV).

Si la mondialisation est un processus qui se traduit dans les faits et dans l'activité réelle de l'homme (économie, commerce, finance, tourisme, etc.), le mondialisme est, au contraire, une idéologie et une conception abstraite de ce que devrait être un monde normalisé, ordonné et contrôlé. Le mondialisme affirme le caractère inéluctable de la mondialisation et son incompatibilité avec la structure de l'État-nation. Le mondialisme rêve de créer un ordre mondial (un nouvel ordre mondial) en instaurant un gouvernement mondial. Le mondialisme est une idéologie qui se rencontre aussi bien dans les rangs des néolibéraux que dans ceux des partis d'extrême gauche, et même dans des courants religieux fondamentalistes (suprématie mondiale d'une religion). Il tend à vouloir instaurer une uniformisation des modes de vie et des cultures. Le mondialisme est au service de toutes les idéologies et représente d'une certaine façon le projet d'un monde dirigé par une seule idéologie. En ce sens, le mondialisme est l'opposé de la globalisation qui ne cherche à imposer aucune idéologie.

Changement de paradigme

Certes, je suis conscient que le processus d'unification vers une civilisation globale de type I sera loin de s'effectuer dans la douceur et la tranquillité générale. Au contraire, comme toute mutation profonde, ce formidable processus se déroulera dans la douleur et les tourments. C'est d'ailleurs ce que nous pouvons déjà constater lorsque nous consultons l'actualité internationale, et ce ne sont encore que des prémices. Cependant, loin d'être surprenant, cet état de fait s'explique aisément. Les formidables ajustements qui vont avoir lieu dans un avenir proche (dans moins de dix ans, peut-être) vont entraîner une remise en cause radicale de certains comportements individuels et collectifs. De même, de nombreux modes de pensée actuels deviendront obsolètes. Il faut s'attendre à ce que nos paradigmes changent et que nos schémas mentaux soient bouleversés.

Bref, il va falloir faire de gros efforts d'adaptation si nous voulons survivre.

Internet : accélérateur d'évolution des civilisations

Ce vaste processus de globalisation à l'échelle de la planète qui devrait nous conduire vers une civilisation de type I repose sur de nombreux outils. Internet représente l'un d'eux. Grâce à Internet, nous pouvons communiquer d'un bout à l'autre de la Terre avec qui nous voulons. De ce point de vue, Internet offre un incomparable espace de liberté. C'est une possibilité sans précédent qui s'offre à nous de pouvoir entrer en contact avec tous les terriens (à condition, bien sûr, que chacun d'eux possède un ordinateur relié au réseau mondial). Internet est un moyen unique qui devrait nous permettre de communiquer avec tout le monde en toute liberté (du moins en théorie).

Cependant, je ne suis pas naïf. J'ai conscience que ce rêve de communication libre et globale n'est pas encore une réalité concrète. C'est aussi une triste évidence : Internet, actuellement, abrite de vastes zones d'ombre directement liées aux zones d'ombre de l'esprit humain. Internet est, en effet, le lieu de tous les trafics malsains et de toutes les dérives mafieuses qui gangrènent notre civilisation. De ce point de vue, il n'est que le reflet, dans un monde virtuel, de notre réalité intérieure. Internet est le miroir de notre âme, en quelque sorte. Ce que nous y trouvons existe déjà en nous, c'est-à-dire le meilleur comme le pire, ni moins ni plus. Je sais qu'il faudra sans doute encore beaucoup de temps pour que l'immense rêve de globalisation – et non pas de mondialisation – se réalise. En attendant, rien n'empêche de travailler et d'œuvrer, chacun à son niveau, dans ce sens. Le but à atteindre n'est pas inaccessible, mais il faudra du temps et de la pugnacité pour y parvenir.

La connaissance, pour tous, partout et tout le temps

Je suis convaincu que la connaissance, c'est comme l'air que l'on respire et l'eau que l'on boit : c'est une ressource indispensable qui doit être une richesse commune. La connaissance devrait être gratuite. Nous en avons besoin pour vivre et même pour survivre. Pour moi, la connaissance n'appartient à personne. Elle est le bien commun de l'humanité. C'est justement ce qui fait aussi notre humanité (le fait d'être un homme). Alors, la connaissance devrait être partagée entre tous les hommes.

Le peu que je sais, les modestes connaissances acquises tout au long de ma vie, j'ai envie de les partager avec d'autres. Réciproquement, grâce à Internet, je souhaite aussi accéder aux connaissances acquises par les autres. Cette réciprocité doit toujours fonctionner de façon libre, gratuite et désintéressée. Communication, dialogue, échange, liberté, connaissance, partage, désintéressement, gratuité, relation, réciprocité, respect sont les mots clés qui ont motivé ma démarche lorsque j'ai créé mon site Internet (www.lesconfins.com). Certains trouveront sans doute que c'est une ambition prétentieuse (ou puérile), une sorte de rêve naïf déconnecté de la réalité. Peut-être, mais je revendique cette prétention sans hésiter, car je crois qu'il y a des ambitions qui valent la peine d'être défendues, même au risque de paraître ridicule. Si nous ne faisons pas le pari d'Internet aujourd'hui, nous n'avons aucune chance d'accéder à une civilisation globale de type I.

L'idée de base d'Internet est simple : communiquer partout avec tout le monde, tout de suite, tout le temps. Cette idée a donné naissance à un nouveau paradigme : tous reliés et tous liés dans un même projet d'évolution de l'humanité.

Une vie et une humanité meilleures ?

Souvent, cette pensée me traverse l'esprit : à quoi cela sert-il de vivre si l'on ne croit pas que l'humanité puisse être meilleure ? À quoi cela sert-il de vivre si l'on ne croit pas pouvoir changer les choses, améliorer nos vies? Notre devoir n'est-il pas de tout faire pour que le monde aille mieux? Certes, nous savons aussi, comme dit le proverbe, que l'enfer est pavé de bonnes intentions. Cela est profondément vrai. C'est pour cette raison qu'il faut rester humbles et modestes dans nos entreprises. Il faut aussi se pénétrer de cette autre pensée: ce n'est pas moi, pauvre petit individu, qui vais changer le monde. Aucune personne isolée ne pourra jamais le faire. Changer le monde, c'est l'affaire de tous les hommes. Mais pour que tous les humains soient impliqués dans ce changement, il est impératif qu'ils puissent communiquer entre eux. Aujourd'hui, Internet est un moyen de réaliser cette communication globale entre tous les hommes. Internet est donc aussi un outil qui peut nous permettre de changer le monde.

Internet et civilisation extraterrestre

Une des questions passionnantes que soulève l'existence d'Internet est celle de savoir si le réseau des réseaux ne pourrait pas être infiltré par une ou plusieurs intelligences extraterrestres. Cette question peut paraître saugrenue à première vue, mais si nous admettons un certain nombre de présupposés, elle devient tout à fait légitime.

Pour faire simple, nous admettrons comme possibles, et même comme hautement probables, les quatre présupposés suivants:

1. Les extraterrestres existent. Ils sont présents dans notre système solaire depuis plusieurs dizaines d'années au moins, et peut-être même depuis plusieurs siècles. Ils connaissent presque tout de nous. Ils surveillent de près toutes nos activités.
2. Les extraterrestres sont capables de comprendre la façon dont fonctionnent nos systèmes de communication (radio, télévision, téléphone, Internet). Cette compréhension ne devrait pas leur poser trop de problèmes si nous admettons que ces intelligences étrangères sont beaucoup plus évoluées que nous. Elles pourraient avoir plusieurs milliers ou millions d'années d'avance technologique et scientifique sur nous.

3. Bénéficiant de cette prodigieuse avance, les extraterrestres disposent sans aucun doute de la technologie nécessaire pour interférer avec nos systèmes de communication, notamment avec Internet. Ils savent comment s'infiltrer dans le réseau sans être détectés. Ils peuvent, par exemple, créer à leur profit de vrais sites Internet ressemblant en tout point à des sites humains, capter toutes les informations qui circulent sur le Web, et même, pourquoi pas, clavarder en ligne avec des internautes choisis. Le but de cette infiltration du réseau n'est pas seulement de collecter de l'information, mais peut-être aussi de générer ce que j'appelle des influences en faisant circuler des idées ou des concepts par l'intermédiaire des forums, par exemple.
4. Si une partie de la présence extraterrestre dans notre environnement a pris la forme d'une intelligence artificielle qui bénéficie d'une armée de robots entièrement dévoués et possédant des capacités adaptatives que nous sommes encore incapables de soupçonner, cela serait peut-être plus facile pour cette IA de communiquer et d'interférer avec nos machines artificielles – nos ordinateurs, par exemple – plutôt que de dialoguer directement avec des entités biologiques comme nous. Il est sans doute plus facile pour un robot de communiquer avec un autre robot. C'est une hypothèse.

Si les quatre présupposés ci-dessus sont justes, ou si nous les acceptons comme des hypothèses de départ raisonnables et admissibles, la question de l'interférence et même de l'infiltration du réseau Internet mondial par une intelligence extraterrestre devient à la fois passionnante et inquiétante. De toute façon, il faut admettre que si nous sommes surveillés de près par une intelligence extraterrestre, celle-ci ne pourra pas se permettre de faire l'impasse – si je puis m'exprimer ainsi – sur ce formidable canal d'information que représente Internet. Pour elle, Internet devrait être une mine d'or inépuisable de renseignements sur toutes nos activités ainsi que sur nos comportements et notre psychologie. Je crois que cette intelligence (artificielle ou non) ne peut pas ne pas s'intéresser à Internet. Nous savons déjà que les sites nucléaires sensibles (silos d'ogives nucléaires, sites nucléaires militaires, bases d'entreposage des avions portant l'arme nucléaire, centrales nucléaires civiles) sont régulièrement visités par des ovnis, alors pourquoi ne pas imaginer que nos systèmes de communication soient aussi mis sur écoute ?

Si nous le supposons et l'admettons, un certain nombre de questions se posent :

- Sous quelle forme pourrait-on trouver la trace d'une présence et même d'une influence d'origine extraterrestre sur Internet ?
- Est-il possible de trouver des indices sérieux d'une présence extraterrestre sur Internet ?
- Si cette présence existe, comment faut-il la rechercher ?
- Quelle est la méthode qu'il convient d'employer ?
- Où faut-il chercher et que devons-nous chercher ?

Plusieurs pistes doivent être explorées.

Dans un premier cas de figure, la présence extraterrestre pourrait se manifester de façon directe, c'est-à-dire qu'il y aurait, dans ce cas, une transmission d'informations d'origine non humaine, ouverte et sans filtre à des groupes humains sélectionnés ou à des individus isolés. Ces groupes ou ces personnes connaîtraient la source de l'information et sauraient qu'elle est d'origine exogène. Cette forme de contact ressemblerait à l'affaire Ummo, et nous serions alors en présence d'une sorte de cyber-Ummo où les lettres dactylographiées seraient remplacées par des messages électroniques.

Je rappelle que l'affaire Ummo a commencé en 1966, en Espagne. À cette époque, Fernando Sesma, employé du télégraphe et animateur d'une association espagnole appelée Les amis des visiteurs de l'espace, prétendait recevoir des lettres dactylographiées envoyées par un groupe d'extraterrestres originaires de la planète Ummo. Aujourd'hui, plus de 200 lettres, représentant environ 1300 pages de rapport, et 144 micromessages (*tweets*) ont été répertoriés. Les lettres décrivent l'arrivée sur Terre, entre Digne-les-Bains et La Javie (France), d'un petit groupe de scientifiques ummites chargés d'étudier notre biosphère et notre culture à la suite de la découverte accidentelle de notre planète par la réception sur Ummo (en 1948) d'un message télégraphique émis en morse, entre le 4 et le 8 février 1934, par un navire norvégien au large de Terre-Neuve. Inutile de souligner que cette affaire est très controversée et que de nombreux chercheurs remettent en cause l'authenticité des lettres ummites.

Dans le second cas de figure, les informations pourraient être distillées, c'est-à-dire réduites en petites quantités – en bribes d'information –, et ensuite injectées de façon anonyme dans le réseau par diverses voies. L'information extraterrestre pourrait aussi être amalgamée à de l'information humaine normale. Dans le cadre de cette hypothèse, il n'est pas absurde de supposer qu'il pourrait circuler sur Internet des informations hybrides, mi-humaines, mi-extraterrestres. Nous pouvons aussi imaginer que l'information pourrait être transmise sans que nous en ayons conscience. Il pourrait alors s'agir d'un transfert caché et voilé utilisant des artifices technologiques comme des images ou des sons subliminaux. Les extraterrestres pourraient aussi créer des sites Internet et des portails ressemblant aux sites humains, des sortes de simulacres en quelque sorte, mais dont le contenu serait exotique. Ils pourraient aussi intervenir directement dans les forums (de façon ponctuelle pour ne pas attirer l'attention) sur un sujet déterminé et délivrer une information complexe juste au-dessus du niveau de nos connaissances du moment dans tel ou tel domaine.

Il existe un site Internet (*U-Sphere*) qui explore cette piste d'une possible intervention extraterrestre par l'intermédiaire du Web. Les contributeurs du site exposent de façon détaillée l'affaire SBF (Seth Brundle Fly). Cette histoire étonnante concerne une hypothétique rencontre entre un réseau d'origine exotique, ou exogène, et une communauté française d'ufologues. Les échanges entre les protagonistes de cette histoire se sont déroulés entre la fin de l'année 2002 et le début de l'année 2003. Pour établir le contact, la source exogène utilisait des messages électroniques dirigés vers différents lieux virtuels de communication tels que les groupes de discussion (*newsgroups*), les forums et les listes de diffusion. De nombreux messages furent également envoyés à des individus en propre. Dans cet incroyable scénario digne d'un film de science-fiction, Seth Brundle Fly est présenté comme une intelligence artificielle conçue pour être le bras armé de l'intelligence extraterrestre à l'œuvre sur le Web (*U-Sphere*).

Le lecteur intéressé par ce passionnant dossier peut trouver toutes les informations utiles à cette adresse: http://www.u-sphere.com/index.php?title=Affaire_SBF.

L'année du contact

La raison pour laquelle une civilisation extraterrestre souhaiterait se brancher sur le réseau Internet n'est pas uniquement liée à la collecte d'informations, mais elle pourrait aussi, par ce moyen, générer une véritable influence, et même induire des conditionnements. Par « influence », nous nous référons à l'hypothèse selon laquelle les extraterrestres mèneraient une politique interventionniste discrète, mais sans doute efficace, destinée à infléchir dans une direction donnée le développement de notre civilisation.

En 2004, Jean-Pierre Petit publiait aux Éditions Albin Michel un livre intitulé *L'année du contact: d'autres intelligences sont-elles à l'œuvre dans l'Univers?* Cette œuvre n'a pas eu le succès escompté et elle est presque passée inaperçue dans les médias. Pourtant, ce court roman de l'ancien directeur de recherche au CNRS, dont la réputation de vulgarisateur scientifique n'est plus à démontrer, illustrait la thèse selon laquelle une intelligence extraterrestre pourrait choisir de communiquer avec les humains en se servant d'Internet et d'une « interface protocolaire informatisée ». Le livre est passionnant et l'idée de Petit est fascinante. Elle s'inspire de l'affaire Seth Brundle Fly, que nous avons brièvement évoquée plus haut. Il l'avoue lui-même sur son site Internet : le livre est « une réflexion présentée sous la forme d'une fiction (en fait, une histoire vécue, dit-il) évoquant la forme que pourrait prendre un contact avec une civilisation extraterrestre très avancée par rapport à nous ». La fiction de Petit est donc inspirée de faits réels. Je ne résiste pas au plaisir de livrer au lecteur l'intégralité du commentaire que fait Petit à propos de son livre :

> Dans ce nouvel ouvrage, j'ai adopté le ton de la fiction pour provoquer chez le lecteur une réflexion sur le thème du contact. Si une ou des ethnies extraterrestres nous visitent, comment ces visiteurs se situeraient-ils vis-à-vis de nous sur l'échelle évolutive ? Sur Terre, l'espèce humaine présente des dyschronies [dans le sens de disparités temporelles entre les cultures et les peuples] atteignant des dizaines de milliers d'années. Un habitant d'un pays technologiquement développé et un Papou peuvent se comprendre. Ils ont énormément de choses en commun, même si leurs visions de l'Univers diffèrent quelque peu. Or, entre les Papous et nous, il y a au bas mot trente mille ans de différence. Quand nous avons pris contact avec ces gens, au début des années trente, ceux-ci campaient... à l'âge de pierre. Mais que se passerait-il si l'écart se creusait encore ? Avec un Néanderthalien, passe encore, mais quels échanges pourrions-nous avoir avec un... Australopithèque ? Dans un des chapitres de mon ouvrage, Peter Small et son amie Christine de Montmirail rendent visite à un éthologiste nommé Christophe Lent. En fait, cette fiction est un prétexte commode pour évoquer les fantastiques travaux des chercheurs de l'Université de Yerkes, en Floride, où on a pu établir un contact avec des Bonobos, une espèce de chimpanzés vivant au Zaïre, particulièrement intelligents. Ceux qui ont vu ces reportages savent que les chercheurs font appel à l'outil informatique (écran tactile) pour dialoguer avec ces lointains cousins. Cette même fiction nous permet d'imaginer que des extraterrestres pourraient présenter, vis-à-vis de nous, un écart évolutif similaire, ce qui les amènerait à dialoguer avec nous à travers

une interface protocolaire informatisée, autrement dit un système d'intelligence artificielle. Cette éventualité demandait à être explorée. On évoque au passage l'inéluctable émergence d'une authentique intelligence artificielle (sans aucun rapport avec ce dont nous disposons actuellement), qui se produira lorsque nos machines seront capables de se programmer elles-mêmes, ce concept se présentant comme la définition même de l'intelligence (mais non de la conscience !). Aucun calculateur prodige ne rivalise plus avec nos modernes *computers*. Cet attribut n'est plus nôtre, de manière irréversible. Nos machines peuvent un jour devenir réellement intelligentes, capables d'analyser des situations extrêmement complexes, d'engranger des masses de données dépassant notre imagination et de formuler des suggestions de décisions en mettant en œuvre des critères qui finiraient par nous échapper. Je pense que HAL de 2001, le superordinateur du film de Stanley Kubrick *L'Odyssée de l'espace*, même s'il le fait de manière dramatique et « pathologique », préfigure notre avenir, comme l'a fait maintes fois la science-fiction. Un avenir qui pourrait s'avérer beaucoup plus proche que nous ne pourrions le penser si certaines barrières mathématiques, comme « le mur de la complexité », bien réel celui-là, pouvaient être franchies.

Dans ce livre, j'évoque le fait que l'émergence d'une IA puisse représenter une sorte de point de passage obligé de notre turbulente évolution. Nous avons besoin d'ordinateurs pour piloter nos chaînes de fabrication, contrôler nos stocks, effectuer un nombre croissant de tâches. De nos jours, nous ne pourrions plus concevoir notre activité technico-industrielle sans le secours de ces machines nées il y a à peine un demi-siècle. Devrons-nous un jour confier à des machines devenues intelligentes le soin de gérer notre économie, notre démographie, notre génome, notre organisation politique et sociale, notre santé, notre sécurité, faute de devenir capables de le faire nous-mêmes ? Et si les choses prennent cette tournure, comment pourrait alors évoluer notre société planétaire ? En se structurant comme une sorte de fourmilière humaine servant une IA devenue si performante qu'elle aurait, finalement, pris le pouvoir *de facto* ? À la manière d'Aldous Huxley, je me suis servi de la fiction pour illustrer mon propos, développer ces idées qui se laissent deviner à travers le miroir d'une interface protocolaire informatisée à laquelle Peter Small se trouve soudain confronté. J'ai trouvé cette façon de présenter les choses moins austère, plus agréable, plus « fluide ». On peut mêler avec profit fiction, humour et science. N'était-ce pas ce que j'avais initié avec mes bandes dessinées de la série des *Aventures d'Anselme Lanturlu*, qui existent depuis maintenant un quart de siècle ?

Il est pratiquement certain que nous sommes visités par des ethnies extraterrestres, sans doute même depuis des temps immémoriaux. Comment pourraient fonctionner ces gens, et que veulent-ils ? C'est la question qui s'impose aujourd'hui, que Spielberg a soulevée de manière assez passionnante dans sa série en dix épisodes *Taken*, récemment diffusée à la télévision. Je ne dis pas que j'adhère à la thèse qu'il développe, mais je peux cependant conclure une chose : après vingt-huit années consacrées à l'étude de ces dossiers, plus le temps passe et moins je comprends le sens et la finalité d'un contact qui intervient à l'époque où la Terre semble vivre les douleurs d'un enfantement liées à son évolution vers une symbiose homme-technologie de plus en plus poussée, de plus en plus envahissante et lourde de conséquences imprévisibles. Le phénomène ovni explose à une époque où, en cette fin des années quarante, les hommes ont commencé, pour la première fois de leur longue histoire – du moins nous le supposons, car nombre de ses pans restent obscurs –, à engendrer des armes, nucléaires et biologiques, capables de les détruire et de détruire en même temps leur biotope, question qui est évoquée dans mon livre par l'Indien Shandrah. Comment le problème ovni s'inscrit-il dans ce contexte si dramatique où, de plus, l'existence même de ce phénomène a créé dans de nombreux pays, dont le nôtre, et évidemment les États-Unis, un comportement des plus irrationnels, un étouffement subtil, mais impitoyable, l'origine de ce comportement semblant être une peur incoercible et une bêtise insondable ? Comme le contact s'avère problématique depuis un demi-siècle, quelle conclusion en tirer ? Est-ce à dire que nous nous heurtons à une désinformation constante, destinée à contrôler notre niveau d'adhésion-scepticisme ? Ou est-ce que ce « flou » pourrait trahir une réelle difficulté de communication, voire une grande incompréhension mutuelle ? Nous n'en savons rien. Nous n'avons pas les réponses, mais nous devons nous poser toutes les questions possibles. (http://www.jp-petit.org/nouv_f/annee_du_contact.htm.)

Ci-dessus : La couverture du livre de Jean-Pierre Petit, *L'année du contact : d'autres intelligences sont-elles à l'œuvre dans l'Univers ?* Cette fiction, qui reposerait selon l'auteur sur des faits réels, ouvre des perspectives fascinantes sur les rapports éventuels entre Internet et les civilisations extraterrestres.

Les niveaux supérieurs du réseau Internet

Sur Terre, le concept du réseau Internet est apparu dans la seconde moitié du XXe siècle, et depuis, il n'a pas cessé d'évoluer et de se développer.

Je parle de concept du réseau Internet ou de l'idée d'Internet dans le sens où cette découverte technologique n'est pas seulement une innovation technique de plus pour améliorer le confort de nos vies, mais elle représente une véritable avancée évolutive pour notre civilisation. Il n'est pas exagéré de dire qu'il y a un temps avant Internet et un temps après Internet. Le passage de l'un à l'autre constitue une percée évolutive majeure comparable au passage du texte écrit au texte imprimé. La révolution née de la galaxie Internet se situe au même niveau que celle générée par la galaxie Gutenberg telle qu'elle a été décrite par le sociologue et philosophe Marshall McLuhan.

Mais nous pouvons aller plus loin dans cette façon de concevoir l'idée d'Internet et nous pouvons la transposer à des échelles de grandeur plus vastes. Pour le moment, nous ne connaissons que l'Internet terrestre, outil majeur de l'émergence à plus ou moins long terme d'une civilisation planétaire de type I. Mais ne pouvons-nous pas imaginer un Internet stellaire, ou encore un Internet galactique, et pourquoi pas un Internet cosmique à l'échelle de l'Univers entier ? En formulant cette hypothèse, nous ne faisons que transposer à une échelle plus haute et plus grande d'espace-temps le concept de réseau Internet. L'idée de base resterait la même, c'est-à-dire pour faire court : communiquer partout avec tout le monde, tout de suite, tout le temps. Seule la technologie serait différente. Ainsi, une civilisation stellaire de type II aurait son propre réseau Internet offrant à ses représentants la possibilité de surfer sur le Web stellaire, et ceux d'une civilisation galactique de type III seraient capables de naviguer sur le Web galactique. La technologie de ces Internet stellaire, galactique et cosmique pourrait, par exemple, utiliser le principe quantique de la non-séparabilité, appelé également effet EPR (pour Einstein-

Podolski-Rosen). Ce principe repose sur le fait que deux particules – deux photons, par exemple – ayant préalablement interagi ensemble puis s'étant éloignées l'une de l'autre par la suite restent malgré tout inséparables, quelle que soit la distance. Si l'une de ces particules change d'état, l'autre le fait également de façon instantanée même si elle se trouve à 1 million d'années-lumière de la première. C'est comme si elles étaient reliées par une sorte de fil invisible dont nous ignorons encore la nature. Tout ce que nous pouvons dire pour le moment, c'est que deux particules corrélées forment un tout quelle que soit leur distance de séparation, et que la connaissance de l'une influe sur l'autre instantanément, sans transmission d'information résultant d'une action physique. Ce phénomène quantique de non-séparabilité des particules pourrait permettre de transmettre des informations utiles – sous forme de 0 et de 1, par exemple – sur de très longues distances en fonction de l'état des particules, et donc de créer un vrai réseau Internet à travers les immensités de l'espace.

Encyclopédie galactique

Si nous réussissons notre transition vers une civilisation planétaire globale de type I, il est permis d'espérer que nous pourrons peut-être nous connecter à un Internet stellaire ou galactique. Cependant, cette possibilité dépendra à la fois de nous et de ceux qui sont responsables de ce type de réseau très spécial. Je pense que nous ne serons autorisés à nous y brancher que lorsque nous aurons atteint un certain degré d'évolution psychospirituelle et de sagesse.

Dans son livre *Cosmos* (1980), le regretté Carl Sagan imaginait qu'en captant un message radio en provenance d'une civilisation extraterrestre très évoluée (habitant une lointaine planète de notre galaxie) nous pourrions sans doute accéder à une Encyclopædia Galactica, c'est-à-dire une formidable base d'informations créée et gérée par des civilisations de type II ou de type III. Sagan était convaincu que la Voie lactée devait contenir un grand nombre d'espèces intelligentes et de civilisations évoluées.

Imaginons, propose Sagan, un énorme ordinateur galactique qui serait le dépositaire d'une mine d'informations sur la nature et les activités de toutes les civilisations de notre Galaxie. Ce serait une sorte de grande bibliothèque de la vie dans l'Univers dans laquelle nous pourrions trouver la liste des fiches signalétiques de toutes les formes de civilisations connectées entre elles et échangeant des données à travers les espaces interstellaires. Mais pour pouvoir accéder à cette somme colossale de connaissances, l'humanité serait sûrement dans l'obligation de prouver qu'elle est digne d'un tel cadeau.

Une base de données d'envergure galactique suppose l'existence d'une ou de plusieurs civilisations capables de gérer une quantité colossale d'informations provenant de sources d'une hétérogénéité extrêmement grande. Le défi technologique est immense. Il est fort probable que l'Encyclopædia Galactica dont rêvait Sagan serait administrée par une intelligence artificielle qui maîtriserait le processus de récolte et de stockage des données. La collecte pourrait se faire grâce à l'envoi de sondes automatiques (des sondes de von Neumann, par exemple) dans toute la galaxie. Des chercheurs pensent cependant que les futurs lecteurs de l'Encyclopædia Galactica ne seront peut-être pas des civilisations (même très avancées) telles que nous les imaginons aujourd'hui, mais des formes inconnues d'intelligences qui viendront après les civilisations, lorsque celles-ci se seront éteintes. Toutes les informations stockées par l'IA ne formeraient alors qu'une sorte de legs des civilisations de l'ère stellifère laissé avant qu'elle disparaisse. Mais qu'est-ce qu'une civilisation de l'ère stellifère ? Et comment peut-on concevoir un « après des civilisations » ?

L'écrivain et chercheur Nick Nielsen pense que l'idée que nous nous faisons d'une civilisation ne concerne que des structures et des organisations qui ne peuvent se développer qu'au cours d'une période spécifique de l'Univers qu'il nomme l'ère stellifère. Mais les civilisations de l'ère stellifère ne représentent, en définitive, qu'une vision étroite de la notion de civilisation. Pour Nielsen, cette ère n'occupe qu'une période relativement restreinte dans l'histoire totale de l'Univers. Son hypothèse est basée sur les travaux des astrophysiciens Fred Adams et Greg Laughlin. D'après leurs calculs, cette histoire universelle se diviserait en cinq grandes ères :

1. L'ère primordiale vient après le big bang. En cosmologie, le terme d'univers primordial désigne les époques anciennes de l'histoire de l'univers observable. Cette ère correspond aux époques où aucune structure astrophysique (étoiles, galaxies, amas de galaxies) n'est encore formée.
2. Le stellifère – notre époque – correspond à l'ère de l'évolution des étoiles et des galaxies.
3. L'ère de dégénérescence suit, au cours de laquelle les étoiles se transforment toutes en naines blanches, en naines brunes et en trous noirs. C'est aussi la période où les protons commencent à disparaître.
4. La quatrième ère est celle des trous noirs, qui sont devenus les seuls dépositaires de la matière dans l'Univers.
5. Vient enfin l'ère sombre (à ne pas confondre avec l'âge sombre, 380 000 ans après le big bang, qui correspond à la période située entre l'émission du fond diffus cosmologique et l'allumage de la première génération d'étoiles) qui se poursuit à l'infini. Selon les modèles actuels d'évolution de l'Univers, il s'acheminerait vers une sorte de mort thermique. Il évoluerait jusqu'à un état d'absence de toute énergie thermodynamique disponible lui permettant d'assurer le mouvement ou la vie. À ce stade, la température de l'Univers tout entier se rapproche du zéro absolu (–273,15 °C).

La période stellifère, qui nous concerne, et sur laquelle nous nous focalisons presque exclusivement, est la plus brève des cinq. Les civilisations de l'ère stellifère peuvent se définir comme des communautés d'organismes vivants qui émergent naturellement de la biosphère, ou encore comme les successeurs artificiels de cette vie organique (c'est-à-dire les machines ou l'IA). Les successeurs artificiels trouvent leur origine dans l'organisation sociale et technologique de leurs prédécesseurs biologiques. On passe alors d'une civilisation basée sur le carbone (organismes vivants) à une civilisation fondée sur le silicium (ordinateurs). À noter que, pendant l'ère stellifère, les organismes biologiques sont mis au même niveau que leurs éventuels successeurs artificiels. La question du remplacement de l'homme par les machines ou par l'IA est complètement secondaire lorsqu'on réfléchit sur de telles échelles de temps.

Il n'est pas aisé de se représenter les multiples formes que pourrait prendre une intelligence postcivilisation, c'est-à-dire une intelligence qui survivra quand toutes les civilisations de l'Univers se seront effondrées. Nielsen se réfère à la notion d'intelligence éternelle empruntée à l'astrophysicien Freeman Dyson. Le célèbre physicien et mathématicien anglais a « montré qu'une forme d'intelligence pouvait possiblement se développer dans un univers où la matière et l'énergie seraient de plus en plus rares. Cette intelligence aurait des pensées de plus en plus sporadiques, de plus en plus lentes, mais pourrait continuer éternellement, en consommant de moins en moins d'énergie au fur et à mesure que l'Univers se refroidit ». (*Spéculations sur l'Encyclopedia Galactica* : http://www.internetactu.net/2015/01/28/speculations-sur-lencyclopedia-galactica/.)

> Il se pourrait bien que des formes d'intelligence puissent se développer dans un monde de trous noirs, ou quand la matière n'existera plus. Mais de telles formes de pensée pourraient difficilement être nommées des civilisations au sens où nous l'entendons aujourd'hui. C'est pour l'éducation de ces entités mystérieuses et lointaines qu'on pourrait être tenté de créer une Encyclopedia Galactica. Un testament des civilisations de l'ère stellifère en quelque sorte, enregistré avant leur disparition. (*Spéculations sur l'Encyclopedia Galactica*: http://www.internetactu.net/2015/01/28/speculations-sur-lencyclopedia-galactica/.)

Pour en revenir à mon concept d'Internet stellaire et galactique, il est évident qu'il est proche des spéculations de Sagan concernant l'Encyclopædia Galactica. Pour communiquer entre elles et échanger des données, les civilisations qui contribueront à l'édification de ce projet grandiose devront disposer d'un outil performant capable de transporter des paquets d'informations sur des distances très longues (des millions ou des milliards d'années-lumière) et en des temps raisonnables. Ce qui est certain, en tout cas, c'est que l'Internet des étoiles et des galaxies devra être beaucoup plus rapide que l'échange questions-réponses, par radiotélescope interposé, imaginé par Sagan. N'oublions pas que l'astronome et scientifique américain avait soutenu le programme SETI qui a envoyé, en 1974, un message vers l'amas globulaire M13, situé à quelque 30 000 années-lumière de notre système solaire. Le problème avec ce genre de communication est qu'une « discussion » (échange questions-réponses) entre deux civilisations pourrait prendre des milliers ou des dizaines de milliers d'années. À l'échelle d'une vie humaine, ce n'est pas très gratifiant pour celui qui pose la question, car il sait que, de son vivant, il ne connaîtra jamais la réponse.

La noosphère et le point Oméga

La Terre vue de l'espace

Depuis que l'homme va dans l'espace (à l'échelle des temps historiques, c'est comme si c'était hier), la vision qu'il a de la Terre a changé. La première photo de la Terre vue de l'espace a, en effet, été prise le 24 octobre 1946, c'est-à-dire quelques années seulement avant les vols Spoutnik et les missions Apollo. La photo, qui est de très mauvaise qualité, a été faite depuis un missile V2 de conception allemande remanié par les Américains. L'engin a été tiré depuis la base militaire de White Sand, au Nouveau-Mexique (États-Unis). Après 1946, et très vite, les photos de notre planète vue de l'espace sont devenues familières et elles sont maintenant d'excellente qualité.

La Terre vue de l'espace est une magnifique sphère bleue et blanche, dont la forme et les couleurs tranchent de façon étonnante sur le noir profond du cosmos. Cette vision de notre globe a toujours frappé les astronautes américains et les cosmonautes russes qui ont eu le privilège d'assister à ce spectacle grandiose. Ils affirment tous que cette vision a été une expérience hors du commun et qu'elle a modifié la façon dont ils concevaient leur rapport avec la Terre et l'humanité. Ils ont alors pris conscience de la fragilité de notre planète et surtout de cette mince couche d'air, d'eau et de vie qui l'entoure (biosphère). Ils ont pris conscience que notre survie était intrinsèquement liée à ce film ténu de vie qui est posé sur notre Terre comme un fragile voile protecteur. Tout ce qui vit ici dépend de cette fine couche bleue dont la beauté et la délicatesse ne cessent de m'émerveiller. Voir la Terre comme une petite boule bleue portant la vie et flottant seule dans l'immensité froide et hostile du cosmos ne peut pas laisser indifférent.

De ce point de vue, l'expérience vécue par Edgar Mitchell est riche d'enseignements et ouvre des perspectives fascinantes. L'astronaute, qui a été le sixième homme à avoir posé le pied sur la Lune à bord d'Apollo 14, en 1971, a vécu une expérience bouleversante alors qu'il quittait la surface lunaire en direction de la Terre.

Voici comment il décrit ce qu'il a éprouvé à cet instant :

> Nous n'avions pas mangé depuis 12 heures et pas dormi depuis 22 ! Par le hublot, je voyais défiler la Lune, les étoiles et la Terre. Ce que j'ai ressenti alors a bouleversé le reste de mon existence. Tout ce que je connaissais, aimais, haïssais ou que je pensais éternel était là, fragile petite sphère suspendue dans le cosmos. Je me suis senti physiquement comme une partie d'un tout. C'était magnifique et doux. J'ai eu la certitude que nous ne sommes pas seuls dans l'Univers. Ce que je voyais ne résultait pas d'un accident, il y avait une intelligence derrière. Je ne trouvais pas de mots pour ce que j'éprouvais, mais cela n'avait rien de mystique ou religieux, pas même scientifique.

Au retour de la mission Apollo, Edgar Mitchell avait atteint la quarantaine. Il a alors clairement compris à quoi il allait désormais consacrer sa vie. En 1972, il quittait la NASA. Tout en poursuivant des missions de conseil en ingénierie aux États-Unis et en Europe, il s'est lancé dans des recherches sur la conscience humaine et les expériences paranormales :

> J'ai lu tous les textes : religieux, d'anthropologie, d'archéologie, de psychologie. Je voulais comprendre ce qui m'était arrivé. Dans la littérature sanscrite indienne, j'ai découvert le concept de *samadhi*. C'est l'expérience émotionnelle de l'unité. On la retrouve dans toutes les cultures, jusque chez les chamans.

Sans doute dans le prolongement de son expérience si particulière et inclassable, Edgar Mitchell fonde, en 1973, l'Institut des sciences noétiques situé à Palo Alto, en Californie. Voici comment il explique sa démarche :

> La science ne dit rien sur notre essence, sur les interactions entre corps et esprit. Nous menons depuis plus de 35 ans des recherches pluridisciplinaires sur le potentiel et le pouvoir de la conscience, à la frontière entre sciences appliquées et philosophie. Nous étudions l'intuition, les effets physiques et psychiques de la méditation... J'ai dû me battre pour que l'Institut ne devienne pas une chapelle, et moi un gourou ! Les gens faisaient le parallèle entre les douze hommes qui ont marché sur la Lune et les douze apôtres !

N'hésitant jamais à évoquer son expérience devant les médias et à exprimer en toute sincérité et sans détour ses idées, notamment sur les extraterrestres et les ovnis, l'ancien astronaute souhaite que l'humanité prenne vraiment conscience de la fragilité de notre planète :

> Populations et consommation hors de contrôle, compétition et technologie destructrices : nous courons à la catastrophe ! Il faut que nous apprenions à généraliser ce *samadhi*, cette sensation d'unité que j'ai éprouvée à mon retour de la Lune. C'est cela qui nous aidera à mener une vie durable. Nous en sommes capables. Il faut cesser de détruire notre environnement et apprendre à vivre ensemble.

Edgar Mitchell souhaite que son expérience serve de base de réflexion et de recherche pour que les humains prennent conscience qu'il existe d'autres façons d'appréhender la réalité, et qu'à terme ils changent leurs comportements et s'engagent sur une voie d'évolution spirituelle.

Voici maintenant le témoignage de Jean-François Clervoy, un astronaute français de l'Agence spatiale européenne (ESA) qui est allé trois fois dans l'espace. J'ai à cœur de livrer au lecteur – malgré sa longueur – cette expérience hors du commun. Dans le texte ci-dessous, il raconte sa vision de la Terre, notre vaisseau spatial naturel :

> À chacune de mes trois missions dans l'espace, j'ai téléphoné à mon épouse lorsqu'on survolait Houston, à vingt-huit mille

kilomètres par heure et quelques centaines de kilomètres d'altitude. Je me disais, en regardant la Terre et le Texas : ma famille est là. Est-ce que la navette voudra bien me ramener là où les couleurs de la vie sont si belles ? Si tous les Terriens volaient dans l'espace, ils verraient combien la planète surpasse en beauté tout ce que l'homme a dessiné, peint, construit ou inventé... Si tous les Terriens volaient dans l'espace, ils constateraient que la pollution se détecte facilement, même à l'œil nu. Des nuages de particules empêchent de voir les détails de certaines grandes villes. Autour des plates-formes pétrolières, des flaques de pétrole ou d'huile irisent l'océan sous les reflets du Soleil. Les pustules ici, les saletés là, au milieu de cette beauté, quelle tristesse ! Je ne me suis jamais lassé d'observer la planète bleue depuis l'espace. Je ne me suis jamais lassé, orbite après orbite, de l'ocre du sable saharien, du blanc immaculé de la Sibérie, du turquoise des Bahamas, du vert humide du Népal, des colliers de perles formés par les atolls du Pacifique qui revenaient toutes les 90 minutes. Cet amour pour la planète m'a motivé pour représenter des organisations de préservation de la nature. Je suis devenu parrain du parc de développement durable Eana, en Haute-Normandie, et de l'association Te mana o te moana, en Polynésie française, dédiée à la préservation de l'environnement marin. La Terre, notre vaisseau spatial naturel, paraît, depuis l'espace, d'une extraordinaire puissance. Les gigantesques phénomènes naturels que l'on peut y observer en témoignent. Lors de ma première mission, j'ai vu l'ouragan Florence, au diamètre de 800 kilomètres, traverser l'Atlantique. J'ai vu entrer en éruption le volcan Sakurajima. J'ai vu l'obscurité traversée d'éclairs au-dessus de l'Europe. J'ai vu la chaîne immense de l'Himalaya, reconnaissable à plus de deux mille kilomètres de distance, dont la formation a mobilisé les forces colossales qui mettent en mouvement les plaques continentales. Depuis l'espace, l'atmosphère vue sur sa tranche à l'horizon n'est qu'une couche de gaz extrêmement fine. La fragilité de la vie à la surface du globe n'en apparaît que plus grande. Notre existence ne tient qu'à ce minuscule feuillet bleuté, qu'il faut protéger à tout prix. Plus important encore, il faut préserver l'océan. Plus des trois quarts du temps, nous survolons les eaux du globe. Leurs couleurs, leurs reflets du Soleil ou de la Lune changent avec la nature des fonds marins, avec la température, avec les courants. Tout cela se distingue très bien sur un champ de vue couvrant des milliers de kilomètres. L'océan est comparable au système de support vie de notre navette. Il régule le climat, les températures, l'oxygène, le gaz carbonique et le cycle de l'eau de notre planète. Il abrite l'origine de la vie sur Terre et pourtant reste encore quasiment aussi inexploré que le cosmos. Pendant ce temps, la Terre, en tant qu'être géologique, mène sa propre vie, qui nous dépasse et nous impose le respect par sa puissance. Et tout autour, le ciel est noir en plein jour. Les planètes ne semblent pas plus grosses qu'on ne les voit depuis la Terre. Les étoiles ne scintillent pas. On ne les voit même pas si on ne s'y prépare pas. Notre planète est comme dans une chambre noire. Depuis l'espace, on se dit que la Terre vivra longtemps. Cette sphère magnifique est tellement pleine de vie qu'elle semble indestructible. Mais notre espèce, l'espèce humaine, saura-t-elle survivre ? En orbite autour de la Terre, devant une telle munificence, on se pince pour vraiment prendre conscience : pourquoi moi ? Pourquoi ai-je cette chance incroyable ? J'espère que les hommes et les femmes seront toujours plus nombreux à accéder aux vols dans l'espace. Si tous les Terriens allaient dans l'espace, frappés par la beauté de notre planète, non seulement leur regard, mais aussi leur comportement vis-à-vis des uns et des autres changeraient. (*Histoire(s) d'espace : mission vers Hubble,* Éditions Jacob-Duvernet, 2009.)

Le fait de survoler notre planète à une altitude suffisante pour en percevoir à la fois la beauté et la puissance, mais aussi, paradoxalement, la fragilité, procure un sentiment inoubliable d'unité de la vie.

Tout est lié sur cette Terre, et cette Terre elle-même est liée au cosmos dans son entier. C'est une expérience forte et transformatrice. Rien de mieux pour pouvoir apprécier les choses à leur juste valeur que de prendre de la hauteur par rapport à elles. C'est la leçon que nous devons tirer de tous ces récits d'astronautes. Voir la Terre depuis l'espace a été pour eux l'occasion d'une formidable prise de conscience. Ils ont réalisé que nous sommes tous des enfants de la Terre, c'est-à-dire que nous faisons tous partie de la même famille des êtres vivants, et à ce titre nous dépendons intimement les uns des autres. Mais cette famille est menacée par toutes sortes de dangers, et rien ne garantit que notre avenir soit radieux. Parmi les menaces qui planent au-dessus de nos têtes, les plus redoutables sont sans doute l'incapacité dans laquelle se trouve l'humanité à éradiquer ses conflits internes et son insatiable soif de richesses matérielles qui ruine son environnement naturel.

De la lithosphère à la noosphère

Tous ceux qui sont allés dans l'espace et qui ont pu voir l'horizon terrestre décrivent notre atmosphère comme une très fine couche protectrice, comme une sorte de film ténu qui enveloppe la Terre (voir la photographie à la page suivant qui montre bien la faible épaisseur de ce film atmosphérique). Il n'y a pas de frontière définie entre l'atmosphère terrestre et l'espace vide. Au fur et à mesure que nous nous élevons au-dessus du sol, l'atmosphère devient de plus en plus mince et s'évanouit peu à peu dans l'espace sans qu'il y ait de rupture nette. L'altitude de 120 km marque la limite où les effets atmosphériques deviennent notables (lors de la rentrée atmosphérique d'une capsule spatiale, par exemple). La ligne de Kármán, située à 100 km d'altitude, est considérée comme la frontière entre l'atmosphère et l'espace.

Nous devons bien comprendre que cette fine couche de vie, d'air et d'eau est le seul endroit dans l'Univers où nous pouvons vivre naturellement. Certes, nous avons désormais la possibilité de vivre dans l'espace à l'intérieur de nos capsules ou de nos vaisseaux, mais ce n'est plus une vie naturelle, c'est une reconstitution artificielle, réduite et précaire des conditions de vie terrestres. La Terre est vraiment l'endroit où nous pouvons vivre dans des conditions optimums. C'est pour cette raison que nous devons la préserver, la cultiver avec respect, et surtout l'aimer et la choyer pour que nous puissions tous y vivre en harmonie.

Ci-dessus : Photographie de la couche atmosphérique vue de l'espace. Ce document étonnant de simplicité et pourtant très parlant montre la faible épaisseur de l'atmosphère par rapport à la taille de la Terre (bas de l'image) et au vide de l'espace (haut de l'image). Nous prenons alors conscience que toute la vie sur Terre est contenue dans cette fine bande bleue (un biofilm) qui paraît vulnérable et fragile entre ces deux masses sombres.

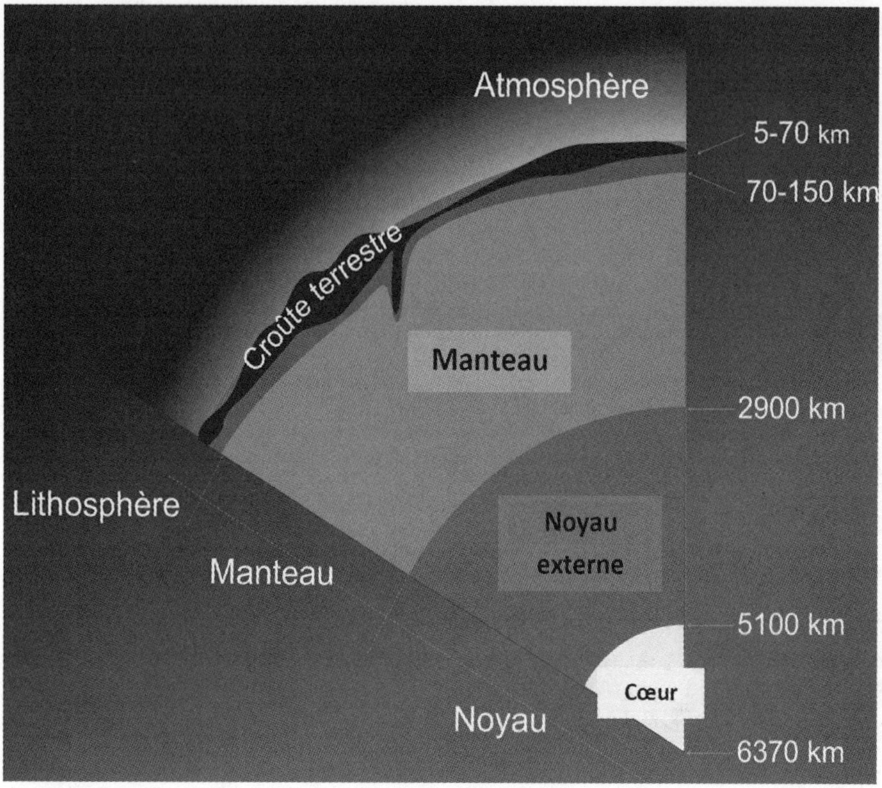

Ci-dessus : Reconstitution des couches internes de la Terre. Sous nos pieds s'étagent des couches de plus en plus profondes qui partent du centre physique et géométrique de notre globe (le centre du cœur est à 6370 km de profondeur) et atteignent sa surface, la croûte terrestre.

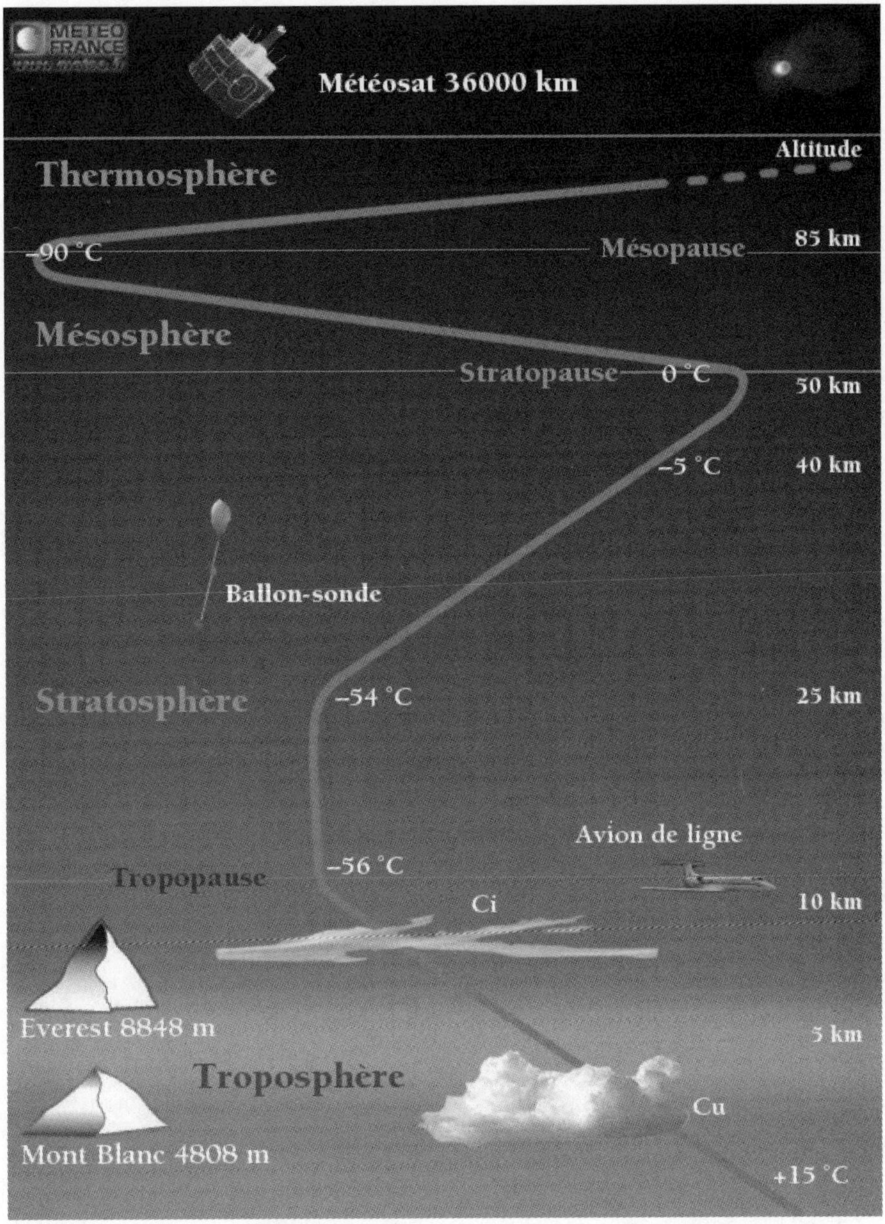

Ci-dessus : Reconstitution des couches atmosphériques (source : *Météo France*). Encore une fois, nous retrouvons cette constitution zonaire (en couches) et étagée des différents plans de réalités physiques.

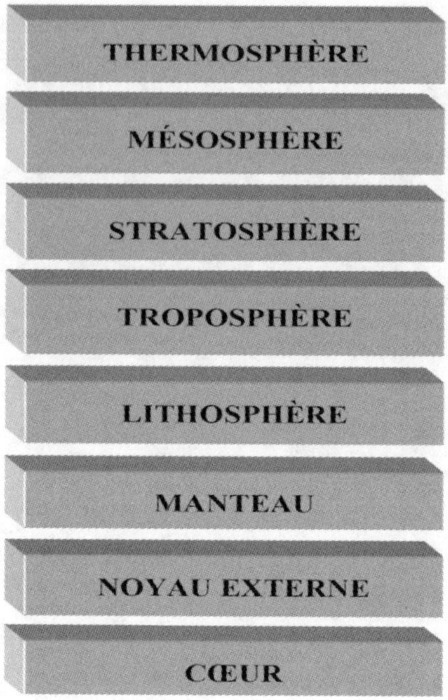

Ci-dessus : Schéma de synthèse des couches physiques de la Terre et de son atmosphère. (Illustration : Daniel Robin)

Cette idée de couches et de zones, qui naît spontanément dans notre esprit lorsque nous évoquons l'atmosphère terrestre, peut s'étendre à d'autres réalités. Ces réalités peuvent être physiques, biologiques, psychiques et spirituelles. De ce point de vue, la noosphère que je vais examiner dans cette partie de mon livre est considérée comme la couche pensante de la Terre. Je propose une vision différente de la sphère terrestre classique. Je vois cette sphère sous la forme d'un oignon constitué de plusieurs peaux, pelures, strates ou couches posées les unes au-dessus des autres.

La couche la plus basse et la plus solide est la lithosphère, qui signifie littéralement « sphère de pierre ». La lithosphère est l'enveloppe terrestre rigide de surface. C'est le socle ou la base de toute la vie sur Terre. Elle est divisée en un certain nombre de plaques tectoniques, également appelées plaques lithosphériques.

Juste au-dessus de la lithosphère, nous avons l'atmosphère, à l'intérieur de laquelle s'est développée la biosphère. La notion de biosphère (littéralement « sphère de vie ») désigne à la fois un espace vivant et un processus dynamique autoentretenu. Ce processus évolutif d'autoentretien dure depuis près de 4 milliards d'années. Il est aussi responsable de la complexification de la vie sur Terre (néguentropie). Les mécanismes qui participent aux processus évolutifs de la biosphère sont étroitement dépendants de l'atmosphère, de l'hydrosphère (océans, mers, lacs, fleuves, nappes phréatiques, nuages) et de la cryosphère (du grec *kryos*: froid, glace) qui désigne les banquises, les lacs et les rivières gelés, les régions couvertes de neige, les glaciers, les inlandsis (glaciers continentaux) et les sols gelés de façon temporaire ou permanente (pergélisol).

La biosphère est elle-même divisée en deux autres sphères: la sphère des animaux, ou zoosphère, et la sphère des végétaux, ou phytosphère. Un troisième composant de la biosphère est l'homme, à partir duquel se forme la sociosphère (littéralement « sphère sociétale »). De la sociosphère émerge l'infosphère, ou sphère de l'information, qui produit elle-même la noosphère qui est la sphère de la pensée humaine.

Voici comment le père Teilhard de Chardin (1881-1955) décrit cette représentation en couches dans son livre *Le Phénomène humain*, publié en 1955:

> Les géologues, depuis longtemps, s'accordent pour admettre la composition « zonaire » de notre planète. Nous avons déjà nommé la Barysphère, métallique et centrale – entourée de sa Lithosphère rocheuse –, surmontée elle-même des couches fluides de l'Hydrosphère et de l'Atmosphère. À ces quatre surfaces emboîtées la Science s'habitue avec raison, depuis Suess, à ajouter la membrane vivante formée par le feutrage végétal et animal du Globe: la Biosphère, si souvent nommée dans ces pages – la

Biosphère, enveloppe aussi nettement universelle que les autres « sphères », et même beaucoup plus nettement individualisée qu'elles, puisque, au lieu de représenter un groupement plus ou moins lâche, elle forme une seule pièce –, le tissu même des relations génétiques qui, une fois déployé et dressé, dessine l'Arbre de la Vie. Pour avoir reconnu et isolé, dans l'histoire de l'Évolution, l'ère nouvelle d'une Noogénèse, nous voici forcés, corrélativement, de distinguer, dans le majestueux assemblage des feuillets telluriques, un support proportionné à l'opération, c'est-à-dire une membrane de plus. Autour de l'étincelle des premières consciences réfléchies, les progrès d'un cercle de feu. Le point d'ignition s'est élargi. Le feu gagne de proche en proche. Finalement, l'incandescence couvre la planète entière. Une seule interprétation, un seul nom sont à la mesure de ce grand phénomène. Juste aussi extensive, mais bien plus cohérente encore, nous le verrons, que toutes les nappes précédentes, c'est vraiment une nappe nouvelle, la « nappe pensante », qui, après avoir germé au Tertiaire finissant, s'étale depuis lors par-dessus le monde des Plantes et des Animaux : hors et au-dessus de la Biosphère, une Noosphère. (L'ouvrage *Le Phénomène humain* est téléchargeable gratuitement à l'adresse suivante : http://www.lesconfins.com/Phenomhumain.pdf.)

Cette brève description en couches, ou nappes, des différents composants de la surface terrestre permet d'avoir une vue d'ensemble cohérente qui suggère d'emblée qu'il existe des couches inférieures simples, c'est-à-dire relativement peu complexes, et des couches supérieures sophistiquées qui représentent le summum de la complexité sur Terre. Cette représentation introduit donc une hiérarchie entre les couches. Elle suppose qu'il existe une évolution qui a débuté avec la formation de la Terre, il y a environ 4,6 milliards d'années, qui a continué ensuite pendant toutes les périodes géologiques (les quatre ères), et qui a finalement abouti jusqu'à l'homme d'aujourd'hui. Certes, cette vision peut paraître schématique, car il est vrai que cette dynamique évolutive ne s'est pas déroulée de façon calme, douce et linéaire. Au contraire, le film de l'évolution nous fait découvrir un scénario dans lequel il y a eu des impasses, des retours en arrière, des régressions, des disparitions subites, de longues migrations, des stagnations, des cohabitations difficiles, des croisements, des compétitions pour s'imposer ou des adaptations impératives pour survivre. En définitive, le long processus évolutif a infligé beaucoup de souffrance et de cruauté aux êtres vivants de notre planète. Il incarne la dure réalité de la vie sur Terre.

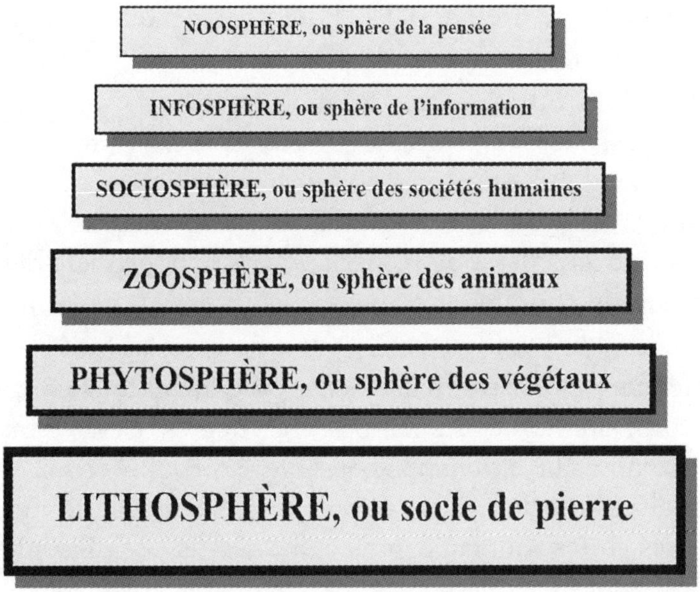

Ci-dessus : Les six couches principales formant la surface de notre globe : la lithosphère (socle de pierre), la phytosphère (sphère des végétaux), la zoosphère (sphère des animaux), la sociosphère (sphère des sociétés humaines), l'infosphère (sphère de l'information) et enfin la noosphère (sphère de la pensée). Ces couches forment une sorte d'escalier qui monte des structures les plus simples et les plus primitives (dans le sens de premier) vers les structures les plus complexes, les plus fines et aussi les plus fragiles. (Illustration : Daniel Robin)

Le terme de noosphère est dérivé du grec *noos* (aussi orthographié *noûs*), qui signifie « esprit », et du grec *sphaira*, qui veut dire

« sphère ». Le mot a été construit par analogie lexicale avec les termes d'atmosphère et de biosphère. Cette définition est suffisamment large pour permettre des interprétations très différentes les unes des autres. S'il n'y a pas trop de difficulté avec le terme « sphère », qui renvoie à la notion de domaine, de monde ou d'univers clos, fermé et replié (forme ronde), l'interprétation est moins aisée lorsque nous abordons le terme « esprit ». En effet, la noosphère, ou sphère de l'esprit, est-elle simplement la sphère de la pensée (pensée ou idée, au sens courant des termes), la sphère de la conscience, ou plus encore la sphère de l'esprit, où le terme d'esprit est interprété dans le sens d'un principe présent dans l'homme, mais qui n'est pas de nature physique (le principe spirituel) ?

Il est admis que dès que l'homme est apparu sur la Terre, des pensées et des idées ont traversé son cerveau. Celles-ci se sont développées quand les premières sociétés humaines se sont formées. Étions-nous déjà dans la noosphère ? D'une certaine façon, nous pouvons dire, en effet, que la formation de la noosphère débute dès l'apparition de l'homme pensant sur la Terre. Sur ce point, le père Teilhard de Chardin est clair :

> Juste aussi extensive, mais bien plus cohérente encore, nous le verrons, que toutes les nappes précédentes, c'est vraiment une nappe nouvelle, la « nappe pensante », qui, après avoir germé au Tertiaire finissant, s'étale depuis lors par-dessus le monde des Plantes et des Animaux : hors et au-dessus de la Biosphère, une Noosphère.

Pour lui, c'est bien au tertiaire finissant qu'apparaît et germe la « nappe pensante » qu'il nomme noosphère.

Rappelons que le terme d'ère tertiaire n'est plus utilisé aujourd'hui par les scientifiques. Ils préfèrent celui de cénozoïque, dont le nom signifie « nouvelle vie » (du grec *kainos*, qui signifie nouveau, et *zoe*, qui veut dire vie), qui correspond à une période qui va de –65 millions d'années à –2 millions d'années. Si nous fixons l'apparition de la noosphère à il y a quelque 2 millions d'années, il faut aussi admettre que cette couche s'est étendue, élargie, étoffée et déployée depuis cette date. Si son apparition remonte à la fin du cénozoïque, cela signifie que la noosphère n'a jamais cessé de progresser tout au long de cette période située entre –2 millions d'années et 2015, et même que son évolution se poursuit toujours, et qu'elle continuera bien au-delà de l'époque actuelle.

La noosphère sans dimension spirituelle

Vladimir Vernadski (1863-1945), minéralogiste et chimiste russe, a aussi utilisé le terme de noosphère, mais dans un sens beaucoup plus restreint et sans y inclure la dimension théologique de Teilhard de Chardin. Pour Vernadski, qui est considéré comme l'un des pères fondateurs de l'écologie scientifique, notre planète se compose de cinq couches en interaction constante :

- La lithosphère, qui est le noyau de roche et d'eau ;
- La biosphère constituée par la vie sous toutes ses formes ;
- L'atmosphère qui est l'enveloppe gazeuse constituant l'air ;
- La technosphère qui est le résultat de l'activité humaine ;
- La noosphère qui est la sphère de la pensée.

Voici quelques extraits d'un texte de Vernadski, publié dans *American Scientist* en janvier 1945, qui décrit les différentes étapes du processus évolutif qui aboutit à l'émergence de la noosphère :

> Partant de la notion du rôle géologique de l'homme, le géologue A. P. Pavlov (1854-1929), dans la dernière année de sa vie, parlait de l'ère anthropogénique dans laquelle nous vivons aujourd'hui. Bien qu'il n'ait pas pris en compte la possibilité de destruction des valeurs spirituelles et matérielles dont nous sommes témoins à peine dix ans après sa mort, avec l'invasion barbare des Allemands et de leurs alliés [référence à la Seconde Guerre mondiale], il insistait avec raison sur le fait que l'homme est devenu, sous nos yeux, une force géologique puissante et toujours croissante. Cette force s'est formée de manière imperceptible au fil du temps, coïncidant avec un changement dans la situation de

l'homme sur notre planète (et tout d'abord dans sa situation matérielle). Pour la première fois dans l'histoire de la Terre, au XXe siècle, l'homme connaît et embrasse l'ensemble de la biosphère, complétant ainsi la carte géographique de la planète et colonisant son entière surface. L'humanité devient un facteur unique dans la vie de la Terre. Il n'existe pas d'endroit sur Terre où l'homme ne puisse vivre s'il le désire. Notre peuple qui séjourna sur les glaces flottantes du pôle Nord en 1937-1938 l'a prouvé.

Parallèlement, grâce à des techniques puissantes et aux réussites de la pensée scientifique, telles que la radio et la télévision [et nous pourrions ajouter aujourd'hui Internet], l'homme est à présent capable de parler instantanément à n'importe qui et de n'importe quel endroit de la planète s'il le souhaite. Le transport aérien a atteint une vitesse de plusieurs centaines de kilomètres par heure, et n'est pas encore parvenu à ses limites. Tout cela est le résultat de la céphalisation, c'est-à-dire de la croissance du cerveau humain et du travail dirigé par ce cerveau.

Ensuite, Vernadski évoque sa conception de la noosphère.

La noosphère est un phénomène géologique nouveau sur notre planète. Pour la première fois, l'homme y devient une force géologique à grande échelle. Il peut et doit reconstruire le domaine de sa vie par son travail et sa pensée, le rebâtir radicalement par rapport au passé. Ainsi s'ouvrent devant lui des possibilités créatrices toujours plus grandes. Peut-être la génération de nos petits-enfants verra-t-elle cet épanouissement.

Avec l'avènement de la noosphère, nous voyons autour de nous, à chaque étape, les résultats empiriques de cet incompréhensible processus. Le fer natif est rare dans la nature, il est aujourd'hui produit à des milliards de tonnes. L'aluminium natif, qui n'existait pas auparavant sur notre planète, est maintenant fabriqué à grande échelle. Il en va de même pour un nombre incalculable de combinaisons chimiques artificielles (la culture biogénique des minéraux) nouvellement créées. Le nombre de ces minéraux artificiels est en augmentation constante. Cela comprend toutes les matières premières stratégiques. L'apparence de notre planète, la biosphère, subit chimiquement une transformation opérée par l'homme de manière consciente et bien plus encore de manière inconsciente. L'homme change physiquement et chimiquement l'enveloppe aérienne de la Terre ainsi que les eaux naturelles. Au XXe siècle, à cause des avancées de la civilisation, les mers et la partie des océans proches des côtes changent d'une manière toujours plus marquée. L'homme doit à présent prendre de plus en plus de mesures afin de préserver, pour les générations futures, la richesse des océans qui n'appartiennent encore à personne. D'autre part, il crée de nouvelles espèces d'animaux et de plantes. Les contes de fées semblent possibles dans l'avenir ; l'homme s'évertue à aller au-delà des frontières de la planète, dans l'espace. Et il le fera sans doute. Aujourd'hui, dans la grande tragédie historique que nous traversons, nous ne pouvons que réaliser que nous avons choisi, de manière intuitive, le chemin qui mène droit à la noosphère. Je dis « de manière intuitive », car l'ensemble de l'humanité est en train d'agir dans cette direction. Les historiens et les responsables politiques commencent seulement à comprendre le processus de la nature à partir de ce point de vue.

La noosphère est la dernière des nombreuses étapes de l'évolution de la biosphère dans l'histoire géologique. L'itinéraire de cette évolution commence seulement à nous apparaître plus clairement à travers l'étude de certains aspects du passé géologique de la biosphère. Laissez-moi vous citer quelques exemples. Il y a cinq cents millions d'années, durant le Cambrien, des formations à partir des squelettes d'animaux riches en calcium apparaissent pour la première fois dans la biosphère ; celles à partir de plantes apparaissent il y a plus de deux milliards d'années.

Cette fonction du calcium dans la matière vivante, à présent fortement développée, fut un des plus importants facteurs du changement géologique de la biosphère. Un changement tout aussi important de la biosphère se produisit de –110 à –70 millions d'années durant le Crétacé, et plus particulièrement à la période Tertiaire. C'est à cette époque que les vertes forêts, que nous aimons tant, prirent naissance. Il s'agit là d'un autre grand stade évolutionniste, analogue à la noosphère. C'est probablement dans ces forêts que l'homme est apparu il y a environ 15 à 20 millions d'années.

Aujourd'hui, nous vivons une période de nouveau changement fondamental dans la biosphère. Nous entrons dans la noosphère. Ce nouveau processus prend place dans un moment tourmenté, au cours d'une guerre mondiale destructrice. Mais ce qui importe, c'est que nos idéaux démocratiques soient en accord avec le processus géologique, avec les lois de la nature et avec la noosphère. Par conséquent, nous pouvons regarder l'avenir avec confiance. Il est entre nos mains. Ne laissons pas cet avenir nous échapper.

Comme l'indique Vernadski dans son texte : « L'homme s'évertue à aller au-delà des frontières de la planète, dans l'espace », ce qui signifie que la noosphère est en train de s'étendre sous nos yeux bien au-delà de la fine couche atmosphérique terrestre. En effet, avec l'avènement de l'ère des voyages spatiaux habités, nous constatons que la noosphère part à la conquête des immensités cosmiques. Certes, cette conquête n'est pas aussi aisée que nous l'espérions. Elle demande des efforts considérables (financiers, économiques, technologiques) et une coopération soutenue sur le plan international. Cependant, il semble que le mouvement soit amorcé ; et si nous surmontons les obstacles, nous verrons peut-être, au cours du XXIe siècle, l'homme fouler le sol des planètes de notre système solaire (sauf, bien sûr, les planètes gazeuses). Ce nouveau mouvement d'expansion de la noosphère marque une étape essentielle dans le processus évolutif humain. La question qui se pose est désormais celle-ci : quelles vont être, dans l'avenir, les nouvelles limites d'expansion de la noosphère ?

Ci-dessus : Mike Hopkins, ingénieur astronaute de la NASA, à l'extérieur de la Station spatiale internationale, le 24 décembre 2013. L'homme dans l'espace : image d'une expansion possible de la noosphère hors de son milieu d'origine, la Terre. Pourtant, avec nos voyages spatiaux modernes, nous ne sommes encore que dans une dimension horizontale, c'est-à-dire spatio-temporelle. Si la noosphère ne se développe que dans cette seule dimension, nous allons certainement au-devant de grands dangers. Pour établir un équilibre salutaire, il faudra aussi envisager que notre conquête spatiale s'accompagne d'une élévation correspondante dans les dimensions verticales de la conscience. Cette corrélation entre ces deux dimensions (horizontale et verticale), c'est ce que j'ai appelé le principe CEHV.

Noosphère, infosphère et cybersphère

Si nous revenons au niveau de la biosphère terrestre, nous constatons qu'aujourd'hui la notion de noosphère est de plus en plus amalgamée à celles d'infosphère et de cyberespace (Internet). Le rapprochement de la noosphère avec la sphère de l'information et celle d'Internet est, selon nous, tout à fait légitime puisque ces deux domaines d'activité sont bien des produits de la pensée et de l'intelligence humaines. L'infosphère et Internet vont aussi dans le sens du principe de complexité et de convergence (néguentropie). Cependant, l'erreur à ne pas commettre est de réduire la noosphère à l'un de ces deux termes.

Pour moi, la noosphère est une réalité beaucoup plus vaste et profonde que l'infosphère et Internet réunis. Elle dépasse et englobe ces deux termes qui ne sont en quelque sorte que des excroissances ou des « produits dérivés » de la noosphère. À noter qu'Internet est lui-même contenu dans l'infosphère. Rappelons que le concept d'infosphère est un néologisme construit sur le modèle de « biosphère ». Il signifie littéralement « sphère de l'information ». D'après le philosophe de l'information Luciano Floridi, ce terme a été introduit vers le milieu des années 1990 dans le cadre de recherches visant à analyser le nouveau milieu dans lequel les différentes composantes de la société de l'information sont à l'œuvre. Entendue dans son sens le plus large, l'infosphère englobe le monde des réseaux numériques, mais elle inclut également les récits oraux (toutes les légendes et traditions orales du monde), la totalité des films produits depuis que le cinéma existe, toutes les émissions de télévision et de radio, ainsi que les textes imprimés (toutes les bibliothèques du monde).

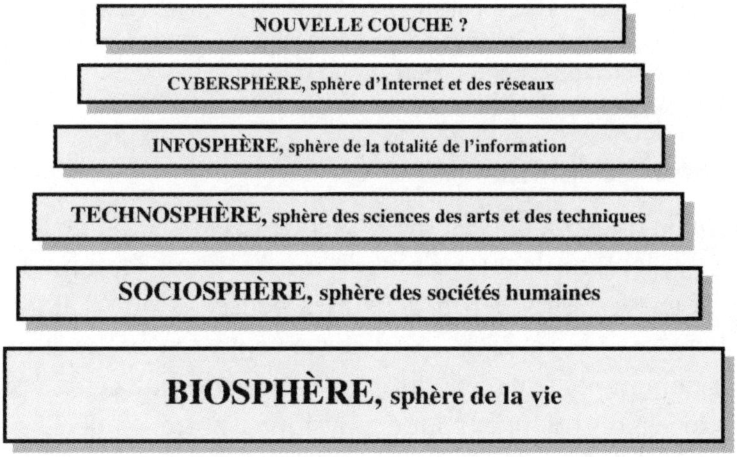

Ci-dessus : De la biosphère à la cybersphère. Pour que la cybersphère (qui se trouve dans notre schéma au sommet de l'escalier) puisse apparaître sur notre planète, il a fallu que se développent toutes les sphères sous-jacentes : la biosphère, la sociosphère, la technosphère et l'infosphère. La biosphère est la base biologique sur laquelle repose l'ensemble de l'édifice. Sans elle, aucune des sphères supérieures ne pourrait exister et, plus encore, n'aurait même pu émerger. D'où la prise de conscience de l'impérieuse nécessité de préserver l'intégrité de notre biosphère contre les menaces de la civilisation industrielle moderne qui pille littéralement ce socle de vie. La biosphère comprend la phytosphère, c'est-à-dire la totalité du monde végétal (plantes, arbres, végétaux divers) et la zoosphère, soit l'ensemble du monde animal. L'homme représente comme une excroissance spécifique de la zoosphère, mais il s'en dégage néanmoins par sa capacité à créer la culture et la civilisation. Culture et civilisation ne sont possibles que dans la mesure où l'être humain est un animal social, c'est-à-dire un être capable de créer des sociétés organisées. L'homme est donc l'artisan de la sociosphère, qui est la sphère de toutes les sociétés humaines existantes. Au-dessus de la sociosphère, nous trouvons la technosphère qui est une émanation de cette couche inférieure. La technosphère est l'ensemble des sciences, des techniques et des arts créés par toutes les sociétés humaines. Le symbole de la technosphère est la machine (ou l'ordinateur) qui occupe une place centrale dans nos sociétés modernes. Au-dessus de la technosphère, et issue d'elle, nous trouvons l'infosphère qui est constituée par la totalité des informations créées, mémorisées et utilisées par la sociosphère et la technosphère réunies. Dans notre schéma, la cybersphère n'est qu'une excroissance supérieure de l'infosphère. Aujourd'hui, la cybersphère tend à dominer les autres secteurs de l'infosphère. Elle connaît un développement prodigieux (incontrôlé même) dont l'horizon futur reste indéfini. En d'autres termes, nous ne savons pas sur quoi le développement de la cybersphère va déboucher. Verrons-nous surgir au-dessus d'elle une nouvelle couche – comme dans notre figure – dont la nature et les caractéristiques nous échappent complètement pour le moment ? C'est une possibilité qui n'est pas à écarter. (Illustration : Daniel Robin)

Noosphère et spiritualité

Pour moi, la noosphère n'est pas seulement l'expansion de la pensée humaine entendue dans son sens le plus courant, comme lorsque nous disons : « Je suis perdu dans mes pensées » ou « J'ai de mauvaises pensées ». Si j'ai insisté sur les concepts de couche et de zone dans les paragraphes précédents, c'est bien parce que cette représentation correspond à une réalité physique : notre planète – et ce, jusqu'à 100 kilomètres au-dessus de sa surface – est organisée en couches superposées qui vont des plus profondes (le cœur de la Terre) jusqu'aux plus élevées (la thermosphère). Chaque sphère, ou couche, possède ses caractéristiques propres qui sont différentes de celles des autres couches. Chaque sphère possède aussi ses qualités propres qui font d'elle un milieu spécifique qui n'est semblable à aucun autre. Nous pouvons presque dire que chaque sphère a une identité unique, singulière, et qu'elle forme une sorte de monde à elle toute seule. Il est facile de comprendre que le monde du noyau interne de la Terre n'est en aucun cas comparable au monde de la stratosphère. Il ne s'agit donc pas d'une simple différence quantitative (plus ou moins de tels ou tels éléments physiques ou chimiques), mais bien d'une différence qualitative entre des milieux et des environnements dissemblables. Cette notion de différence qualitative est importante, car elle s'applique non seulement aux sphères des réalités physiques, mais aussi aux sphères des réalités biologiques, culturelles, psychiques et spirituelles.

Ainsi, je peux dire qu'il existe une différence qualitative entre la biosphère et l'infosphère, par exemple, ou entre la zoosphère et la noosphère. Cela signifie qu'avec la noosphère nous entrons dans un autre monde, qualitativement différent de l'infosphère ou de la cybersphère. Si nous savons bien décrire les caractéristiques des sphères physiques inférieures, comme la lithosphère ou la phytosphère, il en va différemment pour les sphères supérieures. La toute nouvelle cybersphère, par exemple, possède un potentiel dont les caractéristiques restent pour le moment inconnues. En effet, il est difficile de savoir ce que produira cette sphère dans vingt ou trente ans. De quelles différences qualitatives la cybersphère est-elle porteuse ? Si nous admettons qu'il existe encore de nombreuses inconnues en ce qui concerne le potentiel et l'avenir de la cybersphère, nous concevons aisément que la situation est la même pour la noosphère. Ce que je peux déjà dire, c'est que la noosphère est qualitativement différente des autres sphères et qu'elle ne ressemble à aucune autre. C'est un milieu nouveau dans lequel les conditions de vie sont nouvelles. Qualitativement parlant, la noosphère est supérieure à toutes les autres sphères. C'est l'émergence de qualités de vie nouvelles qui n'ont aucun précédent sur la Terre. Chaque sphère est caractérisée par un élément spécifique qui domine tous les autres. Nous savons que le noyau de la Terre est une masse compacte composée essentiellement de fer (80 %) et de nickel. La lithosphère, qui est l'enveloppe rigide qui entoure la Terre, est principalement composée de roches granitiques, et la phytosphère est le royaume des végétaux. De la même façon, nous pouvons dire que l'élément essentiel qui compose la noosphère est la conscience. En ce sens, la noosphère est en quelque sorte le royaume de la conscience sur Terre.

La noosphère ne représente pas seulement l'ensemble de l'activité intellectuelle humaine, ni même une sorte de conscience collective de l'humanité qui regrouperait toutes les activités cérébrales et mécaniques de mémorisation et de traitement de l'information. Si ce n'était que cela, je peux dire que je me contenterais d'une vision plate et superficielle de la conscience. La conscience est en réalité bien plus que cela. Elle déborde largement l'activité intellectuelle ou mentale. La conscience en l'homme, c'est ce qui fait qu'il n'est pas seulement un animal doué de raison, mais qu'il est un être spirituel à part entière. La conscience en l'homme, c'est l'esprit de l'homme, c'est-à-dire son essence, son être le plus profond, qui est aussi une étincelle de divinité en lui. Avec la conscience et l'esprit, nous sommes plongés dans un milieu (un champ informationnel de conscience) totalement autre, dont les qualités sont très différentes des qualités des autres milieux physiques et biologiques. Avec la conscience, nous pénétrons dans une dimension verticale. Nous pouvons même considérer que nous ne sommes encore, en ce début de XXIe siècle, qu'au seuil ou à l'entrée de cette dimension verticale. Ce qui veut dire que la noosphère n'est pas seulement une couche intellectuelle ou mentale, mais aussi une nouvelle couche de conscience et d'esprit, une couche spirituelle.

Avec l'homme, la Terre est désormais porteuse d'une nouvelle dimension qui est celle de la conscience et de l'esprit. Cette dimension, qui est verticale et non plus seulement horizontale, représente un saut qualitatif inimaginable. C'est une transformation cruciale qui est aussi importante que le passage de l'inerte au vivant, ou de l'animal à l'homme. C'est un vrai saut évolutif qui ouvre des perspectives inouïes. Nous sommes loin de la couche pensante et travailleuse humaine de Vladimir Vernadski qui voyait seulement dans la noosphère une sorte de facteur responsable d'un changement géographique, dans le sens où l'homme est capable de transformer le paysage terrestre. Vladimir Vernadski pensait que la noosphère était capable de transformer nos conditions de vie dans un sens écologique et environnemental. Certes, la noosphère est capable de modifier notre environnement, mais le plus important est qu'elle incarne un changement profond dans la conscience humaine. Avec l'avènement de la noosphère, ce n'est pas tant les conditions matérielles qui seront transformées, mais plutôt les conditions de notre vie spirituelle.

Les mystères de la noosphère

Inutile de cacher qu'il existe un mystère de la noosphère, dans le sens où les conditions de vie au sein de la noosphère ne sont pas encore clairement identifiées. Comme le disait si bien Teilhard de Chardin dans *Le Phénomène humain* : « Nous n'avons encore aucune idée de la grandeur possible des effets noosphériques de la résonance des vibrations humaines par millions, du produit collectif et additif d'un million d'années de pensée. » Si l'élément constitutif de la noosphère est la conscience, il en découle que son mystère est aussi vaste et profond que le mystère de la conscience elle-même. Que savons-nous, en effet, de la conscience ? Pas grand-chose, dans le fond. Nous savons que nous sommes des êtres conscients, mais nous ne savons pas de quoi est faite cette conscience ? Même notre science moderne la plus avancée n'est plus certaine que la conscience soit sécrétée par le cerveau, comme la bile l'est par le foie. Des expériences comme les EMI (expériences de mort imminente), par exemple, battent en brèche tous les paradigmes de la science rationaliste et matérialiste. Tous nos anciens schémas de pensée sont balayés par ces expériences extraordinaires qui montrent de façon spectaculaire que la conscience est capable de fonctionner même lorsque le cerveau est gravement endommagé. Alors, si notre compréhension de la conscience n'est guère avancée, du moins dans notre monde occidental moderne, il en va de même pour la noosphère. Tout ce que nous pouvons faire, c'est tracer dans les grandes lignes les conditions de vie au sein de ce nouveau milieu et de cette dernière couche terrestre.

Premier constat : l'émergence de la noosphère signifie plus de conscience et plus d'esprit sur Terre. Plus la noosphère progresse, et plus la conscience est présente. Pour ma part, j'estime que cet accroissement de la conscience et de la transformation noosphérique se produit simultanément sur deux niveaux différents, individuel et collectif, et sur trois plans : physique, psychique et spirituel (conformément à la constitution tripartite de l'être humain).

PLANS → *NIVEAUX* ↓	*PLAN PHYSIQUE*	*PLAN PSYCHIQUE*	*PLAN SPIRITUEL*
NIVEAU INDIVIDUEL	**Transformations individuelles sur le plan corporel** **NIPC**	**Transformations individuelles sur le plan psychique** **NIPP**	**Transformations individuelles sur le plan spirituel** **NIPS**
NIVEAU COLLECTIF	**Transformations collectives sur le plan corporel** **NCPC**	**Transformations collectives sur le plan psychique** **NCPP**	**Transformations collectives sur le plan spirituel** **NCPS**

Ci-dessus : Tableau des transformations générées par le développement de la noosphère. (Illustration : Daniel Robin)

NIPC et NCPC : niveaux individuel et collectif sur le plan corporel

Le développement et la densification de la noosphère pourraient apporter des transformations corporelles, c'est-à-dire des modifications significatives et visibles dans le corps humain.

Nous pouvons envisager que ces modifications corporelles s'appliquent à :

- des individus isolés, triés sur le volet ou choisis ;
- des groupes humains plus ou moins importants ;
- l'humanité tout entière.

La première modification physique qu'il faut envisager est d'ordre naturel. Elle concerne notre boîte crânienne qui abrite notre cerveau. Cette modification serait la suite logique de toute l'évolution humaine jusqu'à aujourd'hui. Nous pouvons concevoir, en effet, que le cerveau augmente de volume avec le temps. La forme du cerveau de l'homme moderne, ou Homo sapiens sapiens, aurait pris naissance il y a environ 200 000 ans. Mais un constat a été fait par les scientifiques qui s'accordent sur le fait que, curieusement, depuis cette époque, le volume cérébral n'a pas changé. Celui-ci se situe toujours entre 1450 et 1650 cm^3, et cela malgré les modifications profondes qui n'ont cessé de s'opérer dans les pratiques sociales et culturelles. Les fonctions mentales se sont développées, le langage (apparu avec Homo erectus) s'est considérablement perfectionné, le niveau d'abstraction est devenu prodigieux (les mathématiques), la vie sociale s'est organisée et complexifiée à un niveau sans précédent, mais la taille et le volume du cerveau ne semblent pas avoir changé. Il faut reconnaître que c'est un fait très étrange et, pour le moment, inexpliqué. Cela signifie-t-il que l'évolution du cerveau, des points de vue physique et matériel, est terminée ? L'évolution cérébrale suivrait alors une autre voie, dans le sens d'une progression vers plus de conscience et de spiritualité (conscience et esprit étant d'une nature non matérielle) à l'intérieur de nous. Cependant, même si l'évolution volumétrique du cerveau semble arrêtée pour le moment, rien ne dit qu'elle ne redémarrera pas dans un futur proche. En aucun cas nous ne pouvons admettre que le cerveau de l'homme moderne constitue le *nec plus ultra* de l'évolution, et qu'avec lui l'évolution a dit son dernier mot, si je puis m'exprimer ainsi. Le tableau de la page suivante montre que le volume cérébral n'a cessé de croître tout au long de l'évolution, alors pour quelle raison ce processus s'arrêterait-il subitement aujourd'hui ?

Une autre possibilité de modification sur le plan corporel pourrait provenir du pouvoir (dangereux à beaucoup d'égards) que possède la science génétique de modifier notre patrimoine génétique dans le sens d'un perfectionnement du corps humain. Après une première étape qui verrait l'élimination définitive des maladies génétiques, la science, dans une seconde étape, serait fortement tentée de sélectionner les caractères génétiques qui lui paraissent bons et favorables et de fabriquer avec ce matériel une sorte de surhomme. Je

Types	Volume de la boîte crânienne	Époque (en années av. J.-C.)	Crânes
Homo sapiens	entre 1450 et 1650 cm^3	-200 000 ans à aujourd'hui	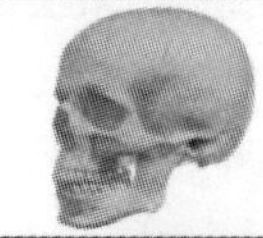
Homo neandertalensis	entre 1500 et 1750 cm^3	entre environ -250 000 et -28 000	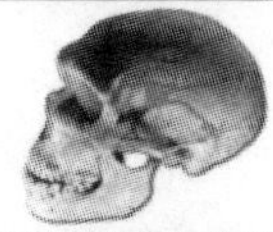
Homo erectus	entre 800 et 1250 cm^3	entre -1,9 million et -300 000 ans	
Homo ergaster	850 cm^3	entre -2 et -1 million d'années	
Homo habilis	entre 600 et 700 cm^3	entre -2,5 et -1,5 million d'années	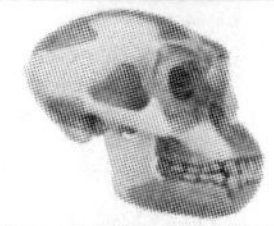
Australopithecus robustus	entre 500 et 600 cm^3	entre -2,2 et -1 million d'années	
Australopithecus africanus	480 cm^3	entre - 2,5 et -3,5 millions d'années	
Australopithecus afarensis	entre 350 et 450 cm^3	entre -4,1 et -2,9 millions d'années	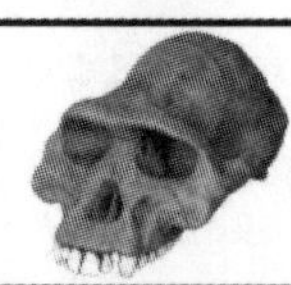

Ci-dessus : Figure montrant l'évolution du volume de la boîte crânienne depuis l'australopithecus afrinacus, qui vivait il y a près de 4 millions d'années en Afrique, jusqu'à l'homme moderne. Un des effets corporels du développement de la noosphère pourrait être l'accroissement du volume du cerveau humain (Illustration : Daniel Robin).

suis plus que réservé sur les résultats que pourrait entraîner une telle manipulation du matériel génétique humain. Sur quels critères, par exemple, la sélection des gènes favorables serait-elle faite ? Quels caractères génétiques faudrait-il garder pour fabriquer une sorte d'homme nouveau qui ne serait, en définitive, que la concrétisation de l'idée que les scientifiques se font du surhomme ou de l'homme idéal ? Cette idée pourrait ne pas être partagée par les philosophes ou par les religieux. Nous savons tous à quelles monstruosités et à quel degré d'inhumanité sont parvenus ceux qui pensaient pouvoir fabriquer un surhomme en pratiquant un eugénisme collectif. Si l'éradication des maladies me paraît une cause défendable, la pratique de l'eugénisme, qui vise à améliorer l'espère humaine selon les critères d'une science matérialiste qui ignore la dimension spirituelle de l'être humain, est une aberration que je condamne. Si l'idée que la science matérialiste se fait de l'homme nouveau se réduit à du bricolage génétique ayant seulement pour but son amélioration physique, elle risque de créer un monstre froid qui pourrait se retourner contre elle. Le problème est le même avec ce que les transhumanistes appellent l'homme augmenté : il est inutile, voire dangereux, de changer les capacités du corps humain si, en parallèle, on ne change pas sa dimension psychospirituelle.

Dans cette vision transhumaniste de l'avenir de l'homme, le couple homme-machine devient central. De nombreux chercheurs pensent que nous verrons bientôt la machine venir se greffer sur certaines parties du corps humain et ainsi améliorer ses performances. Aujourd'hui, le mot « cyborg » désigne cette nouvelle créature issue d'une intégration d'éléments artificiels à l'intérieur d'un être humain vivant. Ce terme d'origine anglaise provient de la contraction de *cybernetic organism*. Tout d'abord considéré comme une pure invention de la science-fiction, le cyborg est d'ores et déjà une réalité. Une personne ayant un stimulateur cardiaque ou une hanche artificielle, par exemple, peut déjà correspondre, dans une certaine mesure, à cette définition du cyborg. Entre aussi dans cette catégorie quelqu'un à qui on a greffé une puce électronique cérébrale (*brain chip*, *brain implant*) ou un *pacemaker* cérébral (terme plus spécifique qui est employé pour désigner des puces à fonction médicale soignante). Si cette dernière possibilité semble moins dangereuse que la voie génétique, il faut cependant redouter certaines applications qui consisteraient à utiliser des implants dans le but de contrôler un être humain à distance. J'ajoute enfin que le rêve ultime des transhumanistes est de transférer toutes les informations contenues dans un cerveau humain (substrat biologique) vers un ordinateur (support silicium), c'est-à-dire de télécharger les données du cerveau sur un support artificiel, comme vous téléchargez un film sur votre ordinateur. En effectuant cette délicate opération, les transhumanistes espèrent atteindre l'immortalité. Penser qu'on puisse accéder à l'immortalité de cette façon, c'est – dans le principe même – commettre une double erreur :

- C'est ignorer la nature réelle de la conscience et la réduire à un paquet d'informations comparables à celles qui forment un programme informatique. Ce n'est d'ailleurs pas un hasard si ce sont de grandes entreprises du secteur informatique (Google et autres entreprises numériques de la Silicon Valley) qui sont les ardents défenseurs des idées transhumanistes. Pour ces promoteurs de la société numérique dans laquelle nous vivons, la vie, la conscience et l'information peuvent être traduites en lignes de codes et digérées par de puissants ordinateurs. Il n'y a pas de différence qualitative entre ces réalités ;
- C'est ignorer qu'en tant qu'être spirituel l'homme est déjà immortel. Notre conscience est immortelle. La mort physique n'est qu'une étape. Elle s'intègre dans un processus plus large qui concerne la vie de la conscience dans son ensemble. La vie ne s'arrête donc pas avec la destruction du corps physique. L'immortalité dont rêvent les transhumanistes n'est en réalité que le désir de prolonger de façon indéfinie l'existence de leur ego. Dans le fond, ils ne supportent pas l'idée que leur petit moi puisse disparaître.

Les transformations corporelles de l'être humain issues du développement de la noosphère (NIPC), que nous venons d'examiner, ne constituent sans doute que quelques pistes parmi de nombreuses autres dont nous n'avons encore aucune idée. Dans ce domaine, tout est possible. Ce qui ressort cependant de ce bref examen, c'est que la piste génétique et la piste couple homme-machine peuvent se révéler très dangereuses et déboucher sur des résultats qui iraient à l'encontre d'un accroissement de la conscience et de l'esprit. La leçon que nous devons tirer de cette réflexion, c'est qu'il faut être vigilant dès que sont évoquées les techniques issues de la science qui ont pour ambition d'améliorer l'être humain. Ces techniques, qui en elles-mêmes ne sont ni bonnes ni mauvaises, peuvent, comme toujours, être détournées de leur but initial et devenir des moyens de contrôle et d'asservissement très puissants.

Par ailleurs, rien ne dit que le corps de l'être humain doive nécessairement faire l'objet de modifications pendant cette phase de développement de la noosphère. Peut-être sommes-nous déjà suffisamment équipés – d'un point de vue physiologique – pour l'aborder dans de bonnes conditions. À ce niveau d'évolution, ce n'est sans doute plus les réalités corporelles qui doivent être transformées en priorité, mais plutôt les réalités psychiques et spirituelles. C'est ce que nous allons examiner dans les paragraphes ci-dessous.

NIPP et NCPP : niveaux individuel et collectif sur le plan psychique

Selon les traditions spirituelles et initiatiques, le plan psychique intermédiaire est celui de la rencontre entre les forces spirituelles célestes qui viennent d'en haut et les forces matérielles terrestres qui viennent d'en bas. À noter que les forces matérielles ne sont ni bonnes ni mauvaises, elles ne sont que l'expression d'un niveau de réalité. Les forces matérielles d'en bas peuvent être assimilées aux divinités chthoniennes, terme qui provient du grec ancien et qui signifie « Terre » ou « forces telluriques » (du latin *tellus*, la Terre). Les divinités chthoniennes réfèrent aux forces terrestres, aux mondes souterrains ou aux enfers, par opposition aux divinités célestes, dites ouraniennes ou éoliennes, qui réfèrent aux forces célestes. Les premières divinités chthoniennes étaient féminines puisqu'elles étaient des incarnations de la grande déesse et de la Terre mère (Gaïa).

Aujourd'hui, Gaïa est devenue le symbole d'une conscience planétaire tournée vers l'écologie et le respect de notre planète, considérée comme une entité vivante et consciente. L'écologiste anglais James Lovelock est le théoricien de la fameuse hypothèse Gaïa. Dans les années 1970, il utilise le nom et l'image de la déesse-mère Gaïa, personnifiant la Terre comme un être vivant, pour synthétiser sa théorie (*La Terre est un être vivant: l'hypothèse Gaïa*, 1979). Selon James Lovelock, la Terre est un système intelligent, s'autorégulant, qui permettrait et protégerait le développement de la vie sur notre planète.

Le domaine psychique est un espace de combat et de lutte entre des forces antagoniques qui, malgré leur différence de nature et d'origine, cherchent malgré tout à cohabiter en instaurant une sorte d'équilibre dynamique instable. Cet équilibre est difficile à établir, et une fois qu'il semble atteint, il devient très vite précaire et incapable de se maintenir dans la durée.

Une constatation s'impose: le monde psychique est mouvant et fluctuant. Il est sans cesse le théâtre de transformations violentes et radicales, de retournements brutaux et imprévisibles. C'est le monde où s'affrontent sans trêve les pôles ou les signes (+ et –, mâle et femelle) opposés: le bien et le mal, le haut et le bas, la vie et la mort, l'amour et la haine, la volonté de puissance et l'humilité, la richesse et la pauvreté, l'attirance et la répulsion, la matière et l'esprit, l'ombre et la lumière, la liberté et l'enfermement, la domination sur les autres et le sacrifice de soi. L'homme, considéré dans un sens individuel et collectif, est justement l'être chez qui cet antagonisme entre les forces matérielles et spirituelles peut atteindre un degré de puissance et de violence inouï. En lui cohabitent l'ange et la bête. L'homme est l'enfant de la Terre, mais aussi l'enfant du ciel.

Ci-dessus : Saint Michel archange tenant en respect le diable, Satan ou le dragon (œuvre de de Comontes, peintre du XVIe siècle, Tolède). Le symbolisme de l'archange Saint Michel, figure éblouissante des forces célestes, combattant et maîtrisant les forces du mal, correspond au monde psychique intermédiaire dans lequel les opposés sont en lutte. Saint Michel ne tue pas le dragon, mais il le maîtrise, il le dompte en quelque sorte en l'immobilisant sous son pied. Il l'empêche de nuire, mais ne le supprime pas complètement. Il rétablit donc un équilibre rompu entre des forces opposées, mais complémentaires. Saint Michel restaure une harmonie perdue. Pour les chrétiens, l'archange Saint Michel se trouve entre l'homme et Dieu au moment de la mort et il pèse les âmes des défunts (avec la balance dans le tableau de de Comontes). De ce point de vue, Saint Michel est l'équivalent chrétien de Thot, Hermès ou Mercure qui guident les âmes dans le monde des morts. Deux de ses attributs sont la balance et l'épée. Nous les retrouvons gravés dans la pierre sur les tympans de certaines églises : l'archange Saint Michel pesant les âmes en regardant droit devant lui sans se laisser distraire par le diable qui tente de faire pencher la balance de son côté. La balance est l'emblème permettant de peser, de mesurer et d'évaluer les actions et les pensées du défunt. Elle représente également les capacités permettant à l'être humain de soupeser et d'évaluer chacune de ses actions et de ses expériences, leur attribuant une juste valeur en fonction de leur véritable importance. L'épée évoque la guerre. Il ne s'agit pas d'une guerre destructrice cherchant à assouvir des instincts belliqueux, mais d'une guerre constructive, l'équivalent du jihad (grande guerre sainte) des musulmans. Le jihad par le cœur, aussi nommé grand jihad, invite les musulmans au combat intérieur afin de s'améliorer sur le plan spirituel. L'épée que brandit Saint Michel est pour l'homme l'outil d'une guerre sainte menée contre les égarements de la condition corporelle et conduisant à sa réconciliation avec sa dimension spirituelle. L'épée peut être vue comme l'emblème de la rédemption pour une adéquation entre la vie extérieure de l'homme (matérielle) et sa vie intérieure (spirituelle). Dans l'économie de la noosphère, nous aurons besoin des forces célestes pour établir une harmonie psychique favorisant notre élévation spirituelle.

Sur le plan collectif, nous voyons aujourd'hui que ce combat psychique devient général et global. Il prend, à notre époque, une ampleur sans précédent. C'est comme si les forces qui s'opposent devenaient chaque jour plus puissantes, entraînant des combats de plus en plus violents. À l'échelle de la planète, nous voyons les forces matérielles se déchaîner, en quelque sorte, et emporter avec elles la grande masse des humains. Ce vaste mouvement paraît irrésistible. Il balaie tout sur son passage. La grande majorité des individus n'a même plus la force ni même l'envie de lutter contre ce puissant flot des forces matérielles. Elle n'a même plus aucune idée de ce qu'est la vraie spiritualité. Les hommes ont l'impression d'être coupés (ou déconnectés, dirions-nous aujourd'hui) du flux des forces célestes. La situation semble désespérée, et la victoire des forces matérielles semble acquise. René Guénon a très bien décrit et analysé en profondeur cette dramatique réalité contemporaine dans deux ouvrages essentiels : *Le règne de la quantité et les signes des temps* et *La crise du monde moderne*.

Malgré les apparences, les forces matérielles ne sont pas encore victorieuses. À notre époque, les forces chthoniennes sont perçues comme négatives parce qu'elles s'expriment de façon plus massive, systématique et désordonnée. Comme ce sont des forces démonstratives et extérieures, elles sont plus visibles que les forces spirituelles qui sont discrètes et intérieures. Sous la surface agitée par les forces matérielles, les forces spirituelles mènent leur action en silence et en profondeur. Le développement accéléré de la noosphère devrait pouvoir contrebalancer cette action massive et générale des forces matérielles qui nous tirent vers le bas. Sur le plan psychique, la noosphère devrait pouvoir établir de façon permanente un équilibre salutaire entre les forces matérielles et célestes. Par l'action conjointe de la pensée, de la conscience et de l'esprit, la noosphère deviendra l'espace au sein duquel devrait régner une nouvelle harmonie entre les puissances opposées.

Dans combien de temps la noosphère arrivera-t-elle à instaurer l'apaisement psychique à l'échelle planétaire ? Difficile à dire, mais ce processus peut prendre des dizaines d'années, et même des siècles. Tous les jours, lorsque nous prenons connaissance de l'actualité, nous voyons combien l'humanité est encore victime des forces psychiques chaotiques qui sèment le désordre et la désolation. Quelle est l'origine des crises financières et économiques qui ruinent les nations et appauvrissent les peuples ? Quelle est l'origine des guerres, des conflits entre les pays et des actes terroristes ? Quelle est l'origine des dérèglements climatiques qui mettent en péril l'avenir même de l'humanité ? Est-ce l'action obscure de la fatalité ou du destin, ou bien plutôt les résultats catastrophiques d'un état psychique individuel et collectif qui agit encore sous l'emprise de forces sur lesquelles il n'a pratiquement aucune prise ? Avidité, cupidité, égoïsme, peur, bêtise, méchanceté, indifférence, ignorance sont quelques-uns des démons que nous devons combattre, car la source de tous nos malheurs présents est là, à l'intérieur de nous, et pas ailleurs. Il faut insister sur ce point : la pacification de l'espace psychique individuel et collectif s'avère nécessaire pour accéder sans risque au plan spirituel. C'est même le passage obligé pour que l'humanité puisse s'engager dans une nouvelle phase de son évolution. Cette nouvelle étape a pour objectif de se diriger – et finalement de se fondre – dans le point Oméga, but ultime et final de l'évolution humaine.

NIPS et NCPS : niveaux individuel et collectif sur le plan spirituel

La pacification de l'espace psychique individuel et collectif ainsi que le développement accéléré de la noosphère, c'est-à-dire son épaississement et sa densification, constituent le prélude à des mutations futures majeures du processus évolutif humain. Comme l'a souligné Teilhard de Chardin, cette évolution s'effectue « en haut et en avant », c'est-à-dire que l'espèce humaine est attirée par le futur (et non pas poussée par le passé) et que cette attirance se fait du bas vers le haut, de la matière vers l'esprit, et de l'inconscience vers toujours plus de conscience. Si nous poussons cette logique du en haut et en avant jusqu'à ses limites, la question se pose de savoir jusqu'où elle va nous mener. Pour Teilhard de Chardin, le point le plus élevé et le plus lointain est le fameux point Oméga, dans lequel se résout et s'accomplit la perfection de tout le parcours évolutif humain. C'est la limite logique du mouvement vers le haut et en avant. Mais pourquoi Teilhard de Chardin a-t-il choisi l'expression « point Oméga » ?

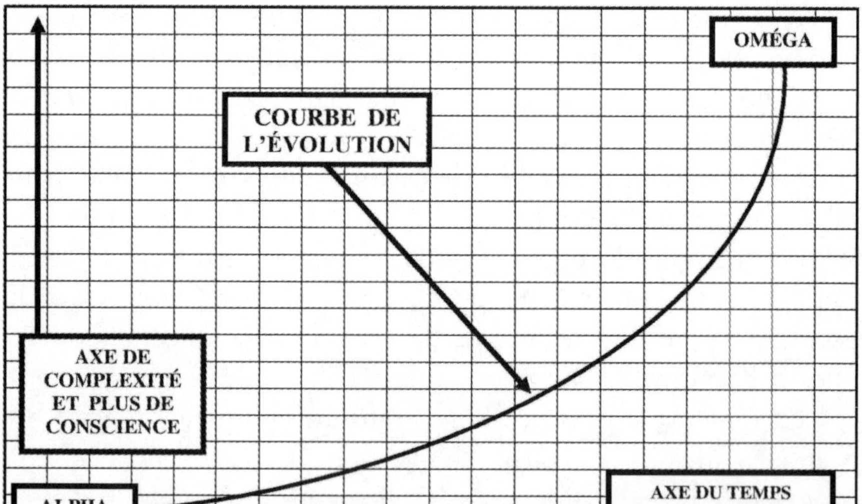

Ci-dessus : représentation graphique de la courbe évolutive humaine. C'est l'illustration graphique de l'expression « en haut » et « en avant » de Teilhard de Chardin. La courbe a son origine dans l'Alpha, le commencement, et se termine dans l'Oméga, la fin (fin de l'histoire). En abscisse figure le déroulement du temps en millions d'années. En ordonnée figure l'axe de complexité croissante et la montée en puissance de la conscience dans l'Univers. Le point Oméga représente le point ultime du développement de la complexité et de la conscience vers lequel se dirige toute l'évolution. Le point Oméga est l'aboutissement mais aussi la cause originelle de l'évolution. Le point Oméga existe d'une manière suprêmement complexe et suprêmement consciente en étant transcendant par rapport à l'Univers en devenir. (Illustration : Daniel Robin).

De l'alpha à l'oméga

L'expression « point Oméga » provient directement de la Bible :

- Livre d'Isaïe, 44:6 : « Je suis le premier et je suis le dernier, et hors moi il n'y a point de Dieu. »
- Apocalypse, 1:8 : « Je suis l'alpha et l'oméga, dit le Seigneur Dieu, celui qui est, qui était, et qui vient, le Tout-Puissant. »
- Nouveau Testament – Apocalypse, 21:6 : « Tout est réalisé désormais. Je suis l'alpha et l'oméga, le commencement et la fin. Moi, je donnerai gratuitement à celui qui a soif l'eau de la source de vie [...]. »
- Apocalypse, 22:13 : « Je suis l'alpha et l'oméga, le premier et le dernier, le commencement et la fin. »

L'alpha et l'oméga, c'est le commencement et la fin, l'origine et le but. Le mot « fin » n'est pas seulement utilisé dans le sens de terme, d'aboutissement ou de clôture (la fin d'un film ou d'une histoire, par exemple), mais aussi avec la signification de ligne directrice, de but vers lequel nous sommes attirés et pour lequel une stratégie est développée (comme dans les expressions « parvenir à ses fins » ou les « fins dernières »). Entre le commencement et la fin, il existe une relation étrange qui fait que, dans le premier terme, le second est, d'une certaine façon, déjà contenu en germe. Mais le plus étonnant est que cette connexion fonctionne dans les deux sens : l'alpha est pleinement réalisé dans l'oméga, et l'oméga est une potentialité incluse dans l'alpha. Un lien mystérieux lie le commencement et la fin, et ce lien est le sens de la direction, le déploiement du sens entre deux points qui semblent opposés.

Ci-dessus : Chrisme surplombant une chapelle de l'église Saint-François-Xavier, à Paris. Entre les branches du chrisme sont représentés l'alpha et l'oméga.

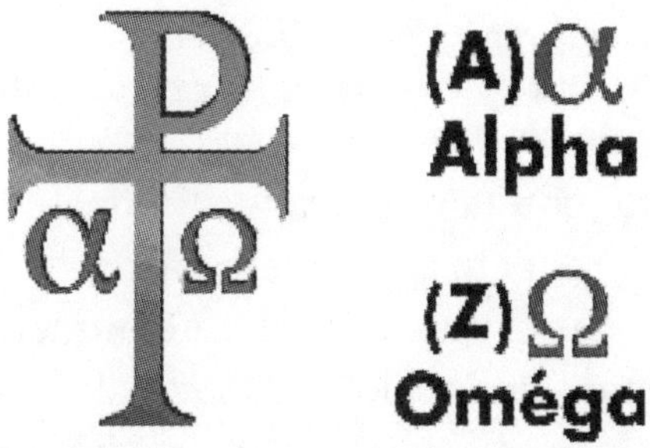

Ci-dessus : Chrisme avec les lettres alpha et oméga entre ses branches.

Ci-dessus : Le Christ en gloire tenant dans sa main gauche les Saintes Écritures sur lesquelles sont inscrites les lettres alpha et oméga. Le Christ en gloire (Christ céleste) a pour objet la représentation eschatologique du Christ dans son corps de gloire nimbé de lumière lors de la seconde parousie, à la fin des temps, après le jugement dernier (le Christ du jugement). Ce thème du Christ glorieux au-delà du monde terrestre s'oppose aux autres scènes de la vie terrestre de Jésus (Christ terrestre). Le Christ est représenté de face, barbu, cheveux longs, les traits figés, le regard compatissant. Il est entouré d'un nimbe de lumière parfaite, qui n'a aucune ombre, dans un cercle ou une mandorle (amande ovale). Le Christ en gloire est un Christ pantocrator (du grec *pan*, « tout », et *kratos*, « puissance »), un roi de gloire, c'est-à-dire un Christ tout-puissant. Dans une perspective chrétienne, le Christ pantocrator n'est-il pas une représentation du point Oméga, c'est-à-dire de la fin de tout le processus évolutif humain, et aussi la représentation de l'être humain pleinement réalisé dans la synthèse finale ?

Dans le contexte chrétien qu'était celui de Teilhard de Chardin, l'alpha et l'oméga (première et dernière lettres de l'alphabet grec : α et ω) sont assimilés au Christ, qui est au commencement et à la fin de tout. D'un point de vue cosmologique, l'alpha est le commencement de l'Univers que nous connaissons, c'est-à-dire le big bang qui s'est produit il y a 13,7 milliards d'années ; et l'oméga serait l'état de l'Univers parvenu à son accomplissement final. Dans ce contexte, l'oméga de l'Univers n'est pas encore défini avec certitude. Les cosmologistes ne s'accordent pas, en effet, sur un modèle définitif capable de décrire avec certitude la fin de notre Univers. Celui-ci va-t-il s'étendre indéfiniment et atteindre une température proche du zéro absolu (-273,15 °C) ? Ou au contraire va-t-il ralentir son expansion, se replier et se contracter sur lui-même pour former un *big crunch*, une sorte de big bang à l'envers ? Pour le moment, la solution n'est pas tranchée, mais toutes les observations indiquent que l'expansion ne s'arrêtera pas. Concrètement, cela signifie que la vitesse à laquelle s'éloignent de nous les galaxies lointaines ne décroît pas au cours du temps ; au contraire, elle augmente.

Quand il est dit que le Christ est au commencement et à la fin de tout, faut-il inclure dans ce tout la perspective cosmologique, ou ne parle-t-on que de l'homme et de son destin spirituel ? Selon Teilhard de Chardin, le point Oméga est le terme de l'évolution humaine et ne concerne pas le devenir de l'Univers matériel (galaxies, étoiles, planètes, etc.) dans son ensemble. Pour lui, il existe en effet des forces qui accélèrent la convergence, ou néguentropie, et des forces opposées qui sont responsables de la divergence, ou entropie. L'homme fait partie du processus de convergence, alors que l'Univers dans son ensemble tend plutôt vers la divergence et la dispersion. Le point Oméga, qui est le pôle extrême, le sommet de la convergence et de l'unification, ne concerne donc que le destin de l'homme. Une fois ce principe admis, il n'en reste pas moins que décrire ce qu'est le point Oméga n'est pas un exercice facile. Plusieurs questions se posent.

Premièrement, il faut se demander dans combien de temps l'humanité atteindra le point Oméga. Faudra-t-il attendre 100, 1000, 10 000 ans, ou même 1 million d'années ? Ensuite, dans l'hypothèse où l'échelle de temps retenue est celle du million d'années, pouvons-nous encore dire que c'est l'homme qui atteindra ce but ultime ? Dans un million d'années, l'homme actuel n'existera peut-être plus, et nous pouvons imaginer que c'est son successeur sur la courbe évolutive qui atteindra le but ultime de l'évolution. Comment croire à un événement si lointain et si élevé ? Comment croire à un état d'être si différent de ce que nous vivons aujourd'hui ? Ce sont autant de questions auxquelles il n'est pas aisé de répondre. Il faut donc convenir que la réalité du point Oméga nous échappe et que nous sommes, pour le moment, dans l'impossibilité de la décrire avec précision. Dans son livre *Le Phénomène humain*, Teilhard de Chardin nous donne quelques pistes en consacrant un bref paragraphe aux attributs du point Oméga. Je reproduis, ci-dessous, l'intégralité du texte qui nous permettra de mieux en pénétrer les mystères.

Les attributs du point Oméga

> Après s'être laissé prendre avec excès aux charmes, jusqu'à tomber dans l'illusion, de l'analyse, la pensée moderne se réhabitue enfin à envisager la fonction évolutivement créatrice de la synthèse. Dans la molécule, commence-t-elle à voir, il y a décidément plus que dans l'atome ; dans la cellule, plus que dans les molécules ; dans le social, plus que dans l'individuel ; dans la construction mathématique, plus que dans les calculs et les théorèmes... À chaque degré ultérieur de combinaison, quelque chose d'irréductible aux éléments isolés émerge, nous tendons maintenant à l'admettre, dans un ordre nouveau ; et, de ce chef, conscience, vie, pensée sont bien près d'acquérir droit d'existence scientifique. À ce « quelque chose », toutefois, tant s'en faut que

la Science reconnaisse encore valeur particulière d'indépendance et de solidité : nés par un incroyable concours de chances sur un édifice précairement assemblé, ne créant par leur apparition aucun surcroît d'énergie mesurable, les « êtres de synthèse » ne sont-ils pas, expérimentalement, la plus belle, mais aussi la plus fragile des choses ? Et comment pourraient-ils bien anticiper ou survivre la réunion éphémère des parcelles sur lesquelles leur âme vient se poser ? En fin de compte, et malgré une demi-conversion au spirituel, c'est encore du côté de l'élémentaire, c'est toujours dans la direction de la Matière infiniment diluée que physique et biologie regardent pour trouver l'Éternel et le Grand Stable.

Conformément à cet état d'esprit, l'idée qu'il se préparerait, au sommet du Monde, quelque Âme des âmes n'est pas si étrangère qu'on pourrait croire aux vues actuelles de la raison humaine. Après tout, y a-t-il pour notre pensée autre façon de généraliser le principe d'Émergence ?... Mais en même temps, cette Âme coïncidant avec une rencontre suprêmement improbable de la totalité des éléments et des causes ne saurait se former, demeure-t-il entendu ou sous-entendu, que dans un avenir extrêmement lointain, et en dépendance totale des lois réversibles de l'Énergie.

Eh bien, ce sont précisément ces deux restrictions (lointain et fragilité) incompatibles à mon sens avec la nature et la fonction d'Oméga, dont pour deux raisons positives, l'une d'Amour, l'autre de Survie, je voudrais montrer qu'il faut successivement nous débarrasser. Raison d'Amour, en premier lieu. Exprimée en termes d'énergie interne, la fonction cosmique d'Oméga consiste à amorcer et à entretenir sous son rayonnement l'unanimité des particules réfléchies du Monde. Cela, nous venons de le voir. Mais comment pourrait-il exercer cette action si, aimant et aimable, il ne l'était en quelque façon dès maintenant ? L'amour, disais-je, meurt au contact de l'Impersonnel et de l'Anonyme.

Juste aussi infailliblement, il se dégrade avec l'écartement dans l'Espace, et beaucoup plus encore avec la différence dans le Temps. Pour s'aimer, il est essentiel de coexister. Jamais, par suite, si merveilleuse que soit sa figure prévue, jamais Oméga ne pourrait même simplement équilibrer le jeu des attractions et des répulsions humaines s'il n'agissait à égalité de puissance, c'est-à-dire avec la même étoffe de proximité. En amour, comme en toute autre espèce d'énergie, c'est dans le donné existant que les lignes de force doivent se fermer, à chaque instant. Centre idéal, Centre virtuel, rien de tout cela ne peut suffire. À Noosphère actuelle et réelle, Centre réel et actuel. Pour être suprêmement attrayant, Oméga doit être déjà suprêmement présent.

Et raison de Survie, par surcroît. Pour échapper aux menaces de disparition inconciliables, je l'ai dit, avec le mécanisme d'une activité réfléchie, l'Homme cherche à rapporter dans un sujet de plus en plus vaste et permanent le principe collecteur des résultats gagnés par son opération : la Civilisation, l'humanité, l'Esprit de la Terre. Agrégé à ces énormes entités, au rythme évolutif incroyablement lent, il a l'impression d'avoir échappé à l'action destructrice du Temps.

Mais, ce faisant, il n'arrive qu'à reculer le problème. Car enfin, si large que soit le rayon tracé à l'intérieur du temps et de l'espace, le cercle embrasse-t-il jamais autre chose que du caduc ? Tant que nos constructions reposent de tout leur poids sur la Terre, avec la Terre elles disparaîtront. Le vice radical de toutes les formes de Foi au Progrès, telles qu'elles s'expriment dans les symboles positivistes, c'est de ne pas éliminer la Mort définitivement. À quoi bon pouvoir déceler, en tête de l'Évolution, un foyer quelconque, si ce foyer peut et doit quelque jour se désagréger ?... – Pour satisfaire aux exigences suprêmes de notre action, Oméga doit être indépendant de la chute des puissances dont se tisse l'Évolution.

Actualité, irréversibilité.

Pour intégrer dans le dessin cohérent d'une Noogénèse ces deux propriétés essentielles du Centre autonome de tous les centres, il n'est d'autre moyen pour notre esprit que de reprendre et compléter le principe d'Émergence. L'émergence en cours d'Évolution, il est parfaitement clair pour notre expérience qu'elle ne se fait que successivement et en dépendance mécanique de ce qui la précède. D'abord les éléments qui se groupent ; puis l'« âme » qui se manifeste, et dont l'opération ne trahit, du point de vue énergétique, qu'un enroulement de plus en plus complexe et sublimé des puissances transmises par les chaînes d'éléments. Le Radial fonction du Tangentiel. La pyramide dont le sommet tient par le bas... Voilà ce qui apparaît en cours de route. Et voilà même la façon dont, au terme du processus, Oméga lui-même se découvre à nous, dans la mesure où en lui le mouvement de synthèse culmine. Mais, sous cette face évolutive, il ne montre encore, prenons bien garde, que la moitié de lui-même. Dernier terme de la série, il est en même temps hors série. Non seulement il couronne, mais il clôt. Autrement la somme défaillerait sur elle-même, en contradiction organique avec toute l'opération. Quand, dépassant les éléments, nous en venons à parler du Pôle conscient du Monde, ce n'est pas assez de dire que celui-ci émerge de la montée des consciences : il faut ajouter que de cette genèse il se trouve déjà en même temps émergé. Sans quoi il ne pourrait ni subjuguer dans l'amour ni fixer dans l'incorruptibilité. Si par nature il n'échappait pas au Temps et à l'Espace qu'il rassemble, il ne serait pas Oméga.

Autonomie, actualité, irréversibilité, et donc finalement transcendance ; les quatre attributs d'Oméga.

De la sorte se boucle sans effort le schème, laissé incomplet, où nous essayions, au début de cet ouvrage, d'enfermer l'énergétique complexe de notre Univers.

Tout d'abord, le principe qu'il nous fallait trouver pour expliquer soit la marche persistante des choses vers le plus conscient, soit la solidité paradoxale du plus fragile, nous le tenons : c'est Oméga. Contrairement aux apparences encore admises par la Physique, le Grand Stable n'est pas au-dessous, dans l'infraélémentaire, mais au-dessus, dans l'ultrasynthétique. C'est donc uniquement par son enveloppe tangentielle que le Monde va se dissipant au hasard en Matière. Par son noyau de radial, il trouve sa figure et sa consistance naturelle en gravitant au rebours du probable, vers un foyer divin d'Esprit qui l'attire en avant.

À l'Entropie quelque chose échappe donc dans le Cosmos, et y échappe de plus en plus.

Pendant d'immenses périodes, au cours de l'Évolution, le radial, obscurément agité par l'action du Premier Moteur en avant, n'a pu arriver à s'exprimer qu'en groupements diffus, la conscience animale. Et, à ce stade, faute de pouvoir s'accrocher au-dessus d'eux à un support dont l'ordre de simplicité dépassait la leur, les noyaux se dénouaient à peine formés. Sitôt, par contre, que, par Réflexion, un type d'unité est apparu, non plus fermée ou même centrée, mais ponctiforme, alors s'est mise à jouer la sublime Physique des centres. Devenus centres, et donc personnes, les éléments ont enfin pu commencer à réagir, directement comme tels, à l'action personnalisante du Centre des centres. Franchir la surface critique d'hominisation, c'est en fait, pour la conscience, passer du divergent au convergent, c'est-à-dire, en quelque façon, changer d'hémisphère et de pôle. En deçà de cette ligne critique, « équatoriale », la retombée dans le multiple. Au-delà, la chute dans l'unification croissante, irréversible. Une fois formé, un centre réfléchi ne peut plus changer qu'en s'enfonçant sur lui-même.

En apparence, bien sûr, l'Homme se corrompt exactement comme l'animal : mais, ici et là, une fonction inverse du phénomène. Par la mort, dans l'animal, le radial se résorbe dans le tangentiel. Dans l'Homme, il s'en échappe et s'en libère. L'évasion hors de l'Entropie par retournement sur Oméga. La mort elle-même hominisée !

Ainsi, à partir des grains de Pensée formant les véritables et indestructibles atomes de son Étoffe, l'Univers – un Univers bien défini dans sa résultante – va se construisant sur nos têtes, en sens inverse d'une Matière qui s'évanouit : Univers collecteur et conservateur, non pas de l'Énergie mécanique, comme nous le pensions, mais des Personnes. Une à une, autour de nous, comme une continuelle effluve, « les âmes » se dégagent, emportant vers le haut leur charge incommunicable de conscience. Une à une : et cependant point isolément. Car pour chacune d'entre elles, il ne saurait y avoir, de par la nature même d'Oméga, qu'un seul point possible d'émersion définitive : celui où, sous l'action synthétisante de l'union qui personnalise, enroulant sur eux-mêmes ses éléments en même temps qu'elle s'enroule sur elle-même, la Noosphère atteindra collectivement son point de convergence, à la Fin du Monde.

Comme le lecteur peut le constater, le texte de Teilhard de Chardin n'est pas d'un accès facile. Son style ramassé et concis est au service d'une abstraction très élevée qui est loin d'être évidente pour celui qui n'est pas familiarisé avec son œuvre. La logique interne du texte est rigoureuse et elle suit le déploiement d'une pensée puissante et profonde. Ce texte est difficile parce qu'il tente de cerner les attributs d'une réalité qui nous dépasse et qui semble hors d'atteinte de la compréhension humaine ordinaire. Il faut donc admettre que cette description comporte des trous, en quelque sorte, qui correspondent à de l'indicible et à du mystère. En dépit de toutes ces difficultés, Teilhard de Chardin nous donne des éléments qui permettent d'entrevoir ce qu'est le point Oméga.

Âme des âmes ou centre des centres, le point Oméga échappe au temps et à l'espace. Il est donc situé en dehors et au-delà de notre continuum spatio-temporel. L'énergie créatrice issue du point Oméga est essentiellement distincte du monde qu'elle organise. Le point

Oméga est une entité autonome, extérieure à l'Univers. Dans la pensée de Teilhard de Chardin, le point Oméga est assimilé à l'achèvement du corps du Christ, qui est un Christ total, un Christ cosmique, un Christ pantocrator, dans lequel les personnes humaines sont liées entre elles par l'amour. Le point Oméga est le grand attracteur, le Grand Stable, qui ne réside pas au-dessous, dans l'infraélémentaire, mais au-dessus, dans l'ultrasynthétique. Il est situé devant nous, dans l'avenir, et non pas derrière nous, dans le passé. Il nous attire à lui comme la lumière vive attire les papillons qui virevoltent dans l'obscurité. Cet attracteur est irrésistible. Dernier terme de la série évolutive, il est en même temps hors de cette série. Nous qui sommes plongés dans le vaste mouvement de l'évolution, nous avons beaucoup de mal à concevoir un aimant (au sens physique attractif et au sens spirituel de celui qui aime) qui ne participe pas à ce mouvement et qui ne soit pas pris dans ce flot cosmique. Mais le point Oméga est comme le moyeu de la roue qui tourne ; situé au centre, le moyeu est immobile et non soumis au changement. Il participe au mouvement, mais il n'est pas dans le mouvement, ni soumis à l'emprise du mouvement. Non seulement il n'y est pas soumis, mais le point Oméga couronne et clôt l'évolution par le haut. C'est la clé de voûte, en quelque sorte, de tout le processus évolutif. Il échappe à l'entropie générale et rassemble en lui toutes les forces néguentropiques qui sont créatrices d'ordre, de cohésion, d'organisation, d'amour, d'harmonisation et d'unité. Lui-même n'évolue pas, parce qu'il est le but de l'évolution. Pour être suprêmement attrayant, Oméga doit être suprêmement présent. Oméga est un centre réel et actuel. Il est totalement indépendant de la chute des puissances (communautés, organisations, sociétés, empires, civilisations) dont se tisse l'évolution. En ce qui concerne la durée qui nous sépare d'Oméga, Teilhard de Chardin précise que la noosphère n'atteindra collectivement son point de convergence qu'à la fin du monde, où « fin » doit, encore une fois, s'entendre dans les deux sens du mot : terme et but.

Ci-dessus : L'alpha et l'oméga figurés sur une clé de voûte. Le point Oméga n'est-il pas justement la clé de voûte de tout le processus évolutif, c'est-à-dire le point où se rencontrent, vers le haut, toutes les forces de convergence et toutes les tensions de l'édifice évolutif. C'est cette clé de voûte qui permet à l'édifice de tenir debout, et c'est sur elle que s'appuient toutes les lignes évolutives. Ici, la réalité architecturale illustre parfaitement la réalité évolutive et spirituelle.

La sanctification de l'action

Pour un homme du XXIe siècle, que peut bien vouloir signifier le point Oméga ? Quel sens cette expression peut-elle avoir pour lui ? Contrairement aux affirmations péremptoires des scientifiques, des rationalistes et des réductionnistes de tous bords, l'Univers aurait un sens. L'évolution humaine aurait un sens, et donc nos vies individuelles, elles aussi, auraient une signification. Elles seraient orientées, c'est-à-dire tournées vers l'orient spirituel. Contrairement aussi à ce qu'affirme une certaine philosophie de l'absurde, le sens précède l'existence, et non l'inverse. D'ailleurs, cette philosophie du non-sens est-elle autre chose qu'une opinion, un sentiment vague qui ne repose sur aucune base scientifique solide ? Selon moi, elle relève plus d'un mal-être de nature psychologique que d'une philosophie et d'une métaphysique qui s'appuieraient sur un socle scientifique crédible. C'est une théorie philosophique qui peut, certes, être défendue et respectée, mais qui n'a pas plus de légitimité qu'aucune autre doctrine philosophique.

Dans une perspective évolutionniste optimiste, non mécanique et non réductrice, le point Oméga est le but fixé que nous devons atteindre de façon collective. Même si, pour l'homme du XXe siècle, ce but semble lointain, il n'en demeure pas moins qu'il lui indique une direction à suivre et un projet humain à construire à long terme. En définitive, c'est cela qui est le plus important pour notre civilisation à la dérive : l'enthousiasme qu'apporte une vision grandiose de notre avenir. Avec cette vision, nous ne sommes plus seulement des animaux évolués qui luttent désespérément pour survivre dans un monde chaotique sans foi ni loi ; nous sommes au contraire les acteurs privilégiés et centraux d'un processus évolutif infiniment précieux qui doit nous propulser vers des sommets de conscience et d'esprit. La différence est de taille, et cela change de fond en comble notre attitude à l'égard de nous-mêmes et de nos semblables. Pour l'homme du XXIe siècle, cette vision lui offre la possibilité de se réconcilier avec les forces de la vie qui ne sont plus des puissances aveugles et cruelles, mais au contraire des forces porteuses d'espoir et de réalisations éblouissantes. Je crois que le meilleur est devant nous, et il nous attire irrésistiblement.

C'est à une véritable mystique de l'action que nous sommes conviés, c'est-à-dire à une sanctification de nos réalisations concrètes, même les plus humbles, dans le monde matériel. Pour qui cherche la réalisation spirituelle, celle-ci doit s'incarner dans les actes de tous les jours, aussi bien les tâches domestiques les plus simples et les plus triviales que l'action politique engagée. N'oublions pas non plus que la spiritualité est la base indispensable pour pouvoir s'engager envers les autres, pas seulement sur le plan matériel, mais aussi sur les plans supérieurs de l'être humain. La spiritualité doit nourrir l'action quotidienne.

Sanctifier notre action, cela signifie que nous devons prendre conscience qu'elle n'est pas neutre et insignifiante, mais qu'elle s'inscrit au contraire dans un ensemble grandiose dans lequel chaque action individuelle concourt à réaliser le but final. Notre action est sanctifiée parce qu'elle a un sens, et que ce sens est celui que portent la conscience et l'esprit. Rien n'est anodin dans ce monde. Le moindre de nos gestes peut avoir des conséquences incalculables. Nous avons une responsabilité fondamentale à l'égard de tout ce qui vit, animaux et plantes (biosphère), sur notre planète. Notre propre vie en tant qu'individus n'est pas neutre, car nous sommes engagés dans un processus évolutif auquel nous participons, que nous le voulions ou non. Il faut donc que nous prenions conscience que nous sommes désormais les acteurs conscients de notre évolution. Notre avenir est entre nos mains. Soit nous participons activement à ce grand travail évolutif et nous faisons ce qu'il faut pour qu'il aille dans le bon sens, soit nous ne faisons rien et nous ralentissons le mouvement général par notre passivité. D'une certaine façon, cette dernière option est sans doute aussi dévastatrice que celle qui consiste à faire le mal de façon consciente (ce qui est, somme toute, plutôt rare).

Notre morale est celle du mouvement et de l'action en avant et en haut, c'est-à-dire qu'elle glorifie l'effort humain qui s'est fixé comme but de hisser l'humanité sur les plus hauts sommets de la conscience et de l'esprit. Pour l'homme qui ne voit rien au bout du monde, pour qui le monde n'a aucun sens, et pour qui il n'y a rien au-dessus de lui, rien que lui seul errant sans but, la vie quotidienne est pleine de petitesses et d'ennuis. Que d'efforts inutiles et de temps perdu. Que d'énergie et de bonne volonté inutilisées. Mais pour celui qui voit la synthèse de l'esprit se prolonger sur Terre au-delà de son existence éphémère, au-delà de ses tribulations passagères, toute action et tout événement sont chargés d'intérêt et de promesses. Pour lui, l'aventure humaine est exaltante. Elle vaut vraiment la peine d'être vécue avec passion parce que le but à atteindre est grandiose.

Construire la civilisation planétaire globale est la prochaine étape du Projet humain global. L'avènement de cette civilisation marquera le développement sans précédent de la noosphère. Cette montée progressive de la noosphère sera accompagnée de transformations physiques, psychiques et spirituelles. Le type I de civilisation devrait alors être instauré sur Terre de façon totale et durable. Mais ce ne sera encore qu'une étape à l'intérieur du Projet humain global qui couvre une période de temps beaucoup plus longue. Au-dessus de cette étape cruciale de l'établissement de la civilisation planétaire, d'autres degrés de réalisation nous attendent. Je suis intimement persuadé que nous saurons les gravir un à un et que, quand ils seront tous parcourus et réalisés, le point Oméga sera alors à notre portée.

Le Projet humain global

Ce que n'est pas le Projet humain global

Je souligne d'emblée que le Projet humain global, ou PHG, n'a pas pour objectif de mettre en place une nouvelle doctrine économique ou d'instaurer sur la Terre un nouveau système politique. Nous savons tous, désormais, ce que valent ces doctrines et ces systèmes qui ne sont, dans le fond, que des idéologies qui ne servent que des intérêts particuliers, même s'ils disent vouloir le bien des électeurs, des citoyens, du peuple ou du prolétariat. Que ce soit le capitalisme, le libéralisme ou le socialisme, et nous ne parlons même pas des systèmes totalitaires et des dictatures comme le nazisme et le communisme, aucun de ces systèmes politiques n'a été en mesure et ne sera capable – à plus ou moins brève échéance – d'apporter les réponses adéquates aux questions cruciales qui préoccupent nos contemporains.

Ces questions peuvent se résumer à une seule : quel est l'avenir de notre civilisation ? Et quand je parle de civilisation, je n'ai pas à l'esprit la seule civilisation occidentale (Amérique et Europe), mais bien cette civilisation planétaire qui n'en est encore qu'à ses balbutiements et qui est comme un vaste courant qui emporte avec lui tous les peuples de la Terre. Force est de constater qu'aucune des idéologies que je viens d'énumérer n'est en mesure de résoudre les énormes difficultés qui vont se présenter à nous dans un futur proche. Le Projet humain global n'est donc ni de gauche, ni de droite, ni du centre. Le PHG n'est ni un système politique ni une doctrine philosophique. Ce n'est ni une théorie économique nouvelle, ni une utopie futuriste, ni une croyance *new age*, ni une nouvelle religion, ni une spéculation intellectuelle. Il se situe bien au-delà de toutes ces constructions intellectuelles humaines et contingentes, aussi brillantes et sophistiquées fussent-elles.

Je définis le Projet humain global comme la mise en œuvre consciente de tout le potentiel humain, à la fois individuel et collectif, afin de réaliser un objectif évolutif d'envergure planétaire. C'est, j'en conviens, une première définition qui est très générale et qui nécessite, bien évidemment, de plus amples explications tant sur le plan conceptuel que sur le plan pratique.

Par potentiel humain, je n'entends pas seulement les capacités intellectuelles (le mental) de l'être humain, mais tout son bagage psychospirituel qui comporte trois aspects (niveaux ou degrés) fondamentaux : son corps physique, son âme (psychisme) et son esprit (conscience). Je vais donc utiliser cette constitution tripartite de l'être humain (que j'ai déjà abordée plus haut) afin de montrer sur quoi repose réellement le potentiel humain.

Le PHG est né dès que l'homme est apparu sur notre planète. Il est le fil conducteur (le fil d'Ariane) de l'histoire de l'humanité, depuis la préhistoire jusqu'à aujourd'hui. Il est l'attracteur vers lequel elle se dirige et la mise en œuvre de tous les moyens dont nous disposons pour l'atteindre. Il est le moyen, la voie et le but. Il est le moteur de notre marche ascensionnelle vers toujours plus de perfection spirituelle. Mais cette ascension n'est pas une ligne droite qui mène directement au but. C'est plutôt une route sinueuse, faite de courbes, de montées et de descentes, d'accélérations brutales et de piétinements. Comme sur toutes les routes, il y a des étapes et des cols qui marquent des changements de régions, de climats et de paysages. C'est exactement la même chose pour le PHG : il y a des hauts et des bas, des montagnes et des plaines, des déserts et des jungles, des frontières et des passages à haut risque. Il se trouve justement que nous traversons aujourd'hui une zone de grande turbulence (vent, brouillard, neige, visibilité nulle) et que nous sommes en train de franchir un col particulièrement difficile. Le paysage se transforme rapidement, et il va falloir nous adapter.

Nous devons donc réaliser, individuellement et collectivement, que les temps changent. Nos anciennes façons de nous comporter avec nos semblables sont devenues obsolètes, et même dangereuses. Nos priorités doivent changer : dorénavant, il ne s'agit plus de faire de bonnes affaires en spéculant sur le cours des matières premières, des sources d'énergie et des denrées alimentaires. Il ne s'agit plus de s'enrichir et d'acquérir du pouvoir en laissant dans la misère une grande partie de l'humanité. Il ne s'agit plus, non plus, de piller la planète et de saccager nos précieuses ressources naturelles pour satisfaire nos lubies du moment, ni d'assouvir les appétits insatiables de quelques privilégiés. Il ne s'agit plus d'amasser de l'argent et de bâtir des fortunes. Il ne s'agit plus d'aliéner son prochain pour asseoir son pouvoir. Il ne s'agit plus d'instaurer un nouvel ordre mondial destiné à asservir les peuples et à imposer une société totalitaire qui, de toute façon, serait vouée à une autodestruction certaine à plus ou moins brève échéance, comme le suggère le principe CEHV. Le but de l'évolution de la vie sur notre planète est-il de créer des *traders* en costume trois-pièces assis devant leurs écrans d'ordinateur et qui passent leur temps à acheter et à vendre des produits financiers toxiques ? La Terre a-t-elle patiemment forgé la faune et la flore pendant 4,5 milliards d'années pour aboutir, à la fin de ce long et complexe processus, à la domination de prédateurs sans scrupule (opérateur en Bourse, banquier d'affaires, mafieux, dictateur) prêts à sacrifier leurs congénères pour satisfaire leur appétit insatiable d'argent ou de pouvoir ? Est-ce cela le sommet de la perfection sur Terre ? Est-ce ce modèle que nous voulons suivre ?

Le Projet humain global n'est rien de tout ce que je viens d'énumérer. Ce que je peux dire en revanche, c'est que le PHG concerne l'évolution de l'humanité à long terme, et même à très long terme. Le centre de gravité de son action est l'élévation des êtres humains vers des états d'être et de conscience supérieurs. Son but avoué est d'instaurer la noosphère sur la Terre avec, comme objectif lointain, l'intégration de l'humanité dans le point Oméga tel qu'il a été présenté précédemment.

PHG : une vision à très long terme

Définir dans les détails un projet aussi vaste et aussi profond n'est pas une tâche aisée. Tout ce que je peux faire dans ce modeste essai, c'est esquisser ses grandes lignes et ses fondements. Nous venons de voir ce que le Projet humain global n'était pas, il me reste donc à préciser ce qu'il est.

Il faut déjà prendre conscience que ce qui est en jeu, c'est l'avenir de l'humanité et sa survie. Avec le PHG, nous ne sommes pas seulement dans une perspective à court terme (survie de l'humanité), mais nous nous projetons aussi dans un futur lointain. Nous ne sommes pas seulement dans le domaine de la politique qui gère les affaires humaines sur des périodes de quelques années ou même de quelques mois seulement, mais nous nous élevons d'un cran et nous élargissons notre vision sur des périodes de temps qui peuvent s'étaler sur des siècles, et même des millénaires. Avec le PHG, nous dépassons le court terme et nous nous projetons dans le long terme. Ce qui manque cruellement aujourd'hui, c'est une vision ample, large et profonde de l'avenir de l'humanité. Ce dont nous avons besoin, c'est d'une science de l'avenir dont le père Teilhard de Chardin avait été l'initiateur (voir la préface de N. M. Wildiers dans *L'Avenir de l'Homme*, 1959). Nous sommes submergés par un pessimisme ambiant qui oriente notre pensée dans une direction qui est mortifère. Beaucoup de nos contemporains sont convaincus que nous nous dirigeons tout droit vers un précipice et que nous ne pourrons pas éviter la catastrophe finale. Certes, cette façon d'apprécier la situation actuelle n'est pas complètement fausse, car les difficultés de tous ordres qui s'annoncent sont bien réelles (problèmes liés à la pollution, à l'environnement, aux matières premières, à l'eau douce, à la surpopulation, aux énergies, etc.), mais, selon moi, cette vision est limitée. En aucun cas elle ne peut nous satisfaire et devenir notre credo. Il est clair que nous avons besoin d'une autre vision de notre condition et d'une autre approche pour nous en sortir. Il faut que nous changions de signe. Nous nous sommes enfoncés très loin dans le négatif (– – –) et nous devons maintenant remonter vers le positif (+++).

Je crois que nous sommes sur le point de franchir une sorte de seuil évolutif et que le PHG représente le but que nous devons nous fixer si nous voulons franchir dans de bonnes conditions ce passage vers une nouvelle forme de civilisation. Si nous le voulons vraiment, nous pouvons faire en sorte que l'avenir de l'humanité soit grandiose. Pour cela, nous devons élever nos esprits, sortir du pessimisme ambiant dans lequel nous nous enfermons chaque jour davantage et nous fixer des buts nobles, c'est-à-dire à la hauteur de l'immense potentiel qui est en nous.

Le PHG intègre toutes les dimensions de l'être humain

Le Projet humain global vise l'unification de l'humanité, et non pas son uniformisation (contrairement à la mondialisation actuelle). Dans le PHG, toutes les traditions (religieuses ou laïques) et tous les particularismes locaux (langues, coutumes, façons de s'habiller et de manger, etc.) seront préservés et même cultivés. Il ne faut cependant pas occulter la question de l'avenir des traditions religieuses particulières (religions, écoles de sagesse, voies de réalisation spirituelle, etc.) dans un monde globalisé où les mouvements unificateurs et les tendances qui poussent vers la convergence des aspirations spirituelles domineront les anciennes attitudes conservatrices, figées dans des dogmatismes et des formalismes périmés. La préservation des traditions religieuses particulières s'accompagnera donc de l'émergence d'une spiritualité universelle qui pourrait à la fois les couronner, les englober et les dépasser, mais aussi en être le cœur et le noyau unificateur. Dans un premier temps, ces anciennes traditions pourraient coexister sans difficulté avec la nouvelle spiritualité, mais à long terme, c'est évidemment cette dernière qui pourrait avoir le dernier mot. Il me semble en effet évident qu'une tradition religieuse particulière, qui, par définition, est spécifique à une époque donnée et à un espace circonscrit, ne peut en aucun cas remplir une fonction spirituelle universelle au sein d'une civilisation de type I. À ce niveau, les religions doivent nécessairement céder la place à une forme de spiritualité ouverte à tous les hommes, quelles que soient leurs origines géographiques, ethniques et culturelles.

En ce qui concerne l'unification des diversités et des particularismes, rappelons que dans la pensée de Teilhard de Chardin, l'union différencie. Les éléments qui s'unissent en un tout cohérent, loin d'y perdre leur caractère propre, se différencient et gardent leur spécificité. Dans le processus de convergence, qui est le moteur de la noosphère, les éléments individualisés acquièrent un surcroît de diversité. Ce principe s'applique dès le niveau de la particule et de la cellule : « Les cellules sont d'autant plus spécialisées qu'elles appartiennent à un être plus élevé dans la série animale. » En ce qui concerne les individus humains, Teilhard de Chardin rappelle ceci :

> L'union différencie. Les parties se perfectionnent et s'achèvent dans tout ensemble organisé. C'est pour avoir négligé cette règle universelle que tant de panthéismes nous ont égarés dans le culte d'un Grand Tout où les individus étaient censés se perdre comme une goutte d'eau, se dissoudre comme un grain de sel dans la mer.

Ce qui se vérifie au niveau des particules, des cellules et des individualités humaines peut aussi l'être dans les religions. Loin de les affaiblir intérieurement, l'abandon de leur formalisme extérieur, figé et donc inadapté, pourrait, au contraire, être pour elles l'occasion de se fortifier dans un dépassement salutaire au sein d'une spiritualité universelle.

Le PHG vise l'intégration consciente de tous les aspects de la vie humaine dans une unité supérieure. L'humanité, unifiée dans la diversité, deviendra alors une entité globale ayant un devenir évolutif à très long terme. Le PHG implique une transformation mentale, psychique et spirituelle de l'humanité. Il ne s'agit plus seulement d'assurer notre confort matériel et de préserver notre niveau de vie actuel. Le but est autrement plus élevé et exigeant. En son temps, Teilhard de Chardin évoquait le concept de noosphère pour désigner cet ensemble unifié des consciences humaines. En ce sens, l'établissement de la noosphère est l'une des étapes essentielles (une priorité même) du PHG.

Sur le symbole du PHG (illustration plus loin) figure la lettre oméga (Ω), c'est-à-dire le point Oméga qui est le but final à atteindre pour la présente humanité. Nous devons aussi souligner le fait que la formation de la noosphère est beaucoup plus organique (corporelle) qu'on ne l'imagine. Elle est bien ancrée dans notre réalité physique. Ce n'est pas du tout une sorte d'état d'être éthéré qui planerait au-dessus des dures réalités de la condition humaine. Au contraire, la manifestation de la noosphère sur Terre passe par une réalisation sur le plan physique humain. Nous avons déjà examiné ce point (voir « NIPC et NCPC : niveaux individuel et collectif sur le plan corporel ») et nous avons vu que plusieurs pistes de transformation physique s'offraient à nous. Nous avons aussi noté que dans ce domaine, tout est possible et que les pistes des manipulations génétiques et du couplage homme-machine pouvaient se révéler très dangereuses. Bien que, comme le disait Teilhard de Chardin, la noosphère est avant tout la « coalescence des centres humains », c'est aussi l'harmonisation de la vie des corps dans un environnement restauré (la question de l'écologie est donc essentielle dans le PHG). La transformation de l'humanité doit s'effectuer sur tous les plans, et le plan physique n'est pas laissé de côté. Le PHG intègre donc toutes les dimensions de l'être humain : matérielle, corporelle, psychique, mentale et spirituelle.

Le symbole du PHG

J'ai représenté le Projet humain global sous la forme d'un symbole qui synthétise tout son contenu explicite et implicite. Je connais la force des symboles. Les maîtres spirituels de toutes les traditions, qu'ils soient anciens ou modernes, ne se sont pas privés pour les utiliser afin d'enseigner des vérités qui sont situées bien au-delà de la raison humaine ordinaire (le mental). La force des symboles dépasse donc l'analyse intellectuelle. Elle touche ce qu'il y a de plus profond dans l'être humain. Le symbole traditionnel a une vaste polysémie qui correspond à des niveaux de réalité très différents. Parfois même, le symbole peut avoir des sens contraires qui ne s'excluent pas. De par sa richesse, le symbole inclut les contraires et les significations opposées. Cette caractéristique n'est pas une preuve de la faiblesse des symboles ; elle montre au contraire leur force dynamique interne qui supporte et intègre sans difficulté toutes les interprétations possibles. Le symbole est en quelque sorte un condensé de significations qui peuvent être appréhendées en fonction du niveau de conscience de celui qui médite sur le symbole. La mentalité occidentale moderne a beaucoup de mal à accepter ce fait. Pour elle, c'est une preuve que les symboles relèvent du domaine de l'irrationnel. Pour l'esprit traditionnel (celui des sociétés traditionnelles ancestrales), c'est au contraire la preuve que notre réalité ne fonctionne pas selon une logique binaire sclérosée (ou c'est oui, ou c'est non, c'est-à-dire le principe du tiers exclu), mais qu'elle se déploie plutôt en une gerbe de points de vue différents qui permettent la métamorphose, l'enrichissement et le progrès intérieur.

Le symbole du Projet humain global agit lui aussi sur ce plan. Il est formé de quatre cercles et d'une croix à branches égales qui coupe le cercle extérieur et le troisième cercle intérieur. Au sommet de la croix est posée la lettre oméga. C'est une figure simple qui exprime des réalités qui se situent sur deux plans : extérieur horizontal et intérieur vertical.

D'un point de vue extérieur horizontal, les quatre cercles ont la signification suivante : le petit cercle central représente la Terre et les civilisations de type 0 ; celui situé immédiatement au-dessus évoque la civilisation planétaire de type I ; au-dessus se trouve le cercle de la civilisation stellaire de type II ; enfin, à l'extérieur, le dernier cercle représente la civilisation galactique de type III. Dans le contexte horizontal, les quatre branches de la croix symbolisent le développement du Projet humain global dans l'espace et le temps jusqu'au point Oméga.

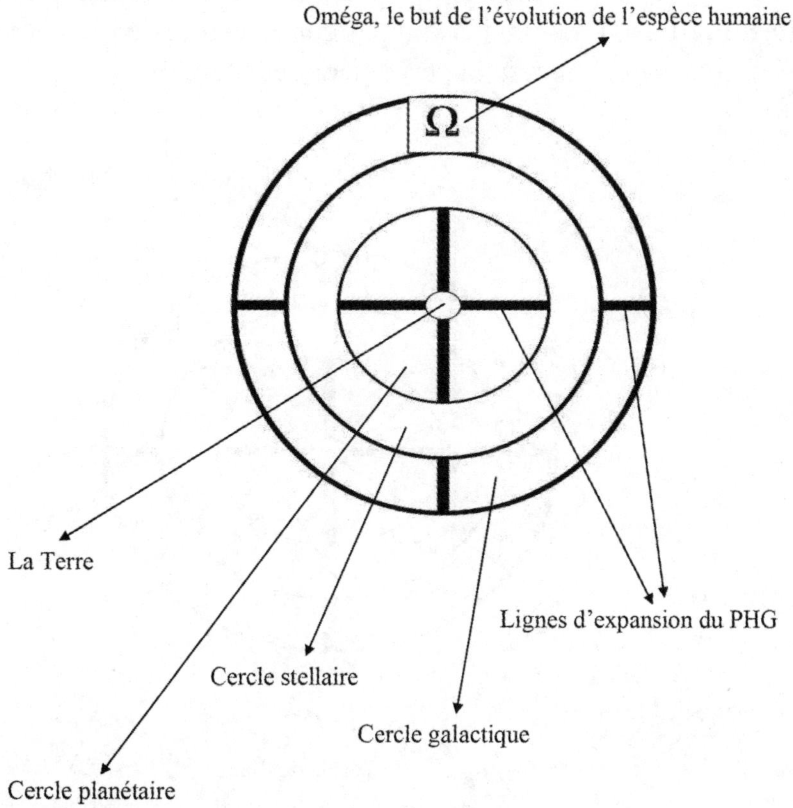

Ci-dessus : Description du symbole du Projet humain global sous l'angle extérieur horizontal. (Illustration : Daniel Robin)

D'un point de vue intérieur vertical, le cercle extérieur représente le corps matériel de l'homme ; celui qui se trouve juste en dessous est le domaine de l'âme (psychisme) ; le cercle intérieur suivant est celui de l'esprit (conscience) à l'intérieur duquel se trouve le centre de l'homme symbolisé par le cercle le plus petit. Nous retrouvons donc ici la constitution tripartite de l'être humain. Dans ce contexte vertical, les branches qui partent du centre de la croix marquent les axes qui assurent la permanence et l'équilibre général de la structure.

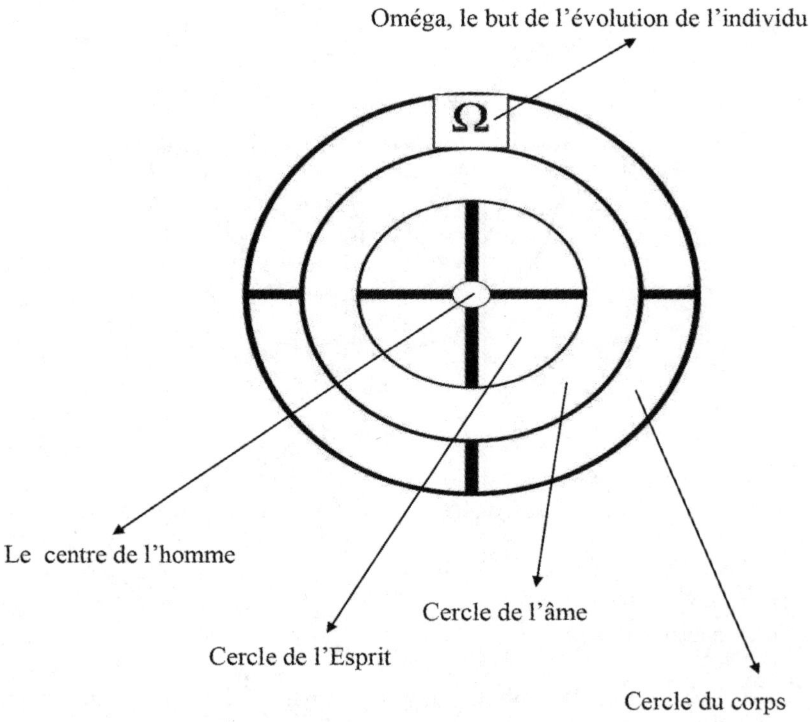

Ci-dessus : Description du symbole du Projet humain global sous l'angle intérieur vertical. (Illustration : Daniel Robin)

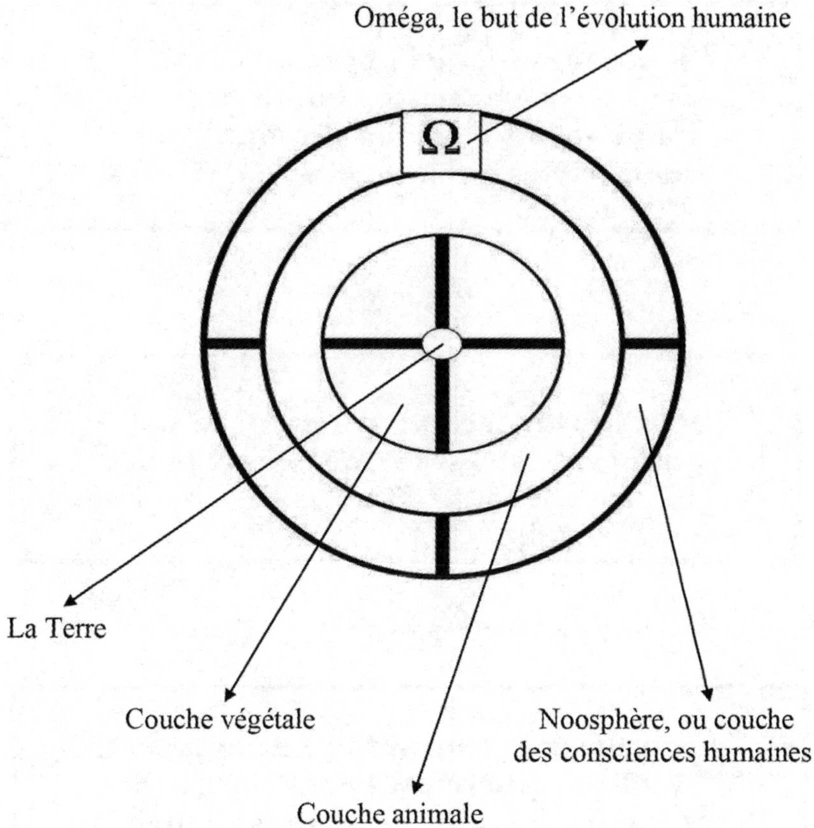

Ci-dessus : Description du symbole du Projet humain global sous l'angle évolutif. (Illustration : Daniel Robin)

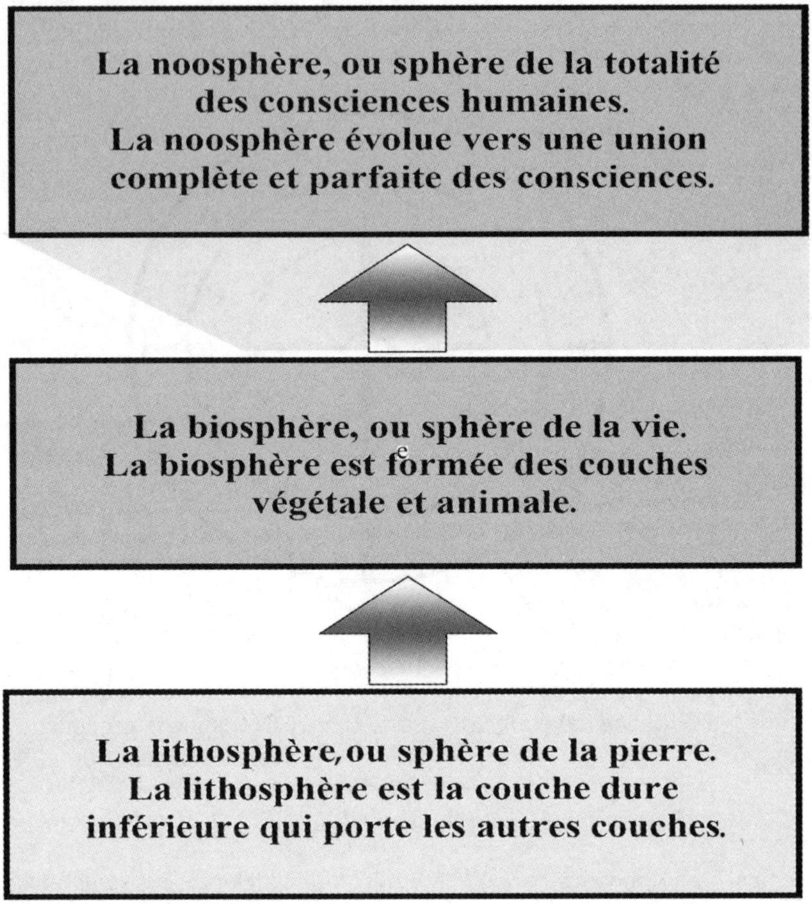

Ci-dessus : Reprenant sous une autre forme le symbole du Projet humain global vu sous l'angle évolutif, cette représentation montre l'étagement des couches évolutives successives. Cet étagement commence avec les fondements, que nous pouvons aussi appeler le substrat primitif, incarné par la lithosphère, la sphère dure et solide qui est la couche de pierre, et va jusqu'à la noosphère, ou couche des consciences humaines, qui est la dernière couche évolutive. C'est la couche la plus ténue, la plus fine et la plus subtile. C'est aussi, sans doute, la plus fragile. La couche supérieure noosphérique est une sorte de nappe pensante qui prélude à l'union spirituelle de tous les centres humains dans le point Oméga. La formation de cette couche supérieure représente une phase de très longue maturation (peut-être plusieurs millions d'années) qui doit aboutir, à la fin du processus, au point Oméga. (Illustration : Daniel Robin)

De la noosphère au point Oméga

Le concept de noosphère est particulièrement bien adapté pour envisager la construction d'une civilisation planétaire dans ses dimensions spatio-temporelles (horizontales) et spirituelles (verticales). Bien que difficile à définir d'un point de vue scientifique, la notion de noosphère offre cependant la formidable possibilité d'ouvrir une perspective évolutionniste qui englobe toutes les dimensions de l'être humain, et pas seulement son aspect physique (squelette, cerveau, etc.). Le père Teilhard de Chardin résume ainsi, d'une façon fulgurante et concise, sa vision de la noosphère :

> Considérée dans sa totalité zoologique, l'humanité offre le spectacle unique d'un phylum se synthétisant organopsychiquement sur lui-même. Vraiment une corpusculisation et une centration sur soi de la Noosphère comme un Tout (*Un Sommaire de ma perspective phénoménologique du monde*, 1954, tome 11, 234). La Noosphère est constituée d'individualités pensantes qui doivent entrer dans la profondeur radiale d'une communion de consciences, et non se contenter d'une agrégation d'individus sous les poussées tangentielles de l'histoire, qu'elles soient démographiques, technologiques, économiques ou communautaristes... Nous n'avons pas encore idée de la grandeur des effets noosphériques. La résonance de millions de vibrations humaines... Le produit collectif et additif d'un million d'années de pensée... Avons-nous jamais essayé d'imaginer ce que ces grandeurs représentent ?... Une collectivité humanisée de consciences... La Terre qui ne se couvre pas seulement de myriades de grains de pensée, mais s'enveloppe dans une seule enveloppe pensante jusqu'à former un unique et vaste Grain de pensée à l'échelle sidérale (*Le Phénomène humain* I, 205). Si invraisemblable que cette proposition paraisse, l'Univers ne peut être pensé en pleine cohérence avec les exigences externes et internes de l'anthropogenèse, sans prendre la forme d'un milieu psychique convergent. Il s'achève nécessairement vers l'avant, en quelque pôle de superconscience

où se survivent et « supervivent » tous les grains personnalisés de conscience. Il culmine en un point Oméga (IX, 208).

Le point Oméga est le grand attracteur

Le point Oméga est donc le pôle de convergence de l'évolution et des consciences humaines. Selon Teilhard de Chardin, le Christ cosmique manifeste l'avènement d'une ère d'harmonisation des consciences fondée sur le principe de la coalescence des centres spirituels. Cette coalescence suppose que chaque centre, ou conscience spirituelle individuelle, entre en symbiose toujours plus étroite avec l'ensemble des consciences communicantes, le tout formant à terme la noosphère. L'identification non homogénéisante du tout au sujet et du sujet au tout entraîne un accroissement de conscience, dont le point Oméga forme le pôle d'attraction à l'échelle individuelle et collective. La multiplication des centres comme images relatives de l'ensemble des centres harmonisés participe à l'avènement de la résurrection spirituelle, ou théophanie, du Christ cosmique.

Annonçant d'une certaine façon le monde global que nous connaissons aujourd'hui (mais pas du tout la mondialisation économique moderne), le père Teilhard de Chardin développe la notion de noosphère, qu'il emprunte à Vernadsky, pour conceptualiser une pellicule de pensée et de conscience humaine située au sommet de l'évolution de l'humanité. Ce qu'il faut aussi prendre en compte, c'est le fait que le point Oméga n'est pas un état qu'il faudrait créer de toutes pièces (à partir de rien) parce qu'il n'existerait pas encore. C'est le contraire qui est vrai : le point Oméga existe déjà. Il n'a même jamais cessé d'exister. Cela est d'ailleurs facile à comprendre puisque le point Oméga est situé en dehors du temps et de l'espace. Il est pour nous un état vers lequel nous tendons, une sorte d'idéal lointain vers lequel nous avançons, parce que nous sommes plongés dans le temps et que nous suivons une ligne temporelle. En réalité, le point Oméga est déjà en nous. Ce n'est pas une chose à réaliser, c'est plutôt une chose à redécouvrir. Le point Oméga est la réalisation de la perfection humaine que Teilhard de Chardin assimilait au Christ cosmique. Cette perfection existe déjà, c'est en quelque sorte l'attracteur (le grand attracteur) de l'évolution humaine, le grand but qui est devant nous, l'objectif final du Projet humain global.

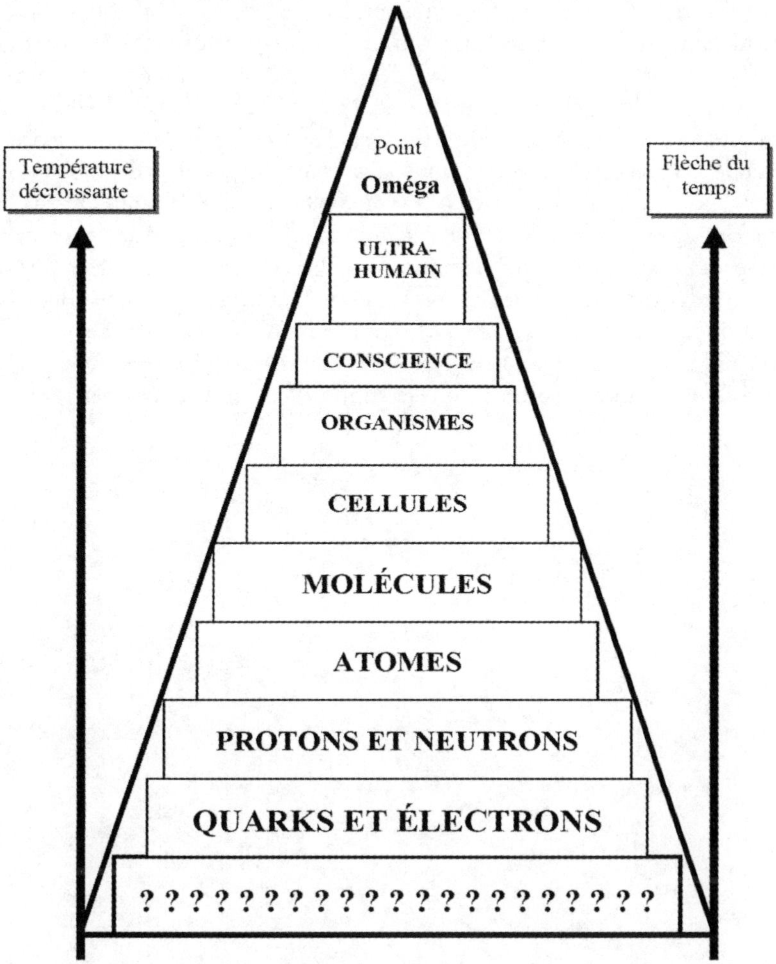

Ci-dessus : Pyramide de la complexité. Cette pyramide est un schéma qui classifie les différentes structures connues de l'Univers, des plus simples, situées à la base, jusqu'aux plus complexes, situées au sommet. Le premier auteur à développer le concept de pyramide de la complexité et à y recourir est le père Pierre Teilhard de

Chardin. Par la suite, elle fut utilisée à plusieurs reprises dans les œuvres de l'astrophysicien Hubert Reeves afin, notamment, de vulgariser une certaine structuration de l'Univers à partir de son origine, lors du big bang, jusqu'à aujourd'hui. L'une des idées directrices de cette pyramide est de considérer que la nature est structurée de manière semblable à un langage écrit. Ainsi, dans un langage, il y a des lettres qui forment des mots, des mots qui forment des phrases, des phrases qui forment des paragraphes, des paragraphes qui forment des chapitres, des chapitres qui forment des livres, des livres qui forment des bibliothèques. En ce qui concerne la nature, il y a des quarks qui forment des protons et des neutrons ; ces protons et ces neutrons forment, avec des électrons, des atomes ; ces atomes forment des molécules ; ces molécules forment des cellules ; ces cellules forment des organismes vivants ; ces organismes vivants atteignent le stade de la conscience. Mais au-delà de la conscience telle que nous la connaissons, quel stade allons-nous atteindre ? Verrons-nous apparaître l'ultrahumain et, au-delà, le point Oméga ? Dans la figure de la page précédente, la flèche de gauche montre que la température s'abaisse au fur et à mesure que l'on monte dans la complexité. La flèche de droite est celle de l'orientation du temps. Les points d'interrogation situés à la base indiquent que nous ne connaissons pas, pour le moment, les réalités sous-jacentes aux quarks et aux électrons. Peut-être que cette réalité ultime est formée d'énergie(s) et d'informations, comme nous le supposons. (Illustration : Daniel Robin)

(Le point Oméga, ou point de convergence de la Création)

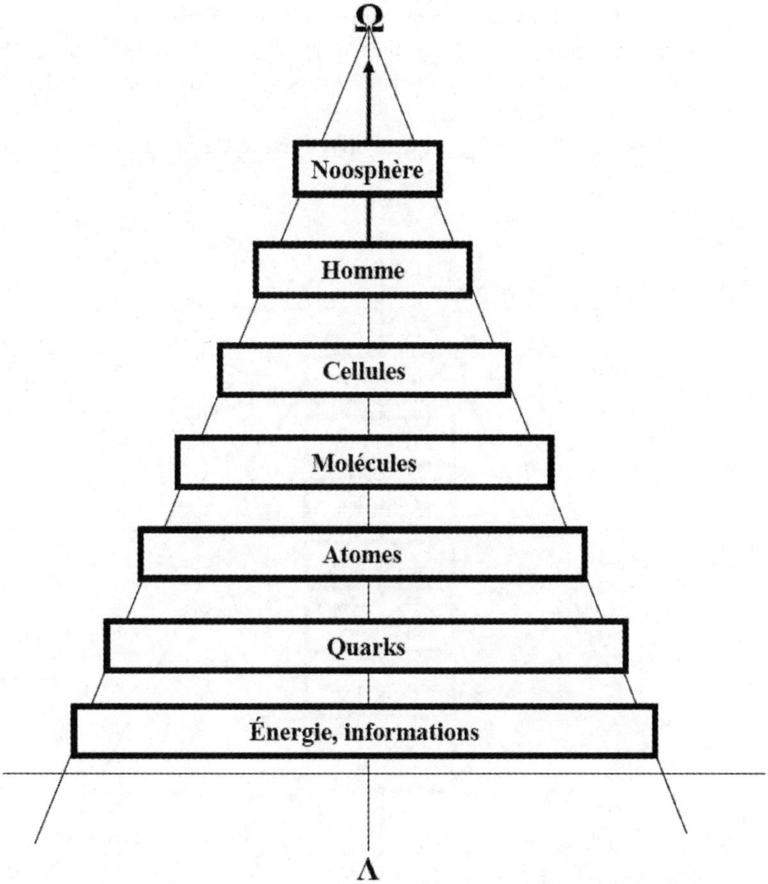

(Le point Alpha, ou point de départ de la Création)

Ci-dessus : Cône de convergence et pyramide de la montée de la complexité. Dans cette figure, la pyramide de la complexité converge en direction du point Oméga, situé à son sommet. De l'énergie première jusqu'à la noosphère, nous assistons à une complexification des formes et des structures. Cette complexification est accompagnée par un phénomène de convergence vers une forme ultime à la fois ultracomplexe et ultrasimple que nous appelons le point Oméga. À noter que la base de l'Univers est constituée d'informations, et que son sommet l'est également. Quel lien pouvons-nous établir entre ces deux formes d'informations en apparence opposées ? Quelles sont les natures respectives de ces deux types d'informations ? Sont-elles fondamentalement différentes l'une de l'autre ? Ce sont autant de questions auxquelles nous ne pouvons répondre pour le moment. Peut-être pouvons-nous avancer que l'information au point Oméga serait en dehors de toute dégradation et de toute désorganisation. Elle serait unifiée, structurée et ordonnée. Celle de la base serait au contraire atomisée et chercherait à se rassembler dans des structures toujours plus vastes et complexes. (Illustration : Daniel Robin)

(Le point Oméga, ou point de convergence de la Création)

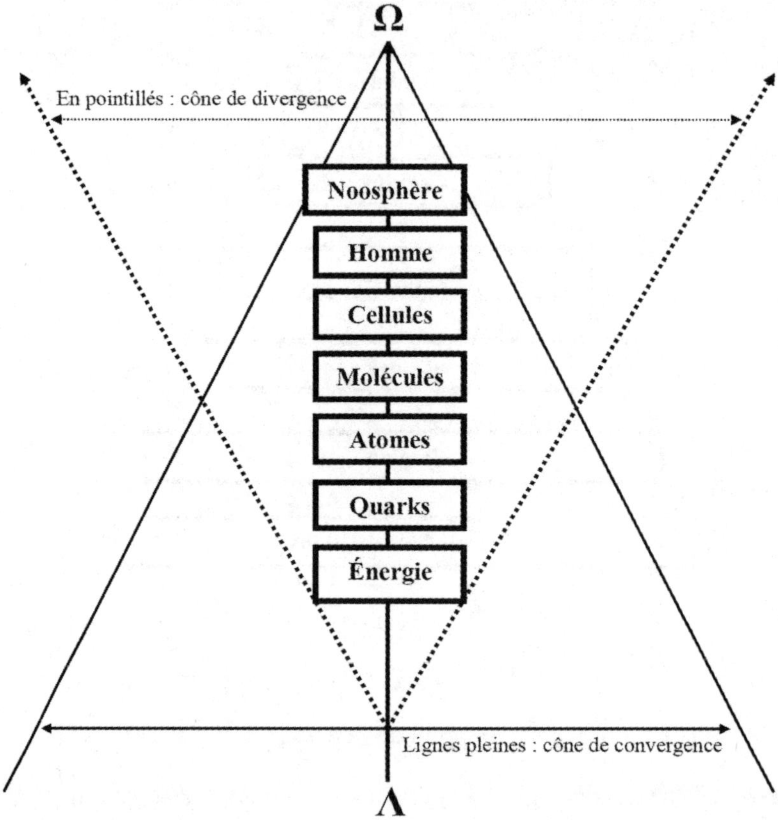

(Le point Alpha, ou point de départ de la Création)

Ci-dessus : Représentation du cône de convergence et du cône de divergence. Toutes les formes ne convergent pas vers le point Oméga. Certaines d'entre elles divergent, c'est-à-dire qu'elles ne sont pas intégrées dans le processus d'unification et d'harmonisation. Elles ne se dirigent donc pas vers le point Oméga. Les formes divergentes sont soumises aux forces de dissolution, d'atomisation maximale et de fragmentation. Elles sont sous l'emprise du principe entropique qui se manifeste à travers le désordre, le conflit, l'antagonisme, le chaos, la désintégration, la dispersion, la dissolution; alors que les formes convergentes bénéficient de l'action des forces néguentropiques, c'est-à-dire l'information, l'ordre, la communication, l'intégration, l'harmonisation, la coordination, la coopération, l'unification. (Illustration: Daniel Robin)

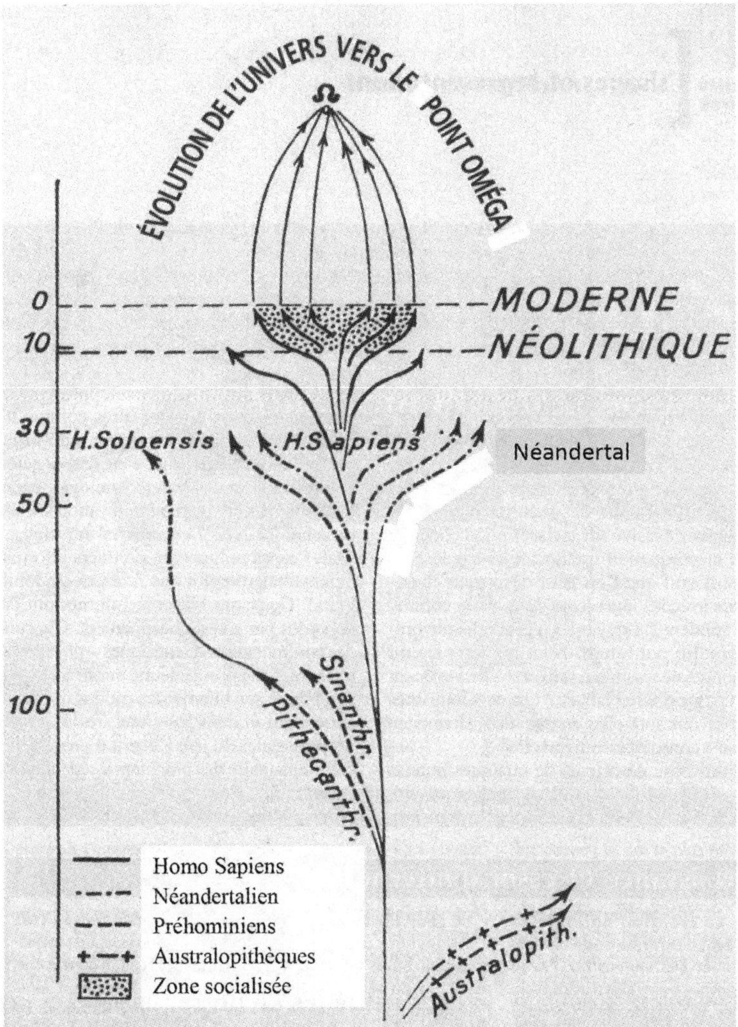

Ci-dessus: l'arbre de l'évolution humaine jusqu'au point Oméga selon Teilhard de Chardin. Instruit par son expérience de géologue et de paléontologue, il souscrit pleinement à la théorie de l'évolution des êtres vivants telle qu'elle a été définie par

Charles Darwin. Mais Teilhard est un homme de synthèse. Faisant la synthèse de ses connaissances scientifiques, philosophiques et théologiques, il élargit et généralise la notion d'évolution darwinienne. Il intègre à sa connaissance de l'évolution biologique la théologie cosmique de saint Paul et de saint Jean dans une vaste synthèse dans laquelle se retrouve finalement réconciliés Matière et Esprit. Pour lui, Matière et Esprit ne sont plus deux états opposés d'un cosmos statique. C'est au contraire les deux faces intimement imbriquées de l'étoffe cosmique en évolution où l'Esprit entraîne la Matière dans une dynamique orientée du passé vers l'avenir, du plus élémentaire vers le plus complexe. Pour l'espèce humaine, cela va des préhommes jusqu'à l'Homo sapiens actuel.

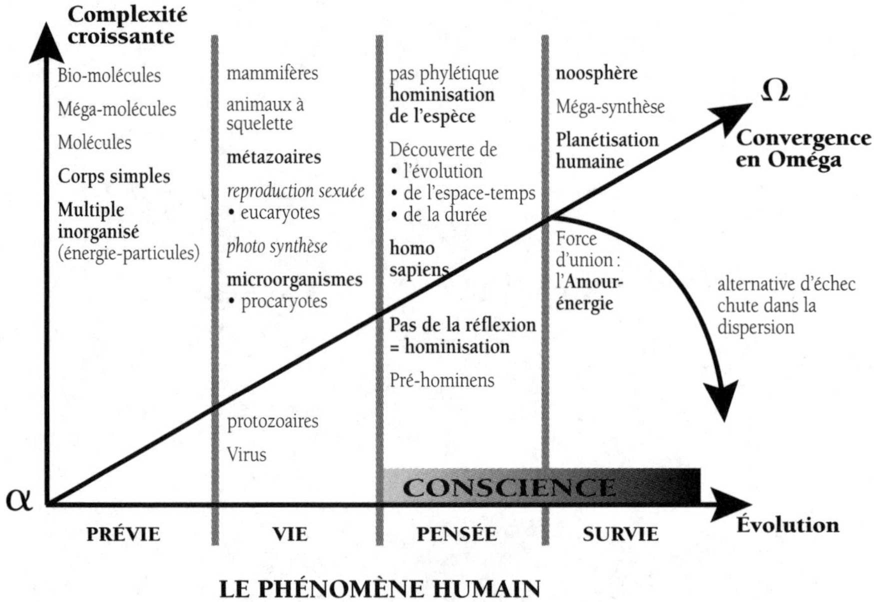

Ci-dessus: La ligne de l'évolution humaine de l'alpha à l'oméga. (Pierre Teilhard de Chardin, *Le Phénomène humain.*)

Le processus de convergence

Teilhard de Chardin a spéculé sur l'idée d'une unification croissante des activités intellectuelles et spirituelles de notre planète. Cette unification est une convergence de ces activités vers un point unique. Ce concept de convergence se déduit de l'observation générale des activités humaines qui semblent se diriger vers une unification planétaire globale. Il faut dire cependant que toutes les activités humaines ne sont pas convergentes. Certaines vont dans le sens de l'unification (communication, coopération, échanges, organismes internationaux) et d'autres vont dans le sens de la dispersion et de l'éclatement (guerres, génocides, attentats, guerres économiques). Pour les matérialistes, cette unification n'est pas à rechercher dans une sorte de cause mystérieuse, qu'elle soit mystique ou spirituelle, mais simplement dans le fait que les gains d'efficacité y conduisent aussi sûrement, par exemple, que des variations de potentiel conduisent une réaction chimique à se produire ou des atomes de deutérium à fusionner si la température le permet. Pour les matérialistes, il s'agit d'un mécanisme évolutif naturel qui n'a rien de mystérieux ; il pourrait s'assimiler à la manifestation d'un simple instinct grégaire.

À l'échelle de l'humanité, il est facile de constater que le processus de convergence est constamment à l'œuvre. Il suffit de regarder comment, tout au long des âges, s'est effectuée la formation de structures sociales toujours plus complexes agrégeant un nombre toujours plus important d'êtres humains. Du clan préhistorique (ensemble de familles associées par une parenté réelle ou fictive) jusqu'à la moderne Union européenne, nous assistons à la lente, mais irrésistible action d'une force de cohésion et de convergence qui attire les êtres humains les uns vers les autres. La caractéristique essentielle de l'être humain est sa capacité à vivre en société. Hors de la société, il perd son humanité. Seul, il meurt. C'est au sein du groupe qu'il peut exprimer son humanité. Si nous considérons les choses froidement, ce mécanisme de regroupement naturel des humains pourrait aussi s'apparenter à un altruisme rationnel, c'est-à-dire à une attitude qui consiste à dire que mes intérêts sont aussi ceux des autres. J'ai un intérêt dans le succès des autres pour assurer mon propre succès. J'ai un intérêt dans le bonheur des autres pour préserver mon propre bonheur. Agir seul dans son coin n'est pas la bonne attitude. La coopération bienveillante entre les humains est la clé de la réussite de tous.

Du groupe le plus simple à celui le plus complexe, la force de convergence et de cohésion sociale agit non seulement à l'intérieur de l'individu considéré comme l'unité de base du groupe, mais aussi à l'intérieur de la nouvelle entité formée par le groupe, qui représente plus que la somme de ses unités individualisées. Le groupe est une entité à part entière, et depuis des millénaires, cette entité n'a pas cessé de croître. En grandissant, elle s'est forgé une conscience, ou une âme, qui est née de la convergence des consciences humaines individuelles.

D'une certaine façon, cette âme collective autonome forme un égrégore, c'est-à-dire un esprit de groupe, une entité psychique produite et influencée par les aspirations, les émotions et les désirs d'individus unis par un objectif et un idéal communs. Le mot « égrégore » est d'origine grecque et signifie « veilleur » (René Guénon). Robert Ambelain, auteur français spécialiste de l'ésotérisme, définit ainsi l'égrégore :

> Une force engendrée par un puissant courant spirituel et alimentée à intervalles réguliers, selon un rythme en harmonie avec la vie universelle du cosmos. C'est une réunion d'entités unies par un caractère commun. Dans l'invisible, hors de la perception physique de l'homme, existent des êtres artificiels, engendrés par la dévotion, l'enthousiasme, le fanatisme, qu'on nomme des égrégores. (*Wikipédia.*)

Notons qu'un égrégore est une entité psychique et non spirituelle. Selon la tradition ésotérique, il se forme dans le monde intermédiaire qui est situé entre le monde matériel et le monde spirituel. Un égrégore est comme le versant psychique d'un groupe humain. Par ailleurs, celui-ci peut être positif ou négatif, c'est-à-dire agir dans un sens bénéfique pour l'humanité ou, au contraire, activer des forces de destruction. Alain Brêthes, psychologue et spécialiste des symboles, écrit :

Les égrégores féconds sont ceux qui élèvent la conscience, qui s'efforcent d'unir et de rassembler, qui expriment des valeurs de justice, d'équité et de bienveillance. Ce sont des énergies utiles à la communauté mondiale, qui prennent la forme de courants de psychologie humaniste, d'associations humanitaires ou de mouvements spirituels contemporains. (INREES)

Il existe différentes catégories d'égrégores dont les caractéristiques varient en fonction des critères suivants :

- Nombre et qualité des individus qui forment le groupe ;
- Durée pendant laquelle ces individus sont unis par un même objectif ou partagent les mêmes valeurs ;
- Puissance des symboles qui incarnent cet objectif ou ces valeurs ;
- Puissance des motivations et des intentions qui animent chaque individu du groupe ;
- Puissance charismatique des leaders qui animent le groupe ;
- Intensité de la force de cohésion du groupe ;
- Capacité du groupe à faire face aux forces de dissolution extérieures.

En fonction de ces critères, nous pouvons évaluer la puissance d'un égrégore et faire la différence entre une bande de copains, une association de quartier, un parti politique, une société secrète et une religion. Les égrégores de ces différents groupes humains ne se situent pas sur le même plan, et leur force d'influence n'est pas la même.

D'une certaine façon, la noosphère pourrait être assimilée à une sorte d'égrégore positif, bien que Teilhard de Chardin n'ait jamais utilisé ce terme. Si nous acceptons d'établir la comparaison, l'égrégore noosphérique serait la plus puissante de toutes puisqu'elle regrouperait une grande partie des êtres humains de notre planète.

Le Projet de conscience globale

Depuis 1998, une expérience parapsychologique extraordinaire (*Global Consciousness Project*), menée au sein de la prestigieuse Université de Princeton (New Jersey, États-Unis), est en cours, et elle est sur le point de démontrer que les consciences humaines sont toutes reliées les unes aux autres par une sorte de lien invisible. Pour le moment, les scientifiques américains, initiateurs de ce projet, n'en sont encore qu'au stade expérimental, et il serait prématuré de tirer des conclusions à partir des résultats statistiques qu'ils ont obtenus jusqu'à présent. Cependant, si ces résultats se confirmaient dans l'avenir, ce serait la preuve que la convergence des consciences au sein de la noosphère n'est pas qu'un concept abstrait, mais qu'elle repose, au contraire, sur des faits concrets établis scientifiquement. D'un point de vue pratique, l'expérience cherche à mettre en évidence une activité psychique humaine à l'échelle mondiale en utilisant un générateur aléatoire de nombres (GNA) qui est un petit boîtier baptisé Egg. Ce dispositif avait été conçu au départ pour détecter les mouvements de pensée d'une seule personne.

Le *Global Consciousness Project* est né lorsque le physicien Helmut Schmidt a eu l'idée, à la fin des années 1960, d'étudier l'influence de l'observateur en physique quantique, en demandant à des expérimentateurs de prédire de quel côté un photon se dirigerait après avoir frappé un miroir semi-réfléchissant. Ce dispositif étant cependant difficile à utiliser aussi souvent que le demandaient ses expériences, Schmidt décida d'utiliser des générateurs de hasard basés sur l'indéterminisme quantique. Dans les années 1980, le Dr Roger D. Nelson plaça des GNA dans l'espace occupé par des groupes de personnes pratiquant la méditation. Il constata alors, à son grand étonnement, que les générateurs aléatoires d'électrons subissaient l'influence des méditants. Plus tard, le chercheur Dean Radin, de l'Université du Nevada, eut l'idée d'interconnecter, par l'intermédiaire d'Internet, plusieurs GNA dans le monde pour tester la réalité d'une forme de conscience collective. Lui aussi vérifia que lorsqu'un GNA produisant des séquences continues de bits (0 ou 1) était placé dans un endroit où des personnes étaient exposées à des émotions intenses, on remarquait que la séquence fixe de 0 et 1 ne correspondait plus à 50-50, comme c'est le cas lorsqu'il se trouvait isolé de toute influence extérieure. Les travaux de Dean Radin mettaient donc en évidence le fait qu'une pensée partagée par des millions de personnes, au même moment, influençait les séquences de nombres produites par les GNA (*Wikipédia*). Dans son livre *Superpouvoirs – Science et yoga : enquête sur les facultés humaines extraordinaires* (InterÉditions, INREES, 2014), Dean Radin interprète les résultats du *Global Consciousness Project* de cette façon :

> Cela veut dire que lorsqu'une proportion importante de la population de la planète focalise son attention *mentale* sur le même événement, alors la quantité de cohérence *physique* dans le monde augmente. Ces épisodes de cohérence physique inhabituelle ne se limitent pas aux données des GNA ; en théorie, ces épisodes de cohérence pourraient tout affecter [toutes nos machines, et peut-être la réalité matérielle elle-même], pour peu qu'on admette la justesse de cette idée de champ de conscience.

La découverte de Radin fit grand bruit dans les milieux scientifiques, car elle bousculait quelques présupposés bien ancrés chez les savants matérialistes sur la nature et les possibilités de la conscience humaine. Bientôt, des dizaines d'autres boîtiers Egg furent envoyés aux quatre coins du globe pour répondre à une question précise : est-il possible de détecter les effets d'une même émotion, au même moment, dans le psychisme de centaines de millions de personnes réparties sur toute la surface de la Terre ? La réponse fut oui. Lors des funérailles de Lady Di, par exemple, les boîtiers enregistrèrent jusqu'en Chine une variation du champ psychique planétaire. Devant le succès de l'expérience, 65 autres générateurs furent installés dans presque autant de pays, dont deux en France. Tous étaient reliés en réseau. Aujourd'hui, tous ces capteurs archivent en continu l'encéphalogramme de l'« âme de l'humanité », et les données sont transmises au Pear Lab de l'Université de Princeton. Chaque fois qu'un événement mondial se produit, des fluctuations sont enregistrées. Plus il est fort et médiatisé, plus les fluctuations sont importantes.

L'informaticien Pierre Macias héberge l'un des deux Egg français à Toulouse :

> Le flot de données des capteurs tend à s'éloigner des valeurs attendues lorsque se produit un événement public qui concentre les pensées et les émotions d'un grand nombre d'individus. Le jour de l'attaque du 11 septembre 2001, par exemple, la probabilité pour que les capteurs enregistrent une telle variation – par hasard – fut de l'ordre de 1 pour 1 million... Nous ne savons pas encore comment expliquer ces relations subtiles entre des événements d'importance pour les hommes et les données obtenues mathématiquement, mais elles sont indéniables aujourd'hui. Ces résultats montrent à l'évidence que le monde physique et le monde de l'esprit humain sont liés par une relation qui reste encore inconnue. (INREES)

« Très souvent, les phénomènes paranormaux s'évaporent si vous les étudiez suffisamment longtemps. Mais ce n'est pas le cas du *Global Consciousness Project* (GCP). L'effet est bien réel. Le seul doute porte sur son interprétation », a déclaré le physicien Dick Bierman, de l'Université d'Amsterdam, lors d'une interview pour le *Daily Mail* en 2005.

Oui, avec ce projet prometteur, il semblerait que nous commencions à explorer de nouveaux territoires de la conscience humaine. C'est ainsi que les détecteurs d'émotions de la noosphère s'affolèrent à l'occasion des cérémonies d'adieu dédiées à mère Teresa de Calcutta, décédée le 5 septembre 1997. Et depuis lors, tous les ans, une vingtaine d'événements internationaux sont marqués par ces mouvements d'humeur quantiques : les célébrations du Nouvel An, des bombardements, des tremblements de terre, les éclipses solaires, des élections ou des finales de compétitions sportives, des attentats, etc. C'est d'ailleurs en analysant les données recueillies lors des attentats du 11 septembre 2001 que les chercheurs découvrirent un fait particulièrement étrange : l'activité accrue des GNA a débuté quatre heures avant que les avions percutent les tours du World Trade Center, et avant même que les terroristes arrivent à l'aéroport. Ce funeste pressentiment éprouvé par la noosphère est-il attribuable à une défaillance du système ou à une mauvaise interprétation des résultats ? Apparemment pas, car le même phénomène s'est reproduit dans les derniers jours de l'année 2004. Sans raison apparente, les Egg enregistrèrent pendant cette période une activité fébrile de la noosphère. La réponse à cet emballement des machines arriva 24 heures plus tard : le 26 décembre 2004, un violent séisme provoqua le tsunami qui dévasta l'Asie du Sud-Est et qui coûta la vie à 220 000 personnes. Sur le plan des pertes humaines, ce fut l'un des dix séismes les plus meurtriers, et le plus grave tsunami de toute l'histoire. Ces faits montrent que la noosphère est capable d'anticiper des événements catastrophiques de grande ampleur. C'est comme si elle avait la faculté de voir dans le futur.

La noosphère ne se contente donc pas de réagir aux événements, elle anticipe leur arrivée. La question qui surgit tout naturellement est donc celle-ci : est-elle capable de les modifier ? A-t-elle le pouvoir de modeler à sa guise le cours des choses ? Si la réponse est oui, alors cela ouvre des perspectives fascinantes sur la façon dont nous allons pouvoir gérer notre évolution dans un avenir plus ou moins proche. Nous pouvons imaginer, par exemple, qu'en focalisant les consciences de milliards d'êtres humains vers un objectif commun nous pourrions peut-être modifier nos conditions d'existence et d'environnement pour parvenir à le réaliser. À l'instar de la biosphère végétale et animale qui a bouleversé les paysages de notre planète, la noosphère serait capable de modifier l'espace et le temps en vue de produire un résultat précis. (Voir à ce sujet le site du *Global Consciousness Project*, en français : http://noosphere.princeton.edu/fristwall.french.html.)

La communication : un exemple d'activité convergente

L'activité convergente exemplaire est celle de la communication et de l'échange d'information à l'échelle planétaire. Internet est un espace d'échange et de communication sans précédent dans l'histoire de l'humanité. Les caractéristiques d'Internet font qu'il peut être considéré comme un moteur de l'évolution et aussi l'un des outils de développement de la noosphère. De ce point de vue, la tentation est grande pour certains de vouloir établir un lien entre le réseau Internet et le concept de noosphère. Il est indéniable, en effet, que ce réseau s'inscrit dans un large mouvement de convergence à l'échelle planétaire et qu'il participe, à sa manière, à l'établissement de la noosphère.

Il faut cependant nuancer ce rapprochement et mettre en avant le fait que le monde d'Internet ne correspond pas tout à fait à la réalité de la noosphère. Internet est un outil matériel qui permet la convergence, mais il n'est pas cette convergence elle-même. La noosphère n'est pas uniquement de l'ordre des idées et de l'information, c'est-à-dire, en définitive, du domaine mental et intellectuel. La noosphère est une réalité qui concerne le domaine de la spiritualité, et la convergence se fait au niveau des centres humains.

Il ne faudrait donc pas assimiler les moyens au but. Tout ce qui permet la convergence est bon pour la noosphère, et dans ce contexte, Internet est un outil précieux, mais il ne doit pas devenir une finalité. Le but, c'est l'unification des centres humains, c'est-à-dire des consciences, qui s'achève dans le point Oméga, lequel est une réalité qui dépasse infiniment le monde d'Internet.

Vers une spiritualité de type I

Qu'est-ce qu'une spiritualité de type I ?

J'ai proposé dans cet essai une classification des civilisations établie à partir de l'échelle de Nikolaï Kardashev et Freeman Dyson, réévaluée par la suite par Carl Sagan et Michio Kaku. C'est sur cette échelle que repose la thèse exposée dans ce livre, selon laquelle nous sommes aujourd'hui dans une phase de transition entre le type 0 et le type I de civilisation. Comme je l'ai expliqué et démontré tout au long des pages précédentes, le passage d'un type à l'autre n'est pas une entreprise sans risque. Il n'est pas certain, en effet, que nous réussissions cette véritable mutation qui ne s'est jamais encore présentée depuis que l'homme a foulé le sol de notre planète. De nombreuses épreuves se présentent déjà à nous, et si nous ne modifions pas en profondeur notre comportement sur les plans individuel et collectif, il est peu probable que nous soyons en mesure de les surmonter. Cependant, mon tempérament optimiste ne peut pas se résoudre à baisser les bras devant l'ampleur de la tâche. Je suis en effet convaincu que si nous le voulons vraiment, nous pourrons passer ce cap difficile et aborder les rives d'un futur passionnant qui porte en son sein des potentialités dont nous n'avons pas encore la moindre idée. En cela, j'affirme ma confiance en l'espèce humaine, et je crois en sa capacité à se sortir des situations les plus périlleuses.

Rappelons que le classement des civilisations selon l'échelle de Kardashev est uniquement fondé sur leur niveau technologique et leur consommation énergétique, c'est-à-dire sur des critères purement matériels et extérieurs. Un pas a été franchi vers des critères qualitatifs pour apprécier le niveau d'une civilisation quand Michio

Kaku a introduit la notion d'économie du savoir dans sa réévaluation de l'échelle de Kardashev. Les expressions « économie du savoir », « économie de la connaissance » ou « économie de l'immatériel » désignent ce qui, pour de nombreux économistes, serait une nouvelle phase de l'histoire économique dans laquelle nous serions entrés depuis la fin du siècle dernier (*Wikipédia*). Ainsi, une civilisation n'est plus seulement définie à partir de son développement technologique et par sa capacité à produire et à consommer de l'énergie, mais aussi en fonction de son niveau d'investissement dans l'économie du savoir et de la connaissance, c'est-à-dire, en définitive, par sa quête de vérité et de sens.

Comme je l'ai souligné plus haut, ces éléments immatériels que sont l'information, le savoir et la connaissance sont les bases fondamentales sur lesquelles s'édifie une civilisation. Les réalisations matérielles (monuments, habitations, routes, canaux, ateliers, manufactures, usines, moyens de transport, etc.) représentent la partie visible de l'activité d'une civilisation, et sa partie invisible est le siège d'une autre activité qui, bien qu'indétectable, n'en est pas moins aussi intense, sinon plus. C'est la raison pour laquelle l'échelle de Kardashev, dans sa version initiale, ne peut rendre compte de tous les aspects d'une civilisation, et ne nous en donne même qu'une image relativement superficielle. C'est ainsi que nous pouvons imaginer des civilisations de type I, de type II et même de type III dont l'activité extérieure serait réduite au minimum – et quasiment indétectable –, mais qui auraient surtout développé une activité immatérielle, donc invisible, basée sur la connaissance et la spiritualité. Ces civilisations pourraient être aussi brillantes que celles qui ont mis l'accent sur la technologie et l'industrie, mais ce niveau élevé ne pourrait pas se déduire de leurs activités extérieures visibles. N'oublions pas que la classification de Kardashev n'est qu'une extrapolation du modèle de civilisation humaine des années 1960 ; de ce fait, elle ne doit être considérée que comme une possibilité parmi de nombreuses autres. Certes, Kardashev n'avait pas d'autres modèles à sa disposition pour l'établir (notre civilisation était son unique point de référence), et cela, loin d'être un argument pour la considérer comme une référence absolue, devrait plutôt nous inciter à la relativiser et à penser que l'Univers a dû produire des types de civilisations dont nous n'avons pas la moindre idée. Ces réserves étant admises, je continue malgré tout à me servir de cette échelle, car, en dépit de ses imperfections, elle a l'avantage de donner une image compréhensible par tous de la façon dont les civilisations pourraient être hiérarchisées dans l'Univers.

Selon Carl Sagan, qui a peaufiné l'échelle de Kardashev, toutes les civilisations qui sont apparues sur notre planète jusqu'à présent peuvent être rangées dans la catégorie du type 0. Bien que Sagan ne tienne compte que des critères technologiques et énergétiques pour établir ce classement, je propose de dire, par analogie, que d'un point de vue spirituel, toutes ces civilisations n'en étaient encore qu'au type 0. Comme il existe un type 0 selon les critères définis par Kardashev et Sagan, je peux dire qu'il existe un type 0 établi à partir de critères purement religieux et spirituels. De cette façon – et j'ai conscience que ce que je vais écrire va en agacer plus d'un –, je ne crains pas de dire que toutes les religions et toutes les écoles spirituelles qui sont apparues sur notre planète jusqu'à présent sont à classer dans le type 0. Qu'il s'agisse du judaïsme, du christianisme, de l'islam, du bouddhisme, de l'hindouisme ou de tous les autres courants dérivés de ces grandes religions, tout cela ne représente qu'une spiritualité de type 0, c'est-à-dire une spiritualité spécifique à un espace et à un temps donnés. Bien que certaines de ces grandes religions aient des visées expansionnistes et qu'elles voudraient bien s'étendre à toute la Terre, aucune ne parviendra à réaliser cette ambition, et c'est tant mieux. Cela est d'ailleurs parfaitement compréhensible dans la mesure où chacune d'elles correspond à une région du globe particulière et à une période de l'histoire humaine qui est limitée. Les caractéristiques propres à chaque religion font qu'aucune d'elles ne pourra jamais assumer le rôle de religion universelle. C'est impossible, et ce n'est pas souhaitable. Ce point est très important, car des représentants, des dignitaires ou simplement des pratiquants des religions établies auraient pu imaginer que le passage d'une civilisation de type 0 au type I aurait pu s'accompagner, dans le même temps, de la montée en puissance d'une religion particulière au détriment des autres. Ils auraient pu croire que leur propre religion serait devenue la religion universelle capable de satisfaire les aspirations spirituelles de tous les habitants de notre planète. Penser cela est une lourde erreur. C'est le signe d'une profonde méconnaissance de ce que sont en réalité les religions d'une civilisation de type 0. N'oublions pas, en effet, que si elles sont à l'origine de nombreuses et brillantes civilisations, ces dernières sont soit déjà mortes, soit sur le point de disparaître pour laisser place à une civilisation de type I. Attachées et même identifiées à des civilisations bien circonscrites, les religions particulières subiront nécessairement le même sort qu'elles. Ce fait relève de la simple logique.

En conséquence, une spiritualité de type I ne peut pas être une sorte d'extension planétaire d'une des grandes religions que nous connaissons déjà. Ce ne sera pas non plus une nouvelle religion, différente des autres, qui viendrait en quelque sorte se placer au-dessus d'elles pour les dominer. Ce ne sera pas une synthèse des religions existantes qui utiliserait leurs dogmes, leurs doctrines et leurs catéchismes en essayant de les fondre dans un tout cohérent. Cet exercice de haute voltige, si je puis dire, me paraît peu probable à réaliser. Il y a trop de différences entre les systèmes religieux actuels pour pouvoir en tirer un nouveau credo qui satisfasse tout le monde. Une spiritualité de type I pourrait d'ailleurs ne pas prendre forcément la forme d'une religion avec tout ce que cela suppose comme formalisme, rigidité et contraintes, mais simplement se présenter comme une discipline spirituelle nouvelle, souple, adaptable, sans dogmes et sans catéchisme. Ce pourrait être avant tout un enseignement basé sur la pratique de la méditation, par exemple, et sur d'autres exercices corporels inspirés du yoga. Je pense tout particulièrement à l'ouvrage de Matthieu Ricard, intitulé *L'art de la méditation* (NiL Éditions, 2008), qui montre le caractère universel, transreligieux ou suprareligieux d'une méditation fondée sur l'amour altruiste, la compassion, le développement des qualités humaines et les bienfaits que cette pratique apporte à chacun. Bien que les méthodes de méditation qu'il propose soient basées sur le bouddhisme, elles peuvent néanmoins être extraites de leur contexte religieux initial et être utilisées par tout le monde. En ce sens, les objectifs de la méditation ne concernent pas seulement les adeptes du bouddhisme, mais tous les hommes de notre planète : « La raison d'être ultime de la méditation est de se transformer soi-même pour mieux transformer le monde, ou de devenir un être humain meilleur pour mieux servir les autres. Elle permet de donner à la vie son sens le plus noble », écrit Matthieu Ricard. Les réflexions du philosophe Fabrice Midal sur l'extraordinaire essor de la méditation en Occident vont dans le même sens :

> Aujourd'hui, en Occident, la méditation se détache de son ancrage dans la religion bouddhique. Méditer n'implique nullement porter une robe de moine, chanter des mantras, allumer de l'encens ou rejoindre un groupe religieux. Nombre de gens souhaitent s'y consacrer, sans chercher le moindre ancrage dans une religion ou même une tradition spirituelle. Le phénomène est d'autant plus surprenant qu'aujourd'hui nombre de maîtres bouddhistes partagent eux-mêmes cette analyse et désirent de plus en plus présenter leur tradition spirituelle en lui enlevant tous ses habits religieux. (*Question de, n° 1 – Méditation : l'aventure incontournable*, Éditions Albin Michel, 2015.)

Dans une spiritualité de type I, l'accent serait mis sur l'expérience réalisée par chaque individu plutôt que sur des enseignements doctrinaux, l'important étant que chacun expérimente librement un enseignement spirituel et puisse en vérifier les effets sur lui-même indépendamment de toute croyance religieuse. Un livre comme le *Petit traité de vie intérieure* de Frédéric Lenoir (Éditions Plon, 2010) peut aussi fournir une bonne base pour mener une vie sage, équilibrée, conforme aux plus grands enseignements des traditions spirituelles et des écoles philosophiques. Nous sommes d'accord avec l'auteur lorsqu'il écrit :

> Pendant des millénaires, la religion a rempli ce rôle d'éducation de la vie intérieure. Force est de constater qu'elle le remplit de moins en moins. Non seulement parce qu'elle a, au moins en Europe, beaucoup moins d'influence sur les consciences, mais aussi parce qu'elle s'est rigidifiée. Elle offre le plus souvent du dogme et de la norme quand les individus sont en quête de sens. Elle édicte des credo et des règles qui ne parlent plus qu'à une minorité de fidèles. Elle ne parvient pas à renouveler son regard, son langage, ses méthodes, pour toucher l'âme de nos contemporains qui continuent pourtant de s'interroger sur l'énigme de leur existence et sur la manière de mener une vie bonne.

Face à l'indifférence grandissante de nos contemporains envers l'institution religieuse officielle, le *Petit traité de vie intérieure* peut combler un vide et servir de guide pour aborder les pratiques d'une discipline spirituelle située en dehors de tout courant religieux existant. De l'aveu de l'auteur, son traité « est le fruit d'une réflexion personnelle élaborée à partir des courants de sagesse philosophiques d'Orient et d'Occident, de la spiritualité chrétienne libérée de sa gangue normative et de la psychologie des profondeurs ».

« Science de l'esprit », « sciences contemplatives », ces expressions associent des termes qui, il y a quelques années encore, étaient radicalement opposés. Nous voyons bien que se dessine aujourd'hui une nette convergence entre science et spiritualité. Ces deux domaines de la connaissance tendent à se rapprocher, car chacun d'eux a quelque chose de très important à apporter à l'autre. La science propose à la spiritualité ses méthodes, sa rigueur, ses technologies et son expertise dans l'exploration de la matière, de l'énergie, de l'espace et du temps. De son côté, la spiritualité montre à la science qu'il existe des réalités qui échappent à ses systèmes explicatifs : la conscience, l'amour, le beau, les valeurs morales, la question du sens de la vie, la raison d'être de notre présence au monde. C'est pour cette raison qu'une spiritualité de type I ne sera pas opposée à la science, mais qu'elle intégrera au contraire ses méthodes d'investigation pour mieux comprendre la réalité.

Nous avons vu plus haut comment le Projet de conscience globale (*Global Consciousness Project*) a permis de mettre en évidence les propriétés et le fonctionnement d'une vaste conscience collective (noosphère). Dans ce projet, l'utilisation des méthodes de la science joue un rôle essentiel, et sans les ordinateurs, il n'aurait jamais vu le jour. Aujourd'hui, nous assistons à la mise en place de passerelles entre des scientifiques de réputation internationale et des chefs spirituels reconnus ayant accumulé des milliers d'heures de pratique de la méditation. Les moines bouddhistes fréquentent les laboratoires pour tenter de mesurer les bienfaits des états contemplatifs, et les neurosciences s'intéressent à l'état de conscience modifiée des religieuses en prière. *Passerelles* est d'ailleurs le titre d'un ouvrage du dalaï-lama (*Passerelles : entretiens avec des scientifiques sur la nature de l'esprit*, Éditions Albin Michel, 1995) qui tente d'établir des relations constructives entre science et spiritualité. L'ouvrage relate les échanges entre le chef spirituel du Tibet et un groupe de chercheurs de très haut niveau invités pour l'occasion, durant six jours, à Dharamsala (ville du nord de l'Inde), en 1987. J. W. Hayward (philosophie), R. B. Livingston et F. J. Varela (neurosciences), E. Rosch (psychologie cognitive) ainsi que N. Greenleaf (intelligence artificielle) tentèrent, avec lui, de jeter des passerelles entre la science occidentale la plus moderne et la tradition spirituelle tibétaine.

Avec toutes ces initiatives d'unification de ce que j'appelle les anciennes voies de la connaissance, nous assistons au XXIe siècle à l'émergence d'une troisième voie de la connaissance qui est comme la synthèse supérieure des deux voies précédentes (science et spiritualité). Ce qui est fascinant dans cette convergence, c'est qu'elle représente non seulement la concrétisation du vieux rêve d'unir enfin tous les domaines de la connaissance humaine, mais qu'elle peut aussi être la base pour échafauder une nouvelle spiritualité pour notre civilisation. Paraphrasant la sage formule de François Rabelais – « Science sans conscience n'est que ruine de l'âme » –, nous pourrions dire aujourd'hui : « Science sans spiritualité n'est que ruine des civilisations. » Selon moi, la convergence entre science et spiritualité porte en elle le germe d'une spiritualité de type I qui, en réconciliant l'homme et le cosmos, l'homme et la nature, et l'homme avec lui-même, permettra d'établir les fondements d'une société différente de celle qui sévit aujourd'hui. Nous serions alors en mesure de construire une civilisation digne de ce nom (une civilisation de type I), dont les élites ne seraient pas seulement représentées par des groupements de lobbyistes surtout occupés à s'enrichir et à piller les ressources de notre planète. Nous pourrions enfin passer de l'ère de l'Homo economicus, selon l'heureuse expression de Daniel Cohen dans son ouvrage *Homo economicus, prophète (égaré) des temps nouveaux* (Éditions Albin Michel, 2012), à celle de l'Homo noéticus (expression employée par le psychologue américain Kenneth Ring dans son livre *En route vers Oméga : à la recherche du sens de l'expérience de mort imminente*) où l'activité de l'homme serait centrée sur la conscience et ses extraordinaires potentialités.

J'insiste sur ce point : une spiritualité de type I n'est pas une religion nouvelle, ni une extension extérieure, sous la forme d'une branche rattachée au tronc principal, d'une religion déjà existante. Selon moi, une spiritualité planétaire devrait plutôt se présenter comme une discipline spirituelle nouvelle, souple, adaptable, sans dogmes et sans catéchisme. Cette discipline serait fondée sur des pratiques physiques, psychiques et mentales. Sur le plan physique, elle comporterait des exercices respiratoires et des postures précises comme dans le yoga, par exemple. Sur les plans psychique et mental, la pratique serait essentiellement basée sur la méditation. De toute façon, quelle que soit la forme que prendra une spiritualité de type I, elle reposera toujours sur des exercices corporels (respiration, postures, relaxation, travail manuel, arts sacrés) et sur des pratiques destinées à discipliner le mental et le psychisme (méditation, examen de conscience, visualisation intérieure, lecture, prière).

Je ne vais pas détailler ici le contenu d'une spiritualité de type I (c'est une tâche considérable qui dépasse largement les capacités et les compétences d'un seul individu), mais je vais simplement en tracer les grandes lignes.

Je souligne dès maintenant que ces quelques points de repère n'ont pas la prétention de formuler un nouveau credo valable pour tous, mais uniquement de présenter le fruit de mes réflexions. Ces dernières ne sont que la formulation d'un cadre extrêmement large dans lequel s'articulent quelques idées qui n'en sont encore, je l'avoue, qu'au stade embryonnaire. Je souscris pleinement aux idées de Frédéric Lenoir lorsqu'il dit : « Voilà qui me semble d'une limpide évidence : c'est quand la pensée, le cœur, les attitudes de la majorité auront changé que le monde changera. » Et plus loin il précise :

> La solution doit venir de chacun de nous, appelé à un travail sur soi, à une conversion du regard, à un changement de mode de vie. C'est la somme des nouvelles individualités qui créera une collectivité nouvelle. Il s'agit donc, pour chacun, d'examiner ce qui, en lui et dans sa vie, contribue à empoisonner le monde, de revoir ce qui, dans sa manière d'être ou de vivre, concourt aux dysfonctionnements et aux malheurs du monde. (*La guérison du monde*, Librairie Arthème Fayard, 2012.)

Voilà qui est clair : tout changement extérieur commence obligatoirement par un changement intérieur. Espérer changer la trajectoire évolutive de l'humanité sans vouloir changer la conscience de chaque individu est une pure illusion. C'est ignorer que le moteur de l'évolution est la conscience, et rien d'autre.

Selon moi, une spiritualité planétaire devrait être caractérisée par les traits suivants :

- Elle devra s'adresser à l'ensemble des habitants de notre planète, quelles que soient leur culture, leur religion, leur tradition et la région du globe où ils habitent. Elle ne rejettera personne. Elle cherchera l'unité et évitera par tous les moyens le conflit. Elle respectera les croyances de chacun sans les juger.

- Elle accordera la primauté à l'expérience personnelle, au travail sur soi, à la recherche de quelque chose qui se trouve à l'intérieur de soi, et à la transformation intérieure par la pratique d'une discipline.
- L'expérience sera valorisée. Les individus seront moins invités à adhérer à un corpus de doctrines (dogmes, catéchismes) qu'à expérimenter une discipline destinée à les faire évoluer intérieurement.
- La vérité ne sera pas imposée de l'extérieur comme une vérité révélée. Elle sera au contraire découverte par la progression intérieure de celui qui pratiquera la discipline. Le pratiquant devra être en mesure de vérifier par lui-même et sur lui-même les résultats de son travail ainsi que l'efficacité de la pratique.
- La priorité sera donnée à la réflexion et à la raison pour aborder la discipline. Il ne sera pas demandé au pratiquant de croire sans recul ni examen de sa part à des énoncés théoriques.
- L'étude des sciences (physique quantique, biologie, cosmologie, informatique, neurosciences, etc.) fera partie intégrante de la discipline. Une bonne connaissance de ces domaines de la recherche scientifique est aujourd'hui indispensable pour faire émerger la troisième voie de la connaissance (synthèse de la science et de la spiritualité) dont j'ai parlé plus haut.
- La recherche de passerelles entre science et spiritualité sera l'un des fondements de la spiritualité de type I. Ces passerelles devraient conduire à une troisième voie de la connaissance dans laquelle science et spiritualité ne seraient plus opposées, mais se fonderaient en une synthèse supérieure. Il n'y aura plus d'opposition entre notre vie corporelle dans le monde physique et notre progression vers des états de conscience de plus en plus élevés. Il s'agira d'incarner pleinement sa vie spirituelle. Le but est de

spiritualiser la matière, c'est-à-dire d'incarner la spiritualité dans notre réalité matérielle. L'homme doit réconcilier le ciel et la Terre, car il porte en lui-même ces deux pôles qui ne sont pas opposés.

Le dépassement des religions et la dimension sacrée

J'ai brossé dans les chapitres précédents les grandes lignes du Projet humain global dont l'une des phases capitales est le passage vers une civilisation planétaire de type I. Ce qui est à la fois exaltant et périlleux, c'est que nous sommes en ce moment même les témoins et les acteurs de ce qui ressemble à une véritable mutation de la société humaine. Je suis persuadé que nous sommes en train de passer le seuil qui nous entraîne vers quelque chose d'entièrement nouveau. Je crois que nous sommes désormais engagés dans cette voie, et, comme je l'ai souligné dès le début de ce livre, nous ne pouvons plus faire marche arrière. Nous devons avancer et aller en avant et en haut, comme le disait si bien Teilhard de Chardin. Le processus de planétisation – terme qui est encore de Teilhard de Chardin – est loin d'être achevé. Nous n'en sommes même qu'au tout début.

Modestement, chacun à notre niveau, nous pouvons faire en sorte que l'humanité progresse vers plus de connaissance, de conscience, d'esprit et d'amour, c'est-à-dire, en définitive, redonner du sens à nos vies. Je suis intimement convaincu que le but de la vie sur la Terre n'est pas de gagner de l'argent pour consommer toujours plus de produits inutiles qui ne nous rendent pas heureux. Nous ne sommes pas ici pour qu'une poignée d'actionnaires de multinationales s'enrichissent aux dépens des autres. Nous ne sommes pas ici pour engranger des capitaux et bâtir des fortunes. Je suis effaré par la façon dont se comportent les *traders* et les banquiers qui ne pensent qu'à gagner de l'argent en spéculant sur tout et en vendant des produits financiers toxiques. Leur niveau psychospirituel est d'une telle médiocrité et leurs objectifs de vie sont si triviaux que j'en suis effrayé. Je me pose alors ces questions : qu'apportent-ils aux autres ? Que font-ils pour améliorer le sort de leurs semblables et faire en sorte que notre planète reste un sanctuaire pour la vie ? Ne sont-ils que des prédateurs assoiffés d'argent ? Ont-ils encore la moindre parcelle de conscience morale ?

L'une des raisons d'être de ce livre est de proposer un scénario évolutif de l'humanité sur une grande période de temps et de montrer que ce qui a du sens dans ce scénario, c'est la possibilité qui nous est offerte de progresser vers plus de connaissance, de conscience, d'unité, d'esprit et d'amour. J'estime même que toutes nos activités, qu'elles soient d'ordre économique, culturel, scientifique ou technique, devraient être subordonnées à cet objectif fondamental. Une autre de mes ambitions est de tenter d'éveiller les consciences pour qu'elles s'impliquent davantage dans le Projet humain global qui est comme le fil conducteur de notre évolution physique, mentale et psychospirituelle.

Les idées que je défends dans cet essai ne sont pas nouvelles. Au XXe siècle, des philosophes, des penseurs et des maîtres spirituels ont évoqué la possibilité pour l'humanité de poursuivre son évolution spirituelle et de s'élever peu à peu vers toujours plus de cohésion et d'harmonie entre les peuples et les individus. Parmi ces penseurs, je me suis largement inspiré des travaux de Teilhard de Chardin pour tenter de modéliser les métamorphoses qui se produisent aujourd'hui sous nos yeux. J'ai repris son concept de noosphère parce qu'il est, selon moi, le plus apte à rendre compte du processus actuel de planétarisation sur le plan des consciences. L'idée qu'une noosphère soit en train de se former à la surface de la Terre est une vision stimulante et fascinante pour l'esprit. Elle est logique, positive et, même, sur le point d'être confirmée par la science (*Global Consciousness Project*). Elle permet d'expliquer de façon simple notre niveau actuel d'évolution en le replaçant dans une perspective plus vaste à la fois dans le temps et dans l'espace. De même, le concept teilhardien de point Oméga nous a permis de mieux comprendre le but à atteindre. Certes, nous reconnaissons volontiers que ce concept n'est pas d'un abord facile, mais il représente malgré tout un symbole fort et d'une grande puissance attractive.

Bien que j'envisage l'évolution spirituelle de l'humanité d'un point de vue sensiblement différent de celui de Teilhard de Chardin, qui était catholique, je dois avouer que sa conception de l'évolution humaine à long terme m'a fortement inspiré. Sa pensée audacieuse ainsi que sa vision ample qui englobe d'immenses périodes de temps m'ont beaucoup impressionné. En ce qui me concerne, j'estime que l'imposante vision du jésuite paléontologue s'inscrit dans un vaste mouvement qui dépasse les grandes religions traditionnelles (christianisme, judaïsme, islam, bouddhisme, hindouisme, taoïsme). Lors de ce processus de transformation, qui devrait s'étaler sur une longue durée, les religions vont sans doute laisser la place à une forme de spiritualité globale qui s'adressera à l'humanité dans son ensemble, et non plus à une civilisation, à un peuple ou à un continent particulier. Cela ne signifie pas que les grandes religions doivent être totalement rejetées ou abolies dans les plus brefs délais, ni même qu'elles n'ont plus aucune utilité. Si je crois que les formes extérieures des religions sont sans doute condamnées à disparaître à long terme, l'esprit intérieur (le souffle de l'esprit) qui les anime subsistera dans la nouvelle spiritualité globale de type I. Dans ce nouveau contexte, chaque religion représentera une ligne de force singulière, mais convergente, qui se dirigera vers un seul but. Au fur et à mesure de la convergence des lignes de force vers l'unique sommet (le point Oméga), les différences s'atténueront jusqu'à disparaître totalement dans le centre ultime. Ce but, nous l'avons désigné comme le point Oméga. Il pourrait également avoir d'autres noms : Christ cosmique, grand attracteur, homme universel.

Au-delà des différents cultes et religions, l'important pour nous tous est de retrouver la dimension sacrée de l'aventure humaine. Nous avons besoin de renouer avec cette dimension, en nous-mêmes et à l'extérieur de nous-mêmes. Je crois, en effet, que nous sommes dépendants du sacré comme l'air et l'eau sont indispensables à notre survie. Notre quête du sacré correspond à un profond besoin de notre être. C'est une puissante source de vie et de force dont nous ne pouvons pas nous passer. Nous avons cette dimension en nous, et il est vital qu'elle puisse s'exprimer à l'extérieur, c'est-à-dire s'incarner dans notre vie matérielle, dans nos actes, nos pensées et nos intentions. Notre civilisation est en train de pourrir de l'intérieur parce qu'elle ne fait plus aucune place au sacré. Tout ce qu'elle produit et propose comme activité ne concerne que le monde profane. Si notre civilisation veut continuer à vivre, elle devra impérativement rétablir des temps (des périodes spécifiques : heures, jours, etc.) et des espaces sacrés (sites géographiques, temples, etc.). Ces moments et ces lieux sont absolument nécessaires pour nous connecter – ou nous reconnecter – aux dimensions verticales de notre être et du cosmos. Mais qu'est-ce qu'un temps et un espace sacrés ?

L'historien des religions Mircea Eliade écrit :

> Le sacré et le profane constituent deux modalités d'être dans le monde, deux situations existentielles assumées par l'homme tout au long de son histoire. Ces modes d'être dans le monde n'intéressent pas uniquement l'histoire des religions ou la sociologie, ils ne constituent pas uniquement l'objet d'études historiques, sociologiques et ethnologiques. En dernière instance, les modes d'être sacré et profane dépendent des différentes positions que homme a conquises dans le cosmos. Ils intéressent aussi bien le philosophe que tout chercheur désireux de connaître les dimensions possibles de l'existence humaine. (*Le sacré et le profane*, Gallimard, « Idées », 1965 ; réédition Folio essais, 1987.)

Comme le souligne très justement Mircea Eliade, le sacré et le profane ne sont pas des catégories abstraites destinées à étiqueter des comportements ou des pratiques, mais ce sont bien des modes d'être, des façons d'exister qui renvoient à des réalités avec lesquelles l'homme est soit relié (l'homme religieux, ou Homo religiosus), soit coupé (l'homme areligieux, le profane). Le terme « sacré » désigne ce qui est à la fois séparé et circonscrit (du latin *sandre* : délimiter, entourer, sacraliser, sanctifier), tandis que le mot « profane » renvoie à ce qui se trouve devant l'espace réservé (*pro fanum*). Le profane est situé hors du sacré. Le temps et l'espace sacrés sont donc à part. Ils forment, pour employer un mot à la mode, une sorte de singularité spatio-temporelle située en dehors et au-delà du monde ordinaire. Ils permettent à « ce qui n'est pas de ce monde » ou au « tout autre », comme dirait Mircea Eliade, de s'y manifester. Les lieux, les espaces et les temps sacrés sont comme des portes par lesquelles peuvent s'engouffrer dans notre monde des forces et des énergies qui ne sont pas physiques (dans le sens où elles ne peuvent pas être étudiées par les sciences physiques).

Ces singularités spatio-temporelles produisent des hiérophanies, ou manifestations du sacré. Le mode d'être sacré n'est ni le signe d'un stade particulier d'évolution de la conscience humaine ni le fait d'une mentalité primitive (sous-entendu arriérée), mais un élément fondamental de la structure de la psyché humaine. Il ne pouvait d'ailleurs pas en être autrement dans la mesure où l'homme est, par nature, un être spirituel. Quel que soit l'époque ou le lieu, l'homme a toujours possédé cette dimension en lui. Elle caractérise même, selon moi, son humanité. Au fond de chaque être humain demeure un besoin, plus ou moins en éveil, de sacralité. Ce besoin coïncide avec la recherche du sens qu'il veut donner à sa vie et au cosmos. La quête de sacralité est donc avant tout une quête de sens. Le sacré porte en lui une direction, une orientation qui ordonne l'existence humaine selon un axe. Elle permet à l'homme de se situer et de trouver sa place dans l'Univers. Grâce au sacré, il est libéré du chaos, de l'anarchie et de l'angoisse du néant. Sa vision du monde et des hommes change, son comportement aussi. Il pose un regard bienveillant sur les êtres et les choses puisque tout, ici-bas, peut revêtir un caractère sacré. Il respecte la nature et les hommes parce qu'ils manifestent une réalité sacrée : la vie.

Sri Aurobindo et la spiritualisation de la matière

Parmi les personnalités marquantes du XXe siècle qui ont proposé une vision à la fois ample et profonde de l'avenir spirituel de l'humanité, j'ai retenu deux noms qui sont représentatifs des spiritualités orientale et occidentale : Aurobindo Ghose, dit Sri Aurobindo (1872-1950), et Pierre Teilhard de Chardin (1881-1955) dont nous avons largement exposé les idées dans les chapitres précédents. Pour moi, ces deux géants de la pensée et de la spiritualité sont non seulement les plus à même de décrire les mutations que nous sommes en train de vivre, mais ce sont aussi des visionnaires qui sont capables de nous projeter dans une perspective évolutive grandiose dans laquelle l'être humain retrouve sa réelle dimension spirituelle, dont les potentialités – largement insoupçonnées ou oubliées aujourd'hui – sont proprement colossales et éblouissantes. Comme le clame Sri Aurobindo dans son poème épique intitulé *Savitri* : « Vous n'êtes point nés pour une petitesse irrévocable. Ni bâtis pour de vains commencements... Des pouvoirs tout-puissants sont enfermés dans les cellules de la nature. Une destinée plus grande vous attend... La vie que vous menez cache la lumière que vous êtes. »

Le grand maître spirituel indien voyait dans l'évolution un processus touchant non seulement les corps physiques (évolution darwinienne), mais aussi les âmes et les esprits. Selon lui, la pratique de son yoga intégral devrait permettre d'accéder aux réalités supramentales (conscience de vérité) et donner la possibilité d'accueillir en soi l'énergie divine dans le but de manifester pleinement la conscience divine dans la matière. La voie spirituelle enseignée par Sri Aurobindo cherche à modifier notre monde sur le plan matériel de son évolution, et pas seulement à libérer l'homme de sa vie terrestre. Elle s'appuie sur une ascèse et une discipline. Mais loin de rejeter le corps matériel comme un obstacle à la réalisation spirituelle, elle veut nous faire prendre conscience qu'une même loi supérieure gouverne la matière et l'esprit. Selon lui, le but à atteindre est la spiritualisation de la matière.

Pour Sri Aurobindo, une conscience supérieure, transcendante est cachée ou involuée dans la matière. Elle se libère progressivement – sur des périodes de l'ordre de plusieurs millions d'années – grâce à l'évolution. Au départ, cette conscience supérieure se dissimule dans ce qui semble inconscient (la matière brute, le règne minéral). Elle est comme prisonnière dans la matière. Par la suite, elle est poussée à s'élever toujours plus haut tout en s'élargissant et en évoluant vers une plus grande perfection. La vie (la biosphère) est la première étape sur le chemin de la libération de la conscience. La seconde étape est l'apparition du mental (facultés intellectuelles) chez l'homme. Mais le mental n'est pas le terme de l'évolution, il attend de pouvoir s'élargir en quelque chose de plus grand, en une conscience spirituelle supérieure et supramentale. La prochaine étape de l'évolution sur notre planète doit faire du supramental et de l'esprit le pouvoir dominant dans l'être humain conscient. Lors de cette phase de mutation, la conscience supérieure involuée dans la matière, la biosphère et le mental humain se libérera entièrement, et l'être humain sera alors capable de manifester la perfection sur Terre. Ce sera la vie divine pour l'homme sur notre planète (*La vie divine* est le titre d'une œuvre de Sri Aurobindo, Éditions Albin Michel, 1973, en quatre volumes).

Mais alors que la nature a parcouru les étapes précédentes de l'évolution sans qu'il existe dans la matière brute et dans la vie végétale et animale (biosphère) une volonté consciente manifestée, il existe au contraire dans l'homme une volonté consciente qui est un instrument puissant capable d'orienter dans une direction précise tout le processus évolutif. Cette évolution ne peut cependant s'accomplir tout entière par la seule volonté mentale, car le mental, une fois qu'il a atteint un certain niveau, ne progresse plus, il tourne en rond (en boucle, en circuit fermé) et répète sans fin les mêmes mécanismes intellectuels.

Sri Aurobindo enseignait ceci :

> La surhumanité n'est pas l'homme porté à son zénith naturel ; ce n'est pas un degré supérieur de la grandeur humaine, de la connaissance humaine, du pouvoir, de l'intelligence, de la volonté, du caractère, de la force dynamique et du génie humain, ni même de la sainteté, de la pureté, de la perfection et de l'amour humain. Non, le supramental est au-delà de l'homme mental et de ces limites.

La prochaine étape évolutive suppose nécessairement une conversion et un renversement de la conscience grâce auquel le mental se transformera en un principe supérieur. Le moyen d'effectuer ce renversement se trouve dans l'ancienne discipline du yoga et dans sa pratique. Dans le passé, cette tentative se traduisait par un retrait hors du monde et dans une sorte d'absorption dans les hauteurs de l'esprit. Le yogi désirait avant tout quitter le monde de l'illusion et s'abîmer dans le nirvana d'une paix intérieure, synonyme d'éveil, d'extinction, de libération, d'illumination, de délivrance, de vacuité absolue, de paix totale et de libération du samsara, c'est-à-dire du cycle des réincarnations.

Cependant, Sri Aurobindo enseignait que la descente d'un principe supérieur (supramental) était possible dans ce monde. Cette descente est capable, selon lui, non seulement de libérer le yogi de l'illusion de la réalité, mais aussi de lui donner la possibilité de s'accomplir dans le monde sans le rejeter ni le fuir. Il pensait que la descente du principe supérieur abolirait les limitations du mental par l'action d'une conscience de vérité supramentale qui serait aussi un instrument permettant à l'homme de sortir de sa condition animale pour accéder à une nouvelle vie. La discipline du yoga devrait être utilisée à cette fin, car elle ouvre toutes les parties de l'être à une conversion, une transformation qui permettra la descente et l'action du principe supramental supérieur.

Sri Aurobindo disait que l'être humain est un être de transition, un pont entre l'animal et le surhumain (l'homme divinisé). Le but final de l'évolution sur la Terre n'est pas l'être humain tel que nous le connaissons aujourd'hui. Comment pouvons-nous croire que nous sommes ce que l'évolution peut faire de mieux? Comment penser que nous sommes son sommet, son dernier mot, en quelque sorte. Regardons-nous tels que nous sommes, sans fioriture et avec sang-froid. Que voyons-nous? Dans le miroir, sans artifice ni éclairage avantageux, nous découvrons un être chétif, fragile, égoïste, cupide, querelleur et violent, un être qui ne pense qu'à soumettre ses congénères pour satisfaire ses propres désirs et qui ravage tout sur son passage. Oui, l'humanité, c'est cela à plus de 90 % (estimation basse). Les 10 % qui restent représentent sa part noble qui, jusqu'à présent, n'a pas pu faire valoir ses droits. Le résultat, nous le voyons tous les jours sous nos yeux : un monde malade qui est sur le point de mourir, un vrai désastre.

L'objectif d'Aurobindo n'était donc pas d'élaborer une quelconque religion, d'amalgamer les religions anciennes ou d'en fonder une nouvelle. Son enseignement allait bien au-delà de toutes les religions : il proposait un moyen de sortir de l'espèce humaine pour accéder à un niveau d'être divin. Le but de son yoga est de permettre un développement intérieur grâce auquel tous ceux qui le pratiquent pourront, le moment venu, découvrir le moi unique en tous et élaborer une conscience spirituelle et supramentale qui transformera et divinisera la nature humaine. (*L'enseignement de Sri Aurobindo [en 1934] par Sri Aurobindo lui-même*, http://sriaurobindo-yoga-integral.blogspot.fr/2012/07/lenseignement-de-sri-aurobindo.html.)

Dans son excellent livre intitulé *Sri Aurobindo ou l'aventure de la conscience*, Satprem (de son vrai nom Bernard Enginger) cite le maître indien (*La vie divine*) :

> C'est par sa conscience et la transmutation de sa conscience, et non plus par l'entremise de quelque organisme corporel nouveau, que l'évolution peut et doit s'effectuer. Dans la réalité intérieure des choses, le changement de conscience a toujours été le

fait majeur ; l'évolution a toujours eu un sens spirituel et le changement physique ne faisait que servir d'instrument, mais cette relation se trouvait cachée au début par l'équilibre anormal des deux facteurs, le corps de l'inconscience extérieure l'emportant sur l'élément spirituel ou l'être conscient et le voilant. Mais dès que cet équilibre est rétabli, ce n'est plus le changement du corps qui doit précéder le changement de conscience, c'est la conscience elle-même qui, par sa propre mutation, imposera et opérera toute mutation nécessaire au corps.

La prise en charge du processus évolutif est possible dans la mesure où la conscience est un pouvoir (conscience-force). Être conscient, c'est pouvoir. C'est peut-être même le seul réel pouvoir que nous ayons. La conscience est un pouvoir, car c'est une force. Cette force est aussi réelle que les forces électromagnétiques (électricité, magnétisme, lumière, réactions chimiques et biologiques) ou la force nucléaire forte qui réside au cœur de l'atome. « La conscience n'est pas une façon de penser ou de sentir [en tous cas, elle n'est pas exclusivement cela], mais un pouvoir d'entrer en contact avec la multitude des degrés de l'existence, visibles ou invisibles. » (Satprem, *Sri Aurobindo ou l'aventure de la conscience.*) Le levier qui nous permettra d'agir sur le monde et de le changer se trouve résumé dans cette brève formule : « S'il est vrai que la conscience est une force, inversement la force est une conscience, et toutes les forces sont conscientes », écrit Satprem. L'homme conscient a le pouvoir d'agir sur le monde réel parce que sa conscience est de même nature que les forces qui organisent ce monde. C'est là que réside le secret du changement. « Quand nous aurons trouvé ce secret, c'est-à-dire la conscience dans la force, nous aurons la vraie maîtrise des énergies matérielles. Nous aurons une maîtrise directe de ces énergies », ajoute l'auteur. Nous savons aujourd'hui que la matière est de l'énergie fortement concentrée, comme le montre l'équation d'Einstein ($E = mc^2$), mais ce qu'il faut que nous comprenions, c'est que l'énergie est de la conscience condensée. « La conscience peut agir sur la matière et la transformer. Cette ultime conversion de la matière en conscience, et peut-être même, un jour, de la conscience en matière, est l'objet du yoga supramental », poursuit Satprem.

Nous sommes arrivés à une nouvelle crise de transformation, disait Sri Aurobindo, qui est aussi cruciale que dut l'être celle qui a marqué l'apparition de la vie dans la matière il y a environ 2,1 milliards d'années, ou la crise qui a marqué la naissance des facultés intellectuelles (le mental) dans les formes vivantes avec les premiers êtres doués de pensée. Cependant, au lieu de laisser la nature opérer ces transmutations de façon plus ou moins aléatoire, l'homme peut être le collaborateur conscient de sa propre évolution et choisir en toute conscience ce qu'il veut devenir. Notre destin est entre nos mains.

Ci-dessus : À gauche, le père Pierre Teilhard de Chardin ; à droite, le maître spirituel indien Sri Aurobindo. Ces deux hommes exceptionnels furent des explorateurs du futur lointain de l'humanité. Ils pensaient que l'évolution avait un sens et que l'espèce humaine actuelle n'était qu'une étape transitoire dans le vaste processus de spiritualisation de notre planète.

Mère, de son vrai nom Blanche Rachel Mirra Alfassa (1878-1973), et Satprem (1923-2007), les deux disciples les plus connus de Sri Aurobindo, essaieront par la suite de poursuivre son œuvre de spiritualisation de la matière. En 1981, lors d'une interview pour une télévision italienne, Satprem confiera : « On n'est pas dans une crise morale, on n'est pas dans une crise politique, financière, religieuse, on est dans une crise évolutive. On est en train de mourir à l'humanité pour naître à autre chose... » Ce propos aurait sans doute été admis par Teilhard de Chardin, qui voyait dans l'ultrahumain la prochaine étape évolutive de l'humanité.

Auroville et la naissance d'une civilisation

Mère fut aussi l'inspiratrice de l'extraordinaire projet d'édification d'une ville nouvelle baptisée Auroville (la ville de l'Aurore). Située à une dizaine de kilomètres au nord de Pondichéry, en Inde, cette ville expérimentale a pour vocation d'être « le lieu d'une vie communautaire universelle, où hommes et femmes apprendraient à vivre en paix, dans une parfaite harmonie, au-delà de toutes croyances, opinions politiques et nationalités ». (*Wikipédia.*) Même si, de nos jours, Auroville est encore loin d'avoir atteint ses objectifs initiaux qui prévoyaient d'accueillir 50 000 habitants (en 2010, la communauté en comptait un peu plus de 2 000 seulement), Auroville est le symbole et même le prototype, selon moi, du Projet humain global tel qu'il a été décrit plus haut.

Ville internationale à vocation universelle, elle préfigure la cité universelle qui s'incarnera pleinement dans la civilisation planétaire de type I. Les principes sur lesquels repose la fondation de la ville cherchent à concilier développement matériel et évolution spirituelle. En ce sens, Auroville est une cité du futur, la ville de l'avenir, car elle se construit selon deux axes complémentaires qui sont intrinsèquement liés l'un à l'autre :

- L'axe horizontal spatio-temporel du développement matériel ;
- L'axe vertical de l'évolution spirituelle.

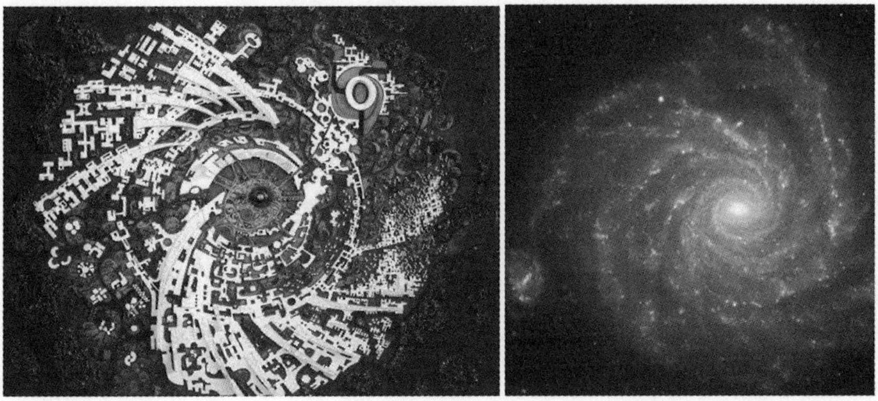

Ci-dessus : Le plan d'Auroville. La forme de la cité est celle d'une galaxie avec, en son centre, le point de rencontre spirituel : le Matrimandir. La forme de galaxie de la cité renvoie immanquablement à sa dimension cosmique et supraterrestre. C'est comme une ouverture vers le haut, en direction de l'espace interstellaire. La ville est construite d'après les plans conçus par l'architecte français Roger Anger. Lors de son inauguration, le 28 février 1968, en présence du président de la République indienne et de représentants venus de 124 pays, chacun versa une poignée de terre de son sol natal dans une urne en signe de fraternité universelle.

Ce qui est remarquable dans la fondation d'Auroville – qui est peut-être l'un des germes, l'une des semences de la future civilisation planétaire –, c'est qu'elle est la concrétisation de la volonté de deux êtres, Sri Aurobindo et Mère, qui étaient profondément engagés dans une voie spirituelle. Avec Auroville, nous avons donc un superbe exemple de création d'une sorte de point de civilisation par le haut. Nous assistons à une tentative d'établir sur la Terre une civilisation dont l'énergie créatrice est d'origine spirituelle (céleste). Cela peut paraître extraordinaire, mais c'est en fait ce qui s'est passé pour toutes les grandes civilisations qui ont vu le jour sur notre planète. À l'origine de ces dernières, il y a toujours une énergie spirituelle (verticale) qui touche la réalité matérielle (horizontale). C'est de cette rencontre que naît un point (une sorte de singularité dans le processus évolutif de l'humanité) à partir duquel va se développer une civilisation particulière.

Nous admettons sans réserve les quatre articles de la Charte d'Auroville.

La charte d'Auroville

Charte lue par *la Mère* à l'inauguration d'Auroville.

1. Auroville n'appartient à personne en particulier. Auroville appartient à toute l'humanité dans son ensemble. Mais pour séjourner à Auroville, il faut être le serviteur volontaire de la Conscience Divine.

2. Auroville sera le lieu de l'éducation perpétuelle, du progrès constant, et d'une jeunesse qui ne vieillit point.

3. Auroville veut être le pont entre le passé et l'avenir. Profitant de toutes les découvertes extérieures et intérieures, elle veut hardiment s'élancer vers les réalisations futures.

4. Auroville sera le lieu des recherches matérielles et spirituelles pour donner un corps vivant à une unité humaine concrète.

L'homme entre ciel et Terre

Selon la Tradition (j'entends par là la tradition primordiale de laquelle seraient issues toutes les autres traditions spirituelles particulières qui ne seraient que des adaptations de celle-ci dans l'espace et le temps), l'homme occupe une place intermédiaire entre le ciel et la Terre. La jonction (la conjonction) et la réconciliation entre le ciel et la Terre doit s'opérer en lui. J'ajoute même que cette jonction de la nature céleste et de la nature terrestre de l'être humain ne peut se réaliser que dans l'incarnation terrestre. C'est sur Terre, et dans la condition humaine, que doit s'effectuer la réconciliation du ciel et de la Terre. C'est l'une des caractéristiques de la destinée humaine et sans doute la raison principale de son incarnation. Symboliquement, le ciel est circulaire et représente l'esprit (infini) ; la Terre est carrée et représente la matière (fini). De ce point de vue, nous pouvons dire que l'homme est situé entre les forces d'en haut (célestes) et les forces d'en bas (terrestres). Il doit donc s'efforcer d'opérer la jonction, en son centre, des forces célestes et des forces terrestres. Pour utiliser un terme d'informatique, il doit connecter le haut et le bas et ouvrir son centre-cœur. S'il y parvient, il réalisera l'état d'homme parfait, il sera véritablement homme (homme primordial ou Adam Kadmon, dans la kabbale).

L'une des caractéristiques de l'état humain est la verticalité. En effet, l'homme est un être qui est vertical, extérieurement et intérieurement. Il est vertical extérieurement dans son corps qui est dressé par la colonne vertébrale. Il l'est intérieurement parce qu'il est lié au ciel vers le haut et à la Terre vers le bas. Cette verticalité essentielle implique que l'homme est traversé par un axe. C'est sur ce dernier que doit s'opérer la jonction du ciel et de la Terre. La connexion entre le haut et le bas ne peut s'effectuer que lorsqu'est réalisé un alignement parfait entre le corps (matière), l'âme (énergie, psychisme) et l'esprit (information, conscience). Cet alignement est à rapprocher de la rectitude (caractère de ce qui est droit) et de la rectification qui se présentent sur le chemin initiatique. Pour réussir l'ouverture complète du centre-cœur, il faut donc parvenir à aligner sur un même axe l'esprit, l'âme (énergies psychiques) et le corps.

Unir le ciel et la Terre

En tant qu'être intermédiaire, l'humain doit unir le ciel et la Terre, l'esprit et la matière. Comme le disait si justement Sri Aurobindo, il doit spiritualiser la matière et le monde. L'homme est une sorte de médium. C'est lorsqu'il s'est imprégné de son statut particulier et qu'il a bien intégré la raison pour laquelle il est incarné sur la Terre que la connexion peut s'établir entre le haut et le bas. Dans un sens, l'homme est un pont entre l'esprit et la matière, entre les énergies d'en haut et celles d'en bas, entre les potentialités inférieures de son être et ses possibilités supérieures. Dans le fond, il n'existe que pour remplir et exercer cette fonction de pont.

L'homme est fondamentalement (dans son essence) un être religieux parce qu'il a la capacité de relier le ciel et la Terre. Le mot « religion » vient d'ailleurs de *religare*, qui signifie « relier ». La vraie religion de l'homme religieux est celle qui a pour tâche de relier le ciel et la Terre. Lorsque l'homme réalise pleinement sa double nature qui est matière et esprit, la liaison peut alors se faire entre le ciel et la Terre. L'homme est à la fois un être matériel et un être spirituel ; c'est sa condition sur Terre, il ne peut pas y échapper. Nous sommes dans le manifesté et nous avons une forme corporelle. Nous devons assumer jusqu'au bout cet état et cette position qui peuvent certes apparaître comme très inconfortables à première vue, mais qui sont en réalité un privilège puisque nous avons une mission de la plus haute importance à réaliser ici-bas.

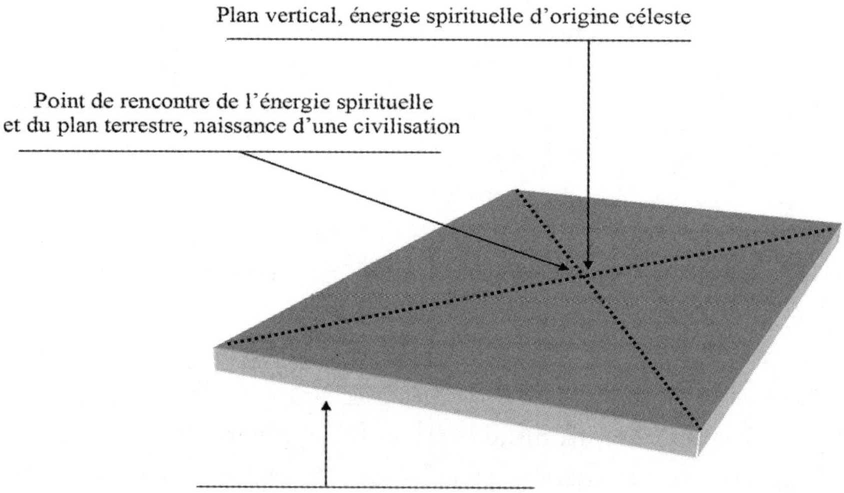

Ci-dessus : Cette figure illustre de façon schématique la descente des énergies fécondantes du ciel vers la surface réceptrice de la Terre. De cette union va naître une civilisation particulière. Le point de rencontre entre les deux plans est souvent matérialisé par un homme dont la nature est double : céleste et terrestre. Mais il peut aussi être matérialisé par une simple pierre (*omphalos*), un site naturel (une montagne) ou un édifice sacré (temple, cathédrale). Quand ce point de rencontre prend l'apparence d'un homme, ce dernier est le fondateur d'un courant spirituel spécifique (une tradition), qui donnera naissance par la suite à une civilisation. Avec le Christ, la civilisation chrétienne illustre parfaitement ce processus. (Illustration : Daniel Robin)

L'*omphalos*, origine de la civilisation grecque

Dans l'Antiquité grecque, le point de rencontre entre le ciel et la Terre était matérialisé par une pierre qu'on appelait l'*omphalos*. Celle-ci marquait l'endroit où le plan vertical, ou énergie spirituelle d'origine céleste (Zeus), rencontrait le plan horizontal terrestre (espace-temps et matière), comme le montre la figure de la page précédente. C'est de ce point de rencontre entre deux plans de réalité que naîtra la civilisation grecque. Sans la création d'un point central et primordial (polaire), aucune civilisation digne de ce nom n'est possible. Le pôle central d'une civilisation est la source de sa puissance spirituelle. Sans cette source, la civilisation n'a aucune chance d'exister à long terme et de se déployer dans l'espace-temps. C'est pour cette raison qu'une civilisation planétaire de type I aura besoin d'un centre spirituel d'ordre planétaire dont la forme extérieure, visible par tous, pourrait être très différente de toutes celles que nous avons connues jusqu'à présent (une pierre, un site naturel, un édifice sacré, un être humain isolé). Il n'est pas certain, en effet, qu'une spiritualité de type I ait besoin d'un centre spirituel initial matérialisé et incarné dans un seul être humain, comme ce fut le cas pour les grandes religions qui sont apparues sur notre planète. S'agissant d'une spiritualité planétaire, le centre initial devrait être partout. Pour paraphraser la célèbre formule de Pascal qui dit que « Dieu est une sphère infinie dont le centre est partout et la circonférence nulle part », je peux affirmer qu'une spiritualité planétaire de type I est une sphère qui enveloppe la Terre, dont le centre est partout et la circonférence nulle part. La différence est que la sphère spirituelle de type I n'est pas infinie comme Dieu, mais circonscrite à notre globe. Le centre initial d'une spiritualité planétaire pourrait être en chacun de nous, au centre de chaque être humain. Il serait partout où il y a des hommes. Le pôle central et la source spirituelle d'une civilisation de type I ne seraient ni un être humain isolé, ni une montagne ou un quelconque site naturel, ni un édifice sacré, ni une pierre, ni un objet spécial. La source spirituelle devrait être répartie uniformément à la surface de la Terre et surgir du plus profond de notre être. Chaque homme serait la source.

L'*omphalos* le plus connu de la civilisation grecque est celui du temple de Delphes. Il représentait le centre spirituel de la Grèce antique. La représentation de l'*omphalos* était généralement une pierre sacrée, souvent appelée bétyle. Cette pierre spéciale était donc la représentation du centre du monde. Dans les civilisations traditionnelles, cette notion de centre du monde n'était pas à prendre au sens littéral. Elle avait de multiples significations et concernait des réalités qui allaient bien au-delà de notre monde matériel.

Le mot *omphalos* signifie « ombilic », en grec ancien, mais il désigne aussi tout ce qui est central et plus spécialement le moyeu immobile d'une roue. L'*omphalos* représentait le centre du monde, car dans le symbolisme ancien, la roue (la circonférence) évoquait le monde au sens universel du terme, c'est-à-dire tout ce qui existe, ou la manifestation. L'*omphalos* prenait cette signification lorsqu'il était placé dans un lieu qui était simplement le centre d'une région déterminée – centre spirituel d'ailleurs bien plus que centre géographique. Aujourd'hui, à Delphes, l'*omphalos* le plus connu – mais qui n'est qu'une représentation d'un autre plus ancien – est celui communément appelé l'*omphalos* de marbre de Delphes. Il est en marbre blanc, de forme ogivale mousse, orné de bandelettes (signes de vénération pour les objets sacrés) sculptées dans la masse. Il existe cependant à Delphes un autre *omphalos* qui est en pierre locale grise polie et qui ne comporte pas d'ornements. Son sommet un peu aplati semble également destiné à porter quelque chose.

Ci-dessus : L'*omphalos* de Delphes, en marbre, est revêtu de l'agrigon, ou filet (Ve siècle av. J.-C., Musée archéologique). L'*omphalos* est considéré comme le nombril du monde. La légende veut qu'un jour, alors que les dieux s'ennuyaient sur l'Olympe, ils décidèrent de définir l'emplacement du centre du monde. Zeus envoya deux aigles, chacun partant des extrémités du monde : l'un vers l'Orient et l'autre vers l'Occident. La légende raconte que les oiseaux se croisèrent au-dessus du site antique de Delphes (plan terrestre). Zeus (l'énergie spirituelle céleste) laissa alors tomber une pierre sacrée (*omphalos*) que les Grecs baptisèrent par la suite le « nombril du monde ».

Les EMI et le point Oméga

Un autre chercheur a influencé notablement ma façon de concevoir l'évolution de l'humanité à long terme, c'est le professeur de psychologie Kenneth Ring. Ce pionnier des études sur les expériences de mort imminente (EMI) est le président et cofondateur de l'International Association for Near-Death Studies (IANDS). Ce groupe de recherche sur les EMI est très actif dans le monde. Il est reconnu pour le sérieux avec lequel il mène ses investigations sur un sujet aux frontières de la science.

Parmi tous les ouvrages traitant des EMI, l'un des plus stimulants intellectuellement est sans aucun doute l'étude de Ring intitulée *En route vers Oméga: à la recherche du sens de l'expérience de mort imminente* (1991 pour l'édition chez Robert Laffont). Ce qui est remarquable dans ce livre, c'est la perspective dans laquelle Ring replace ce phénomène. Il ne se contente pas d'accumuler des témoignages, puis d'appliquer à ceux-ci la méthode statistique pour tenter de dégager des constantes et des points de convergence. Non, sa démarche vise au contraire à nous ouvrir des horizons fascinants en nous projetant dans le futur (et quel futur!). Son hypothèse est que les EMI annoncent l'intégration prochaine de l'humanité dans le mystérieux point Oméga, et qu'elles sont l'une des principales voies qui mènent à ce point.

Selon Kenneth Ring, l'un des signes avant-coureurs capables de nous indiquer la direction du point Oméga est celui de l'extension du phénomène des EMI et de toutes les expériences qui présentent des épisodes similaires à ces dernières. Comme l'annonce le titre de son ouvrage, une partie de l'humanité est actuellement en route vers Oméga. Selon Ring, l'Homo noéticus, c'est-à-dire l'homme-conscience ayant atteint un haut degré d'élévation spirituelle, serait en train de naître et commencerait à tirer toute l'humanité vers le haut. Le chercheur admet cependant que les expérienceurs, c'est-à-dire les personnes ayant vécu une EMI, ne forment qu'un courant spécifique dont les eaux se jettent dans une rivière aux nombreux affluents. Ces affluents sont composés d'une grande diversité d'expériences ayant toutes un caractère spirituel élevé. En clair, cela signifie que les chemins susceptibles de mener vers le point Oméga sont nombreux et variés, mais que le but est unique et concerne tous les hommes.

Comme nous l'avons vu dans les pages précédentes, pour Teilhard de Chardin, le point Oméga n'est pas le prochain stade de l'évolution humaine. La vision du paléontologue habitué à compter le temps en millions d'années nous propulse dans un futur très lointain qui se confond avec une fin du monde impensable pour l'homme du XXIe siècle. Matière, vie, conscience, surconscience (ou ultra-conscience), avènement de la noosphère, pour Teilhard de Chardin le destin de l'Univers est d'évoluer vers des formes de conscience toujours plus élevées, toujours plus englobantes et convergentes, jusqu'à atteindre un point ultime, qu'il appelle Oméga. Mais comme il le dit lui-même : « Ce que sera, dans ses apparences finales, la Noosphère (la sphère de l'esprit), nul n'oserait se le représenter, si peu qu'il ait entrevu l'incroyable potentiel d'inattendu accumulé dans l'Esprit de la Terre. La fin du monde est inimaginable. » Le point Oméga de Kenneth Ring n'est donc pas tout à fait le même que celui de Teilhard de Chardin. Celui de Ring semble plus proche, alors que celui de Teilhard de Chardin se confond avec la fin du monde. Ring énonce d'ailleurs clairement la nuance :

> J'affirme que nous sommes en route vers Oméga, mais rien ne garantit que nous y arriverons un jour. Et je ne parle pourtant pas du point Oméga dans le sens où l'entendait Teilhard de Chardin, de conscience planétaire. Je parle du prochain stade de l'évolution humaine vers lequel semblent se diriger, comme une sorte d'avant-garde, les rescapés de la mort (c'est-à-dire ceux qui ont vécu une EMI) et d'autres (les autres personnes qui ont vécu des expériences spirituelles).

Atteindrons-nous jamais un jour ce sublime point où tous les conflits seront enfin épuisés ? Ce point où toutes les peurs, les terreurs, les haines, les égoïsmes, les souffrances, les doutes, les divergences, les craintes et les faiblesses actuels ne seront plus que les souvenirs d'une enfance insouciante et turbulente de l'humanité, les étapes préliminaires d'un développement qui doit nous mener vers une forme d'existence presque divine ? Il est impossible de répondre aujourd'hui à une telle question. Tout ce qu'il est possible de faire dès maintenant, c'est d'essayer de repérer les signes qui pourraient nous laisser croire qu'effectivement nous nous dirigeons vers ce point qui semble si lointain. Pour le moment, les objectifs à atteindre peuvent paraître très modestes en regard du but final, mais il faut garder à l'esprit que nous ne sommes qu'aux premiers stades d'un processus évolutif qui peut s'étendre sur des milliers ou des dizaines de milliers d'années. Pour le professeur Kenneth Ring, il ne fait aucun doute que les expériences aux frontières de la mort, et surtout les répercussions qu'elles entraînent chez les personnes qui les ont vécues, représentent un de ces signes avant-coureurs qu'il faut activement rechercher.

L'évolution est en marche et nous sommes en marche avec l'évolution. Mais l'évolution n'est pas – n'est plus – une force aveugle et brutale. Elle a changé de visage. L'évolution, c'est notre affaire maintenant. Comme le souligne très justement Sri Aurobindo dans son enseignement, c'est nous qui détenons le pouvoir immense et sacré de définir nos objectifs futurs. L'homme est désormais maître de son évolution. Nous ne sommes ni des machines ni des robots programmés, nous sommes des êtres spirituels conscients et responsables. Une aventure fascinante nous attend : bâtir sur Terre la cité divine pour des hommes devenus des dieux.

Conclusion

En guise de conclusion, j'ai envie de dire justement que je ne veux pas conclure. Ma conclusion ne marque pas la fin de ce livre, mais au contraire son ouverture. Loin d'être un terme, je souhaiterais qu'elle soit un commencement. C'est pour cette raison qu'au lieu de refermer ou de replier, en quelque sorte, mon texte sur lui-même dans une conclusion finale, je souhaite que le lecteur l'élargisse, l'amplifie, l'enrichisse et s'en serve comme d'une base à partir de laquelle il pourra aller plus loin. Mon ambition est que ce livre soit comme une invitation à monter sur la première marche d'un escalier (le grand escalier cosmique) qui n'est autre que celui de notre ascension cosmique.

Ma conviction la plus profonde est que l'humanité approche à grands pas d'une période d'intenses et redoutables transformations. Nous pouvons même parler de période de mutations tant ces métamorphoses seront profondes et radicales. Nous devons dès maintenant nous imprégner de l'idée que ces transformations – qui seront aussi des occasions d'évoluer – s'imposeront à nous si nous ne voulons pas disparaître de la surface de la Terre ou retourner à un état antérieur de civilisation qui pourrait être très proche de la barbarie. Au lieu de progresser et d'évoluer vers plus de civilisation et de culture, nous pourrions bien revenir à une situation matérielle et intellectuelle moins confortable que celle que nous connaissons aujourd'hui. Nous pourrions retrouver des conditions de vie similaires à celles qui régnaient avant les débuts de l'ère industrielle.

Pour moi, il est évident que tous nos modèles actuels, qu'ils soient sociétaux, économiques ou politiques, sont à bout de souffle. Ils ne sont pas viables à long terme, ni même à moyen terme. C'est peut-être une appréciation sévère, mais elle est justifiée par l'état lamentable dans lequel se trouve notre planète, ainsi que par les piètres solutions qui sont proposées pour résoudre les problèmes d'une ampleur inégalée qui se profilent à l'horizon.

Que ce soit le libéralisme (pas ou peu d'État, confiance aveugle dans les marchés, dérégulation, individualisme forcené, profits immédiats), le socialisme démocratique (équilibre instable entre secteur privé et secteur public, luttes perpétuelles et stériles entre les partis de gauche et de droite), le communisme (matérialisme philosophique, État qui gère tous les secteurs de l'économie, parti unique, pensée unique, dictature) ou tout autre système politique finissant par un *–isme*, aucun d'eux n'est et ne sera jamais en mesure de gérer et de maîtriser aucune des menaces auxquelles l'humanité devra faire face dans un avenir proche. Il n'est plus possible de placer nos espoirs de changement et de survie dans ces systèmes qui datent d'un autre âge. C'est fini pour eux. Ils sont désormais obsolètes. Ils ont échoué. Nous n'avons plus rien à attendre d'eux. Leurs promesses sont creuses, inconsistantes et leurs programmes sont inadaptés. Plus même, ces programmes, qui ne sont que des projections à très court terme, sont mortifères pour notre planète. L'humanité doit désormais se tourner vers d'autres solutions, d'autres comportements, d'autres façons de vivre sur cette Terre.

Le constat est sans appel : l'humanité est au bord du gouffre et une grande partie de nos élites, qu'elles soient politiques, financières, économiques, intellectuelles, religieuses ou scientifiques, est incapable d'arrêter cette course vers l'abîme. Ces prétendues élites (ou du moins une partie d'entre elles) ont amplement démontré qu'elles sont incapables d'agir pour le bien de l'humanité parce qu'elles sont exclusivement centrées sur leurs propres intérêts (financiers et économiques), qu'elles cherchent à préserver à n'importe quel prix.

Observons de façon impartiale ce qui se passe autour de nous. Avons-nous envie d'être fiers de nos réalisations et de l'état du monde dans lequel nous vivons ? Pouvons-nous être totalement satisfaits ?

Sommes-nous optimistes pour l'avenir ? Avons-nous encore confiance dans nos élites ? Quel monde ont-elles édifié pour nous et pour les générations futures ?

Honnêtement, les réponses à ces questions ne sont pas très encourageantes. Parfois, j'éprouve la sensation d'être dans un train qui roule à une vitesse infernale au bord d'un précipice sans fond situé à flanc de montagne. Mais le pire, c'est que la locomotive du train n'a plus de chauffeur. Personne ne contrôle plus rien. Personne n'est plus capable de gérer une situation d'une complexité effroyable. Malgré tout, dans la voiture-restaurant, il reste encore des personnes attablées qui dégustent toutes sortes de plats savoureux. Elles engloutissent de grandes quantités de nourriture et ne prêtent pas attention à ce qui se passe à l'extérieur. Elles ont le nez dans leur assiette et elles ne voient que le gros gâteau qui se trouve devant elles. Les convives de la voiture-restaurant sont très joyeux. Ils donnent l'impression d'être heureux et contents d'eux-mêmes. Ils lèvent leurs verres et portent des toasts au succès de leurs affaires juteuses. Ils sont bien habillés et voyagent en première classe. Pourquoi devraient-ils s'inquiéter de ce qui se passe à l'extérieur du train ? Tout va bien pour eux. Le convoi roule à vive allure et ils pensent qu'ils seront bientôt rentrés chez eux. Les passagers qui voyagent dans les voitures de troisième classe, sans aucun confort, peuvent-ils espérer que les convives de la voiture-restaurant prennent le contrôle du train et l'empêchent de finir dans le ravin ?

Dans ces conditions, tout n'est-il pas joué d'avance ? Notre funeste destin n'est-il pas déjà scellé ? Ne sommes-nous pas victimes d'un processus inéluctable contre lequel nous ne pouvons rien ? Les caractéristiques qui sont propres à l'espèce humaine ne comportent-elles pas les germes de son autodestruction ? La nature humaine n'est-elle pas ainsi faite qu'elle intègre, dès l'origine, le plan ou le programme de son tragique destin ? Pouvons-nous encore nous mobiliser pour qu'advienne une civilisation planétaire de type I ? Faut-il y croire ?

Si je n'étais pas convaincu que la réponse à cette dernière question est positive, alors je n'aurais jamais envisagé d'écrire ce livre. Si je me suis lancé dans cet important travail, c'est que pour moi la situation n'est pas désespérée. Sinon, à quoi bon perdre son temps à écrire un livre ? Si la situation n'est pas sans espoir, c'est parce que je sais que l'être humain porte en lui une dimension spirituelle qui le rend capable d'inverser – à tout moment – toutes les situations, même celles qui semblent, à première vue, irrécupérables et inéluctables. Cela peut paraître incroyable, mais c'est une réalité indéniable, bien qu'elle ne soit plus comprise aujourd'hui. Non, rien n'est jamais perdu d'avance.

L'esprit, qui est la vraie nature de l'être humain, est libre. D'ailleurs, le mot « esprit », qui en grec se dit *pneuma*, signifie « souffle ». L'esprit est un souffle qui est libre d'aller où bon lui semble. L'esprit souffle où il veut, quand il veut. L'esprit, c'est du souffle libre qui ne peut pas être confiné dans une doctrine, une théorie, une religion ou des dogmes. L'esprit a besoin d'espace pour se mouvoir. Il inspire et il guide qui il veut sans que nous sachions et comprenions pourquoi il fait ce choix plutôt qu'un autre. Les raisons de sa conduite ne regardent que lui. Jouissant d'une liberté absolue, l'esprit ne se laisse jamais enfermer dans une forme figée et rigide. Il est fluide, mouvant, inventif, créatif. Il ne se laisse réduire à aucune réalité extérieure impermanente et transitoire. Il est en dehors de tout système, aussi brillant et sophistiqué fût-il. L'esprit ignore la peur et le doute. Il ne craint rien ni personne. Il ne redoute pas l'avenir. Il est confiant et tranquille. Sa nature est paisible, rieuse, joyeuse, légère et insouciante. L'esprit n'est ni morose ni pessimiste. Il est en harmonie avec le mouvement de la vie qui ne cessera jamais. L'esprit est mouvement et il nous porte vers l'avenir.

C'est une certitude : l'être humain est une créature spirituelle. Notre essence spirituelle sait que rien n'est inéluctable. Elle sait que son avenir n'est aucunement tracé d'avance. Il n'existe aucune fatalité dont elle serait l'impuissante et innocente victime. Ses qualités spirituelles naturelles (liberté, joie, fluidité, créativité, confiance, adaptabilité, souplesse, tranquillité) lui donnent le pouvoir de faire face à toutes les situations, même les pires. Elle possède des ressources prodigieuses dont l'homme moderne n'a plus aucune idée. Alors, pourquoi devrions-nous douter de notre réussite ? Pourquoi devrions-nous stagner aux niveaux psychique et mental dans les basses couches de la morosité et du fatalisme ?

Nous valons infiniment plus que ce que montrent les apparences. Le monde que nous voyons au-dehors n'est qu'une ébauche ratée. Ce n'est qu'une pâle caricature du monde glorieux qui pourrait être le nôtre. Au fond de nous, nous sommes grands et nous sommes capables de réaliser des projets qui incarnent cette grandeur. Notre nature spirituelle nous offre les moyens de grandir et d'évoluer sans cesse vers des états d'être et de conscience supérieurs. C'est notre but dans la vie : évoluer et grandir. Élever notre âme et choisir des buts nobles. Nous devons tendre vers le beau et le bien. Et surtout, nous devons vivre les uns avec les autres dans l'Amour (avec un A majuscule).

Alors, à la question de savoir si nous sommes prêts à accéder à une civilisation planétaire de type I, je réponds sans hésiter oui. Spirituellement, nous avons tous les outils pour le faire. Nous avons tous en nous le potentiel nécessaire pour nous élever à un niveau supérieur de conscience et de civilisation. Mon oui n'est pas le fait d'un optimisme béat, forcé et inconscient. C'est au contraire un oui qui est fondé sur une réalité inaltérable, celle de notre nature spirituelle fondamentale. Cette civilisation planétaire est à portée de main. C'est notre avenir. C'est notre plus grand défi. Il suffit que nous le voulions vraiment et que nous prenions conscience de notre vraie nature.

Levons-nous, élevons-nous au-dessus de nous-mêmes. Soyons lucides et courageux. Reprenons confiance en nous-mêmes et ne doutons pas de notre réussite. Inventons dès maintenant le monde de demain. Prenons notre avenir à bras le corps et soyons pleinement responsables de nos vies. N'abandonnons pas notre planète entre les mains de la caste des technocrates, des financiers, des économistes, des militaires et des politiques. Ces gens-là ne veulent pas notre bien, ils veulent seulement jouir de leur pouvoir et modeler les nations à leur guise, selon leurs plans cyniques. Ces plans ne visent qu'une seule chose : servir leurs intérêts. Si vraiment leurs objectifs avaient été de changer le monde pour le rendre meilleur, il y a longtemps qu'ils auraient dû le faire. Ils ont eu tout le temps nécessaire, mais rien n'a changé.

Nous avons tous le pouvoir de changer le monde si nous décidons – au moment même où nous lisons ces lignes – que nous avons changé et que rien ne pourra plus arrêter notre transformation.

La solution est en nous, seulement en nous. Dès maintenant...

Bibliographie

Arnould, Jacques. *Teilhard de Chardin*, Éditions Perrin, 2005.

Asimov, Isaac. *Le cycle de Fondation*, Éditions Gallimard (roman Poche en 5 tomes), 2009. *The Last Question* (nouvelle, 1956).

Attali, Jacques. *Demain, qui gouvernera le monde?* Éditions Fayard, 2011.

Béduneau, Geneviève, Arnaud de l'Estoile, Bernard Fontaine, Richard D. Nolane. *Les Illuminati: l'histoire secrète du monde et le nouvel ordre mondial* (ouvrage collectif), Éditions J'ai lu, 2013.

Clervoy, Jean-François. *Histoire(s) d'espace: mission vers Hubble*, Éditions Jacob-Duvernet, 2009.

Cohen, Daniel. *Homo economicus, prophète (égaré) des temps nouveaux*, Éditions Albin Michel, 2012.

Collectif. «Les OVNI et la défense: à quoi devons-nous nous préparer?», *VSD*, 1999; Éditions du Rocher, 2003.

Descartes, René. *Discours de la méthode pour bien conduire sa raison, et chercher la vérité dans les sciences*, 1637.

Diamond, Jared. *Effondrement: comment les sociétés décident de leur disparition ou de leur survie*, Éditions Gallimard, 2006.

Dyson, Freeman. *La vie dans l'Univers: réflexions d'un physicien*, Éditions Gallimard, 2009.

Dyson, Freeman. *Les dérangeurs de l'Univers*, Payot, 1986.

Eliade, Mircea. *Le sacré et le profane*, Gallimard, «Idées», 1965; réédition Folio essais, 1987.

Ferone, Geneviève et Jean-Didier Vincent. *Bienvenue en Transhumanie: sur l'homme de demain*, Éditions Bernard Grasset, 2011.

Guénon, René. *La crise du monde moderne*, Éditions Gallimard, 1946.

Guénon, René. *Le règne de la quantité et les signes des temps*, Éditions Gallimard, 1945.

Guillemant, Philippe et Jocelin Morisso. *La physique de la conscience*, Éditions Guy Trédaniel, 2015.

Gyatso, Tenzin (14e dalaï-lama). *Passerelles : entretiens avec des scientifiques sur la nature de l'esprit*, Éditions Albin Michel, 1995.

Harari, Yuval Noah. *Sapiens : une brève histoire de l'humanité*, Éditions Albin Michel, 2015.

Heehs, Peter. *La vie de Sri Aurobindo*, Éditions du Rocher, 2003.

Herbert, Frank. *Le cycle de Dune*, Éditions Robert Laffont (2 tomes), 2003.

Hulot, Nicolas. *Le Syndrome du Titanic*, Éditions Calmann-Lévy, 2004.

Huntington, Samuel P. *Le Choc des civilisations*, Éditions Odile Jacob, 1997.

Jacq, Christian. *La sagesse égyptienne : une approche de la culture et de la spiritualité pharaoniques*, Éditions du Rocher, 1981.

Jourdan, Jean-Pierre. *Deadline : dernière limite,* Éditions Les 3 orangers, 2006.

Kaku, Michio. *La physique de l'impossible*, Éditions du Seuil, 2011.

Kaku, Michio. *Visions : comment la science va révolutionner le XXIe siècle*, Éditions Albin Michel, 1999.

Kean, Leslie. *Ovnis : des généraux, des pilotes et des officiels parlent*, Éditions Dervy Médicis, 2014.

La Baume, Laurence de. *Satprem, l'homme de l'espoir*, Éditions Oxus, 2003.

Lenoir, Frédéric. *La guérison du monde*, Librairie Arthème Fayard, 2012.

Lenoir, Frédéric. *Petit traité de vie intérieure*, Éditions Plon, 2010.

Lenoir, Frédéric. *Petit traité d'histoire des religions*, Éditions Plon, 2008.

Masurel, Jacques. *Questions pour un monde en devenir : introduction à la pensée de Teilhard de Chardin* (d'après un texte original de Paul Misraki, 1961), Aubin Éditeur, 2002.

McLuhan, Herbert Marshall. *La galaxie Gutenberg : la genèse de l'homme typographique*, 1962.

Midal, Fabrice. *Question de, n°1 – Méditation : l'aventure incontournable*, Éditions Albin Michel, 2015.

Morisson, Jocelin. *L'expérience de mort imminente*, Éditions de La Martinière, 2015.

Onfray, Michel. *Cosmos*, Flammarion, 2015.

Pandit, Madhav P. *L'enseignement de Sri Aurobindo*, Éditions du Seuil, 1999.

Petit, Jean-Pierre. *L'année du contact : d'autres intelligences sont-elles à l'œuvre dans l'Univers ?*, Éditions Albin Michel, 2004.

Picard, Michel. *Aimé Michel ou la quête du surhumain*, Éditions Orion, 1996.

Radin, Dean. *Superpouvoirs – Science et yoga : enquête sur les facultés humaines extraordinaires*, InterÉditions, 2014.

Ricard, Matthieu. *L'art de la méditation*, NiL Éditions, 2008.

Rifkin, Jeremy. *La troisième révolution industrielle : comment le pouvoir latéral va transformer l'énergie, l'économie et le monde*, Éditions Actes Sud, Les liens qui libèrent, 2012.

Riqueti, Victor de (marquis de Mirabeau). *L'Ami des femmes ou Traité de la civilisation*, 1768.

Riqueti, Victor de (marquis de Mirabeau). *L'Ami des hommes ou Traité de la population*, 1756.

Ring, Kenneth. *En route vers Oméga*, Robert Laffont, 1991.

Sagan, Carl. *Contact*, Éditions Mazarine, 1986.

Sagan, Carl. *Cosmos*, Éditions Mazarine, 1981.

Sagan, Carl. *Les dragons de l'Eden : spéculations sur l'évolution de l'intelligence humaine et autre*, Éditions du Seuil, 1980.

Sagan, Carl. *Cosmic Connection, ou l'appel des étoiles*, Éditions du Seuil, 1975.

Satprem (Bernard Enginger). *La légende de l'avenir*, Éditions Robert Laffont, 2000.

Satprem (Bernard Enginger). *Évolution II : après l'Homme, qui ? Mais surtout : après l'Homme, comment ?*, Éditions Robert Laffont, 1992.

Satprem (Bernard Enginger). *Le mental des cellules*, Éditions Robert Laffont, 1981.

Satprem (Bernard Enginger). *Sri Aurobindo ou l'aventure de la conscience*, Éditions Buchet/Chastel, 1970.

Seval, Christel. *Le Plan pour sauver la Terre, les extraterrestres veillent*, Éditions JMG, 2009.

Seval, Christel. *Extraterrestres : contact et impact*, Éditions Le Temps Présent, 2008.

Seval, Christel. *Les extraterrestres et l'avenir de l'humanité*, Éditions JMG, 2006.

Sri Aurobindo. *La vie divine*, ouvrage publié par l'ashram de Sri Aurobindo, 2005.

Sri Aurobindo. *Le yoga intégral : l'enseignement de Sri Aurobindo, méthode et pratique*, Éditions Sri Aurobindo Ashram, 2002.

Staune, Jean. *Les clés du futur : réinventer ensemble la société, l'économie et la science*, Plon, 2015.

Staune, Jean. *Notre existence a-t-elle un sens ?*, Presses de la Renaissance, 2007.

Tainter, Joseph. *L'effondrement des sociétés complexes*, Éditions Le Retour aux Sources, 2013.

Teilhard de Chardin, Pierre. *Le Phénomène humain*, 1955 ; Éditions Le Seuil, 1970. *Le Milieu divin*, 1957. *L'Avenir de l'homme*, 1959. *L'Énergie humaine*, 1962. *Science et Christ*, 1965.

Van Vrekhem, Georges. *Au delà de l'espèce humaine : la vie et l'œuvre de Sri Aurobindo et de la Mère*, Éditions Latin Pen, 1999.

Remerciements

Ce livre a bénéficié du soutien de mes nombreux amis, et certains d'entre eux se sont engagés dans la tâche ingrate de relecture et de correction de mon texte. Je remercie tout particulièrement Jean-Paul Josserand pour la pertinence de ses remarques, Jean-Yves Ménard pour ses conseils avisés et son immense culture scientifique, Jean-Paul Fléchet pour ses encouragements, et surtout mon épouse, Martine, pour sa patience et son soutien moral tout au long de la rédaction de cet essai. Je remercie tout particulièrement Jocelin Morisson qui a rédigé la très belle préface de ce livre et qui a perçu l'esprit qui l'anime. Merci à mon éditeur, Jacques Simard, qui m'a témoigné sa confiance en acceptant dans des délais extraordinairement courts de se lancer avec moi dans cette nouvelle aventure éditoriale. Enfin, mes plus chaleureuses pensées vont à Huguette Bosson à qui je dédie ce livre.

Table des matières

MARQUIS
Québec, Canada